Walter Schlangen (Hrsg.)

Politische Grundbegriffe

Zweite Auflage

Verlag W. Kohlhammer
Stuttgart Berlin Köln Mainz

CIP-Kurztitelaufnahme der Deutschen Bibliothek

Politische Grundbegriffe / Walter Schlangen (Hrsg.). – 2. Aufl.
Stuttgart, Berlin, Köln, Mainz : Kohlhammer, 1980.
 ISBN 3-17-005772-3
NE: Schlangen, Walter [Hrsg.]

Zweite Auflage 1980
Alle Rechte vorbehalten
© 1977 Verlag W. Kohlhammer GmbH
Stuttgart Berlin Köln Mainz
Verlagsort: Stuttgart
Umschlag: hace
Gesamtherstellung: W. Kohlhammer GmbH
Grafischer Großbetrieb Stuttgart
Printed in Germany

Inhalt

Vorwort 9

Einleitung 10

1   Politik – Politikwissenschaft – Politische Bildung ... 13
       (Walter Schlangen und Gerda von Staehr)
1.1   Einführung 13
1.2   Darstellung 15
1.21   Politik 15
1.21.1 Konsensus und Konflikt 16
1.21.2 Macht und Herrschaft 18
1.22   Politikwissenschaft 21
1.22.1 Traditionsbezüge 22
1.22.2 Grundorientierungen 24
1.23   Politische Bildung 26
1.23.1 Menschenbild und Gesellschaftsauffassung 28
1.23.2 Entwicklungsstufen 30
1.23.3 Politische Didaktik und Curriculumtheorie 32
1.3   Vertiefung 33
1.31   Theorie 33
1.32   Ideologie 35
1.33   Theorie und Praxis 38

2   Politische Bewegungen und Ideologien 41
       (Kurt Th. Schmitz)
2.1   Einführung 41
2.2   Darstellung 43
2.21   Liberalismus 43
2.21.1 Grundelemente 43
2.21.2 Wirkung 46
2.21.21 Liberalismus und Nationalismus 47
2.21.22 Liberalismus und Öffentlichkeit 48
2.22   Pluralismus 49
2.22.1 Grundelemente 49
2.22.2 Wirkung 51
2.23   Sozialismus 52
2.23.1 Grundelemente 52
2.23.2 Wirkung 57

2.23.21	Marxismus-Leninismus	57
2.23.22	Reformismus	60
2.24	Anarchismus	62
2.24.1	Grundelemente	62
2.24.2	Wirkung	63
2.25	Konservatismus	64
2.25.1	Grundelemente	64
2.25.2	Wirkung	65
2.26	Faschismus	66
2.26.1	Grundelemente	66
2.26.2	Wirkung	67
2.3	Vertiefung	68
2.31	Gemeinwohl	69
2.32	Legalität und Legitimität	71
2.33	Revolution und Reform	73
3	Modelle politischer Ordnung (Michael Rostock)	75
3.1	Einführung	75
3.2	Darstellung	78
3.21	Vordemokratische Ordnungsmodelle	78
3.21.1	Feudalismus	79
3.21.2	Ständestaat	81
3.21.3	Absolutismus	82
3.21.4	Konstitutionalismus	84
3.21.5	Bürgerlicher Parlamentarismus	85
3.22	Demokratische Ordnungsmodelle	87
3.22.1	Prinzipien der Volksherrschaft	87
3.22.2	Repräsentative Demokratie	88
3.22.3	Direkte Demokratie	92
3.23	Nichtdemokratische Ordnungsmodelle	95
3.23.1	Autoritäre Diktatur	95
3.23.2	Totalitäre Diktatur	98
3.3	Vertiefung	102
3.31	Volkssouveränität	102
3.32	Repräsentation	105
3.33	Gewaltenteilung	107
4	Politische Strukturen und Prozesse (Burckhard Blanke und Eberhard Köhler)	112
4.1	Einführung	112
4.2	Darstellung	113
4.21	Regierung	114

4.21.1	Verwaltung und Bürokratie	116
4.21.2	Politische Planung	117
4.22	Parlament	118
4.22.1	Opposition	120
4.22.2	Gesetzgebung	121
4.23	Parteien und Verbände	122
4.23.1	Parteien	122
4.23.2	Verbände	125
4.23.21	Gewerkschaften	127
4.23.22	Bürgerinitiativen	129
4.24	Politische Willensbildung	130
4.24.1	Wahlen und Wahlsysteme	132
4.24.2	Partizipation	134
4.25	Justiz	135
4.25.1	Recht und Politik	136
4.25.2	Verfassungsgerichte	138
4.26	Föderalismus	139
4.26.1	Bundesstaat und Länder	140
4.26.2	Kommunen	141
4.27	Politische Kultur	143
4.27.1	Öffentlichkeit und Kommunikation	144
4.27.2	Medien und öffentliche Meinung	145
4.3	Vertiefung	146
4.31	Grundgesetz	146
5	Außenpolitik und Internationale Beziehungen (Reinhard Meyers)	150
5.1	Einführung	150
5.2	Darstellung	153
5.21	Forschungsorientierungen	154
5.21.1	Außenpolitik	154
5.21.11	Traditionelle Sicht der Außenpolitik	154
5.21.12	Systemtheoretische Sicht der Außenpolitik	155
5.21.13	Mittel der Außenpolitik	155
5.21.2	Internationale Beziehungen	157
5.21.21	Internationale Gesellschaft	157
5.21.22	Internationales System	158
5.21.23	Internationale Klassengesellschaft	159
5.21.24	Friedensforschung	160
5.22	Herausbildung des europazentrischen internationalen Systems	160
5.22.1	Territorialstaat	160
5.22.2	Souveräner Staat	161
5.22.3	Völkerrecht	162

5.22.4	Europäisches Gleichgewicht	162
5.23	Ausweitung des europäischen Staatensystems	163
5.23.1	Kolonialmächte	163
5.23.2	Kolonialismus	165
5.23.3	Imperialismus	166
5.24	Niedergang des europäischen Gleichgewichtssystems	167
5.24.1	Gewichtsverlagerungen	167
5.24.2	Kollektive Sicherheit	169
5.24.3	Innenorientierung	170
5.24.4	Ideologisierte Machtpolitik	171
5.25	Internationale Politik als Weltpolitik	173
5.25.1	Weltpolitik	173
5.25.2	Interdependenz	174
5.25.21	Containment-Politik	175
5.25.22	Roll-back-Politik	175
5.25.23	Respektierungspolitik	176
5.25.24	Entspannungspolitik	176
5.25.3	Sicherheitspolitik	177
5.25.4	Blockfreiheit	178
5.3	Vertiefung	179
5.31	Krieg und Frieden	179
5.32	Ost-West-Konflikt	182
5.33	Nord-Süd-Konflikt	184

Mitarbeiter 187

Register 188

Vorwort

Dieser Band stellt die wichtigsten politischen Grundbegriffe vor, die für ein vertieftes Verständnis der Politik und ihrer Hintergründe heute unerläßlich sind. Damit versucht er eine allgemeine Grundlage politikwissenschaftlicher Kenntnisse zu vermitteln sowohl für das Studium an Erwachsenenbildungsstätten, Fachhochschulen und Hochschulen als auch für die berufliche Praxis der politischen Bildung.

Dieser Band geht dabei einen neuen Weg, indem er ausgewählte politische Grundbegriffe zunächst nach *thematischen Schwerpunkten* in Kapitel zusammenfaßt und sie dann darunter nach einzelnen *Stichworten* in Abschnitte weiter aufgliedert. Die einzelnen Begriffe stehen dadurch in ihrem jeweiligen *Problemzusammenhang*, aus dem sie erst voll verständlich werden, bleiben aber auch als *abgeschlossene Einheiten* stichwortartig zur Kurzinformation benutzbar.

Den Kapiteln ist eine *Einführung* in den jeweiligen Themenkomplex voran- und eine *Vertiefung* durch einige übergreifende Grundbegriffe aus dem jeweiligen Themenkomplex nachgestellt, so daß sie auch zusammenhängend in verschieden weit reichenden Schritten bearbeitet werden können. Der Orientierung über die einzelnen Problembereiche dient das systematische *Inhaltsverzeichnis*, während die behandelten Grundbegriffe einzeln mit dem alphabetischen *Register* erschlossen werden können.

Mit dieser Konzeption einer Einführung in politikwissenschaftliche Begriffe und Problemzusammenhänge haben Herausgeber und Autoren ihre Erfahrungen aus verschiedenen Bereichen der politischen Bildung zu verbinden versucht, um unterschiedlichen Vorkenntnissen und Ansprüchen der Leser Rechnung zu tragen.

Bonn, im Januar 1977 *Walter Schlangen*

Einleitung

Die vorliegende Einführung in politikwissenschaftliche Begriffe und Problemzusammenhänge will insbesondere für das Studium und die berufliche Praxis der politischen Bildung eine allgemeine Grundlage von Kenntnissen vermitteln, die das gegenwärtige politische Geschehen für die davon Betroffenen zumal in seinen Hintergründen verständlicher machen können. Derartige Grundkenntnisse über die Politik werden für alle Zweige der allgemeinen und beruflichen Ausbildung wie Fortbildung trotz allem Zweifel am praktischen Wert der Politikwissenschaft zunehmend notwendig in einer Zeit, in der das Leben des Einzelnen innerhalb der Gesellschaft in immer größerem Maße durch ›Politik‹ bestimmt wird.
Angesichts dieser Ausweitung des Bereichs der politischen Gestaltung des gesellschaftlichen Lebens in der Gegenwart, die begrüßt oder beklagt werden mag, sind erweiterte Kenntnisse über Politik schon allein deshalb erforderlich, damit sich der Einzelne innerhalb der politisch gesetzten gesellschaftlichen Lebensbedingungen genauer passiv orientieren, sich ihnen also anpassen kann. In einer demokratischen Gesellschaft sind solche politischen Grundkenntnisse aber zudem vor allem auch deshalb erforderlich, damit der Einzelne seine ihm zuerkannten eigenen politischen Gestaltungsmöglichkeiten innerhalb der Gesellschaft angemessen ausfüllen und womöglich aktiv erweitern kann.
Wenn eine demokratische Ordnung ihren Ansprüchen entsprechend funktionieren soll, dann setzt dies zweifellos auch politisch gebildete Bürger voraus. Die Verantwortung dafür kommt unmittelbar der politischen Bildung zu, die jener eigens institutionalisierte Teil der gesellschaftlichen Organisation ist, dessen Aufgabe darin besteht, die grundlegenden Werte und Normen der Gesellschaft an deren Mitglieder zu vermitteln. Diese sozialintegrative Funktion der politischen Bildung hat freilich in einer offenen demokratischen Gesellschaft zugleich einen kritischen Aspekt im Sinne einer Selbstaufklärung der Gesellschaft über die normativen Ansprüche ihrer Ordnung sowie über das Maß, in dem diese tatsächlich verwirklicht sind.
Eine politische Bildung, die diese gesellschaftliche Aufgabe unverkürzt erfüllen soll, darf somit nicht bereits durch politische Entscheidungen auf ein geschlossenes ideologisches Konzept festgelegt sein. Um angemessen politische Grundkenntnisse vermitteln zu können, die dem Einzelnen eine Orientierung über die Politik seiner Gesellschaft ermöglichen, ist sie also darauf verwiesen, wissenschaftliche Erkenntnisse über Politik umzusetzen, in denen jener kritische Aspekt weniger deutlich überlagert zu werden droht. Immerhin läßt diese Überlegung

schon erkennen, daß die Vermittlung politischer Grundbegriffe über die politische Bildung im engeren und die Politikwissenschaft im weiteren Sinne bereits in einem politischen Zusammenhang steht. Die vorliegende Einführung beginnt deshalb mit dem Problemzusammenhang von *Politik – Politikwissenschaft – Politische Bildung*. Dieses Kapitel verdeutlicht im Zusammenhang der ausgewählten Grundbegriffe aus diesem Themenkomplex die Beziehungen, die zwischen den verschiedenen Bestimmungen von *Politik*, den unterschiedlichen Ausrichtungen der *Politikwissenschaft* und den abweichenden Zielsetzungen von *politischer Bildung* bestehen. Die Lektüre *einzelner* Abschnitte informiert über die wichtigsten Grundbegriffe dieses Komplexes; die Bearbeitung des *gesamten* Problemzusammenhangs zeigt die politische Dimension der begrifflichen Bestimmung und der pädagogischen Vermittlung von Politik auf.

Darauf folgt der Problemzusammenhang von *Politischen Bewegungen und Ideologien*. Dieses Kapitel verdeutlicht an ausgewählten Beispielen den historisch-gesellschaftlichen Kontext und die Wirkungsgeschichte politischer Ordnungskonzeptionen. Berücksichtigt sind dabei vor allem solche politischen Ideologien, die in politischen Bewegungen geschichtlich wirksam wurden und die gesellschaftliche Entwicklung mitgeprägt haben, sowie solche politischen Bewegungen, deren ideologischer Anspruch weiterhin aktuelle Bedeutung hat als Rechtfertigung oder Kritik bestehender politischer Ordnungen. Die Lektüre *einzelner* Abschnitte informiert über die Grundelemente und Hauptrichtungen der wichtigsten politischen Bewegungen und Ideologien; die Bearbeitung des *gesamten* Problemzusammenhangs zeigt die geschichtliche Auseinandersetzung um die Grundprinzipien der gesellschaftlichen Ordnung auf.

Dem schließt sich der Problemzusammenhang der *Modelle politischer Ordnung* an. Dieses Kapitel verdeutlicht die wichtigsten geschichtlichen wie zeitgenössischen politischen Ordnungsformen sowohl im Hinblick auf ihre historische Entwicklungsfolge als auch im Hinblick auf ihren systematischen Begründungszusammenhang. Dabei orientiert es sich an den Prinzipien der Demokratie, die damit selbst historisch und systematisch reflektiert werden, und gliedert sein Material in vordemokratische, demokratische und nichtdemokratische Ordnungsmodelle. Die Lektüre *einzelner* Abschnitte informiert über die grundlegenden institutionellen, gesellschaftlichen und ideologischen Bestimmungsmerkmale der verschiedenen politischen Systeme; die Bearbeitung des *gesamten* Problemzusammenhangs zeigt die Unterschiede zwischen den konkreten geschichtlichen Verwirklichungen einer politischen Ordnung der Gesellschaft.

Dann wird der Problemzusammenhang der *Politischen Strukturen und Prozesse* behandelt. Dieses Kapitel verdeutlicht die Institutionen und Gestaltungskräfte, die innerhalb eines politischen Systems wirksam sind bei der Herstellung und Veränderung seiner Ordnung. Bei dieser Innen-Betrachtung des Funktions- und Wirkungszusammenhangs politischer Systeme werden vor allem die Strukturen und Prozesse demokratischer Ordnungen berücksichtigt, und hierbei dienen insbesondere diejenigen der Bundesrepublik Deutschland zur deutlicheren Illustration. Die Lektüre *einzelner* Abschnitte informiert über die wichtigsten politischen Entscheidungsverfahren, staatlichen Institutionen, gesellschaftlichen Organisationen und Kommunikationskanäle; die Bearbeitung des *gesamten* Problemzusammenhangs zeigt die Wechselwirkung der Strukturen und Prozesse eines politischen Ordnungssystems.

Zum Abschluß folgt der Problemzusammenhang von *Außenpolitik und Internationalen Beziehungen*. Dieses Kapitel verdeutlicht nunmehr in einer Außen-Betrachtung die Funktions- und Wirkungszusammenhänge, die zwischen den verschiedenen politischen Systemen in ihren Beziehungen zueinander bestehen. Dabei werden vor allem die unterschiedlichen Auffassungen dieses Bereichs der Politik und seine bestimmenden Entwicklungs- und Strukturbedingungen herausgearbeitet. Die Lektüre *einzelner* Abschnitte informiert über die grundlegenden Begriffe der Außenpolitik und der Internationalen Beziehungen; die Bearbeitung des *gesamten* Problemzusammenhangs zeigt zumal auch die geschichtliche Entfaltung der die einzelne Gesellschaft und ihre staatliche Organisation übergreifende globale Dimension der Politik.

1 Politik – Politikwissenschaft – Politische Bildung

1.1 Einführung

Wenn man sich einen Überblick über die wichtigsten politischen Grundbegriffe verschaffen will, um dadurch ein vertieftes Verständnis des gegenwärtigen politischen Geschehens und seiner Hintergründe zu erlangen, dann muß man sich von vornherein einer grundlegenden Problematik bewußt werden. Die Begriffe, mit denen politische Phänomene erfaßt werden sollen, sind nicht einfach selbst unpolitische Bestimmungen der *Politik*, sondern bereits ihrerseits auf gewisse Weise politisch vermittelt. Damit ist nicht nur gemeint, daß sie – wie Begriffe überhaupt – Abstraktionen darstellen, durch die bestimmte konkrete Phänomene nicht mehr unmittelbar, sondern eben durch das Mittel der Verallgemeinerung bezeichnet werden. Gemeint ist darüber hinaus, daß bei politischen Begriffen in diese begriffliche Verallgemeinerung bereits Aspekte der *Politik* selbst mit einfließen und somit diese Begriffe in besonderer Weise durch das vorgeprägt werden, was sie begreifen sollen.

Diese Problematik wird deutlicher erkennbar, wenn man die Rolle der *politischen Bildung* bei der Vermittlung politischer Grundbegriffe betrachtet. Als eine Institution des Bildungswesens der Gesellschaft ist die politische Bildung notwendig in bestimmte politische Grundwerte des organisierten Zusammenlebens dieser Gesellschaft eingebunden. Damit sind aber auch die Begriffe, die sie zum Verständnis der Politik innerhalb dieser Gesellschaft vermittelt, bereits durch die in dieser Gesellschaft geltenden politischen Grundwerte mitgeprägt, sie sind also schon durch das Selbstverständnis dieser Politik, die sie begrifflich erfassen sollen, beeinflußt. Freilich wird dieser politische Einfluß auf die politische Bildung in einer offenen demokratischen Gesellschaft dadurch eingeschränkt, daß deren politisches Selbstverständnis sich in der Konkurrenz unterschiedlicher politischer Gruppierungen artikuliert, die jene politischen Grundwerte in der politischen Willensbildung verschieden umsetzen; er wird zumal auch dadurch neutralisiert, daß sich die politische Bildung daher um die Vermittlung von wissenschaftlichen Erkenntnissen über Politik bemüht.

Allerdings ist die eingangs bezeichnete Problematik damit keineswegs aufgehoben, sondern lediglich auf die *Politikwissenschaft* verschoben. Denn sie besteht hier in der Weise fort, daß auch die wissenschaftlichen Bestimmungen der Politik, also die Begriffe der Politikwissenschaft, ihrerseits nicht schlechthin voraussetzungslos, vielmehr gleichfalls politisch vermittelt sind. Tatsächlich geht nämlich in sie wiederum bereits ein bestimmtes Vorverständnis von Politik ein, durch das die einzelnen politischen Phänomene dann wissenschaftlich begriffen, also auf die politikwissenschaftlichen Begriffe gebracht werden; und dieses begriffsprägende Vorverständnis dessen, was im einzelnen als Politik zu begreifen ist, ergibt sich aus dem vorwissenschaftlichen Verständnis von Politik, das unmittelbar durch die verschiedenen politischen Zielvorstellungen innerhalb einer Gesellschaft bestimmt ist. Damit knüpft dieser Gedankengang aber zuletzt wieder an seinem Ausgangspunkt an: dem Phänomen der Politik selbst.

Diese Überlegung sollte den ›politischen‹ Bezugszusammenhang bewußt machen, in dem Politik, Politikwissenschaft und politische Bildung miteinander stehen. Er besteht offensichtlich doch darin, daß jede nähere Bestimmung von *Politik* selbst schon insofern politisch ist, als dadurch aus einem bestimmten Verständnis der maßgeblichen Ordnungsprinzipien des gesellschaftlichen Zusammenlebens sowie der ihnen entsprechenden Ziele des gesellschaftlichen Handelns eben diese Ordnungsprinzipien und Handlungsziele festgelegt werden. Da sich das politische Handeln in einer Gesellschaft somit nach verschiedenen Politik-Begriffen ausrichtet und selbst versteht, ist folglich auch die politikwissenschaftliche Deutung der Politik und ihre Vermittlung durch die politische Bildung an diesen verschiedenen Politik-Begriffen orientiert. Es gibt deshalb unterschiedliche Ausrichtungen der *Politikwissenschaft*, die entsprechend zu einer uneinheitlichen wissenschaftlichen Begriffsbildung kommen, sowie abweichende Zielsetzungen der *politischen Bildung*, die entsprechend zu einer unterschiedlichen Umsetzung der politischen Grundwerte kommen.

Wegen dieser ›politischen‹ Dimension der begrifflichen Bestimmung und der pädagogischen Vermittlung von Politik ist es erforderlich, sich *ideologiekritisch* die verschiedenen grundlegenden Bestimmungen des Politik-Begriffs, die in die unterschiedlichen Ausrichtungen der Politikwissenschaft und in die abweichenden Zielsetzungen der politischen Bildung eingehen, und damit auch die grundlegenden Probleme der Politikwissenschaft und der politischen Bildung bewußt zu machen. Denn dadurch erschließen sich erst die Perspektiven, nach denen dann die einzelnen abgeleiteten politischen Grundbegriffe der jeweiligen speziellen Themenkomplexe (Politische Bewegungen und Ideologien, Modelle politischer Ordnung, Politische Strukturen und Prozesse, Außenpolitik und Internationale Beziehungen) kritisch eingeordnet werden können.

1.2 Darstellung

Die folgende Darstellung gibt einen Überblick über den allgemeinen Problemzusammenhang von Politik, Politikwissenschaft und politischer Bildung. Zunächst werden grundlegende Bestimmungen der *Politik* (→ Konsensus und Konflikt, → Macht und Herrschaft) verdeutlicht. Dann werden die wichtigsten Ausrichtungen der *Politikwissenschaft* (→ Traditionsbezüge, → Grundorientierungen) vorgestellt. Schließlich werden die Hauptprobleme der *Politischen Bildung* (→ Menschenbild und Gesellschaftsauffassung, → Entwicklungsstufen, → Politische Didaktik und Curriculumtheorie) skizziert.

1.21 *Politik*

Von dem, was unter P. zu verstehen ist, gibt es ein durchaus unproblematisches allgemeines Verständnis, weil jeder irgendwie von P. betroffen ist: P. hat mit dem zu tun, was jeden angeht, sie ist das, was sich auf das öffentliche Leben bezieht. P. ist damit als ein Phänomen gefaßt, das mit dem gesellschaftlichen Zusammenleben der Menschen auftritt und eine gestaltende Wirkung für das menschliche Leben in der Gesellschaft hat. Insofern kann P. zunächst in einer weitgefaßten Umschreibung als ein *gesellschaftlicher* Wirkungszusammenhang verstanden werden, der sich aus dem allgemeinen Problem der *Ordnung* des gesellschaftlichen Lebens der Menschen ergibt. P. stellt sich somit als ein bestimmter Aspekt der Gesellschaft dar: Sie umfaßt all das, was sich auf die Ordnung der Gesellschaft bezieht, auf die Gestaltung und Sicherung einer für alle Gesellschaftsmitglieder verbindlichen Ordnung der gesellschaftlichen Beziehungen. *Politisch* sind danach also jene gesellschaftlichen Prozesse und Institutionen, die auf diese Ordnungsproblematik ausgerichtet sind; und der *politische* Bereich der Gesellschaft ist somit jener, in dem diese Prozesse und Institutionen wirksam werden.
Diese auf die *Ordnungsproblematik* bezogene Umschreibung ermöglicht es, verschiedene Dimensionen des Politik-Begriffs einzubeziehen. Indem sie davon ausgeht, daß P. sich mit der gesellschaftlichen Existenz der Menschen als grundlegende Aufgabe der Gestaltung und Sicherung einer allgemeinverbindlichen Ordnung der menschlichen Sozialbeziehungen ergibt und daß es daher in jeder Gesellschaft bestimmte ordnungsgestaltende und -sichernde Prozesse und Institutionen gibt, vermeidet sie zunächst eine zu enge wie eine zu weite Fassung des Politischen: P. wird weder starr institutionell auf den *Staat* eingegrenzt wie in der traditionellen Gegenüberstellung von Staat und Gesellschaft, noch einfach mit der *Gesellschaft* identifiziert

wie in der gegenwärtig häufigen Ausweitung des Politik-Verständnisses. Vielmehr wird P. zunächst allgemein als ein Wirkungs*zusammenhang* von Gesellschaft und Staat verstanden, in dem eine spezifische Ausprägung des sozialen Handelns wirksam wird: das auf Machterwerb und Machtgebrauch ausgerichtete Handeln zur Durchsetzung konkurrierender *gesellschaftlicher* Interessen und Zielvorstellungen bei der institutionalisierten *staatlichen* Willensbildung und Entscheidung über die verbindliche *Ordnung* der gesellschaftlichen Beziehungen.

Danach geht der Wirkungsbereich der P. über den engeren staatlichen Bereich hinaus, denn dieser stellt nur das organisatorisch verfestigte Aktionszentrum der gesamtgesellschaftlichen Willensbildung und Entscheidung mit jeweils besonders ausgeprägten Herrschaftsorganen der Gesetzgebung, Regierung, Verwaltung und Rechtsprechung dar, auf das sich das politische Handeln ausrichtet. Der Wirkungsbereich der P. fällt danach auch nicht mit dem weiteren Bereich der Gesellschaft zusammen, denn dieser umfaßt den Gesamtzusammenhang aller nach unterschiedlichen Interessen und Zielvorstellungen von Einzelnen und Gruppen geordneten gesellschaftlichen Machtbeziehungen, von dem das politische Handeln ausgeht. Diese allgemeine Umschreibung der P. als Wirkungszusammenhang der weiteren gesellschaftlichen und der engeren staatlichen Prozesse und Institutionen zur Gestaltung und Sicherung der Ordnung des öffentlichen Lebens verdeutlicht die Problemfelder, aus denen sich dann im einzelnen abweichende Begriffsbestimmungen ergeben: Konsensus und Konflikt, Macht und Herrschaft.

1.21.1 Konsensus und Konflikt

K. und K. sind als grundlegende Dimensionen des sozialen Handelns der Menschen anzusehen, die zugleich auch das Spannungsfeld bezeichnen, in dem sich die Politik bewegt. Sie stellen gleichsam die herausgehobenen Extreme einer Skala des zwischenmenschlichen Verhaltens innerhalb der Gesellschaft dar, auf dem die sozialen Beziehungen und somit auch die als Politik umschriebene spezifische Ausprägung des sozialen Handelns beruhen.

Auf der einen Seite steht dabei jenes Verhalten, das an gemeinsamen Verhaltensregeln orientiert ist, das sich also an einem Konsens über grundlegende im Handeln zu befolgende Regeln ausrichtet und das damit gesellschaftliche Beziehungen der Menschen untereinander überhaupt als dauerhafte, als kalkulierbares, aufeinander bezogenes Sich-Verhalten der Einzelnen möglich macht: indem nämlich als Ersatz der natürlich-instinkthaften Verhaltensregelungen des Tieres nunmehr beim einzelnen Individuum im Prozeß seiner Sozialisation kulturell vermittelte Handlungs*normen* wirksam werden, die sein Verhalten an allgemein akzeptierten Verhaltensmustern ausrichten, durch die es dann den anderen Individuen verständlich wird und durch die es deren ebenfalls daran orientiertes Verhalten bereits mit einplanen kann. Auf der anderen Seite steht dabei jenes Verhalten, das von diesen Handlungsmustern gerade abweicht und durch sein Nichtbefolgen der Verhaltensregeln, deren Befolgen von den Handlungspartnern allgemein erwartet wird, einen Konflikt über die den sozialen Beziehungen zugrunde gelegten Normen anzeigt.

Freilich besteht zwischen K. und K. keine eindeutige Zäsur, sondern ein fließender Übergang, der sich deutlich in der erheblichen Spannbreite konflikthaften Verhaltens zeigt, die etwa von Normübertretungen in Einzelfällen bei grundsätzlicher Zustimmung zu dieser Norm (z. B. Regelverstoß im Fußballspiel; Diebstahl) über den Dissens mit einer bestimmten gesellschaftlichen Norm aufgrund der Orientierung an allgemeineren gesellschaftlich akzeptierten Werten (z. B. die Bestrebung, gegebene ungleiche Besitzverhältnisse aufzuheben zur Verwirklichung sozialer Gerechtigkeit, individueller Entfaltungschancen usw.) bis hin zu einem Handeln reicht, in dem bei der jeweiligen Durchsetzung der eigenen Ziele überhaupt keine gesellschaftlich verbindlichen Regulierungen anerkannt werden. Diese Ambivalenz von K. und K. im konkreten gesellschaftlichen Verhalten der Menschen verdeutlicht, daß beide aufeinander bezogene Grundformen der sozialen Beziehungen sind, die auch nur im wechselseitigen Bezug aufeinander definiert werden können: Konsensus als durch soziales Lernen vermittelte Einstellung, die Konflikte über die normative Ausrichtung des Handelns gesellschaftlich überwindet; Konflikt als begrenzte oder prinzipielle Abweichung von gesellschaftlich vermittelten Handlungsnormen.

In Konsensus- (oder Integrations-) und Konfliktmodellen sind diese Grundformen der sozialen Beziehungen häufig zur Kennzeichnung der grundlegenden gegensätzlichen Typen gesellschaftlicher und namentlich politischer Ordnung verwandt worden, wobei zumeist noch ausdrücklich die Integrations- im Gegensatz zu den Konfliktmodellen als Ordnungsmodelle bezeichnet werden. Diese Unterscheidungen führen eine gegebene bzw. angestrebte Ordnung einseitig auf die bestimmende Wirkung entweder des Konsensus oder des Konflikts innerhalb der Gesellschaft zurück und gehen dabei – wie z. B. die ältere Staatslehre – vorrangig von der Existenz eines den Gesellschaftsmitgliedern gemeinsamen allgemeinen Interesses (→ Gemeinwohl) oder – wie z. B. die marxistische Klassenlehre – vorrangig von der Existenz gesellschaftlicher Interessengegensätze (Klassenkampf) aus. Eine solche Deutung der sozialen und politischen Beziehungen jeweils aus einer ihrer beiden Grundformen, die deren tatsächlichen wechselseitigen Bezug unberücksichtigt läßt, prägt dann auch entsprechend einseitig das Verständnis von Gesellschaft, Staat und Politik

wie auch von den Aufgaben der politischen Bildung in den Extremen von K. und K.
Die Einsicht in ihren engen realen Wirkungszusammenhang läßt denn auch derartige Gegenüberstellungen von Konsensus- und Konfliktmodellen als fragwürdig erscheinen und statt dessen nach der Funktion von Konsensus wie Konflikt für die Ordnung der gesellschaftlichen und namentlich politischen Ordnung fragen. Das führt zur Umdeutung des Konflikts als Auslöser von kulturellen, gesellschaftlichen und politischen Wandlungsprozessen, in denen sich ein neuer Konsensus zwischenmenschlicher Verhaltensnormen ausbildet (Dahrendorf), oder als integrativer Faktor sozialer Beziehungen, der die Stabilität ihres Grund-Konsensus befördert bzw. zumindest anzeigt (Coser) (→ Pluralismus).

Literatur: Coser, L.: Theorie sozialer Konflikte, Neuwied 1965; Dahrendorf, R.: Die Funktionen sozialer Konflikte, in: ders., Gesellschaft und Freiheit, München 1965; ders.: Elemente einer Theorie des sozialen Konfliktes, in: ders., Gesellschaft und Freiheit, München 1965; Krysmanski, H. J.: Soziologie des Konflikts, Reinbek 1971.

1.21.2 Macht und Herrschaft

M. und H. sind Grundkategorien zur Deutung der Politik und allgemein des gesellschaftlichen Handelns, deren Stellenwert indessen innerhalb der politikwissenschaftlichen Ausrichtungen umstritten ist. Denn zumal nach der konsens- oder konflikttheoretischen Prägung des Verständnisses von Gesellschaft und Politik ergeben sich unterschiedliche Vorstellungen sowohl über die Ursachen von M. und H. als auch über die daraus entstehenden Folgen, so daß die verwendeten Begriffe weit auseinandergehen.
Zunächst läßt sich Macht als ein allgemeines Phänomen des sozialen Zusammenlebens der Menschen begreifen, das auf allen Entwicklungsstufen der Gesellschaft in all ihren Bereichen sichtbar wird. In dieser gesellschaftlichen Vermittlung äußert sich jenes anscheinend anthropologische Phänomen vornehmlich als Überlegenheit bzw. Unterlegenheit von Personen oder Gruppen gegenüber anderen Personen und/ oder Gruppen; also in ungleicher Verteilung von Macht (Einfluß, Autorität) innerhalb sozialer Beziehungen (z. B. Familie, Wirtschaftsbetrieb), die entsprechend der gesellschaftlichen Entwicklungsstufe und dem jeweiligen gesellschaftlichen Bereich unterschiedliche Ursachen haben kann (z. B. in der Familie: generationsbedingtes Autoritätsgefälle Eltern/Kinder; im Wirtschaftsbetrieb: qualifikationsbedingtes Kompetenzgefälle Meister/[Fach-]Arbeiter). Nach der allgemeinen Definition von Max Weber kann Macht somit verstanden werden als die »Chance, innerhalb einer sozialen Beziehung den eigenen Willen auch gegen Widerstreben durchzusetzen, gleichviel worauf diese Chance beruht«.

Soziologisch faßbare Macht, die in derartigen Machtbeziehungen zur Geltung kommt, ist offensichtlich mit sozialen Interessen und Zielvorstellungen von Einzelnen oder Gruppen verbunden; sie wird somit *gesellschaftlich* relevant, insofern sie sich in sozialstrukturell verfestigte Herrschaft solcher Interessen und Zielvorstellungen umsetzt. Herrschaft läßt sich hierbei nach der allgemeinen Definition von Max Weber begreifen als »die Chance, für einen Befehl bestimmten Inhalts bei angebbaren Personen Gehorsam zu finden«; als eine genauer institutionalisierte gesellschaftliche Konstellation von Machtverhältnissen also, in der die Ausübung von Macht aufgrund ihrer ungleichen Verteilung bereits Kontinuität gewonnen hat. Derart sozialstrukturell vermittelte Macht, die sich aus unterschiedlichen Ursachen gesellschaftlich als Herrschaft auswirkt (z. B. wirtschaftliche Macht als das Verfügen über knappe, begehrte Güter, das innerhalb einer auf Privatbesitz gegründeten Wirtschaftsordnung für das wirtschaftliche Handeln anderer bestimmend wird), muß zwar nicht in jedem Fall auch politisch sein, kann indessen zu *politischer Macht* werden und entsprechend *politische Herrschaft* begründen.
Denn → Politik als ein soziales Handeln zur Durchsetzung konkurrierender gesellschaftlicher Interessen und Zielvorstellungen in eine verbindliche Ordnung der gesellschaftlichen Beziehungen setzt jedenfalls den Erwerb und Gebrauch von Macht unmittelbar voraus, um ordnungsgestaltend und -sichernd werden zu können. *Politisch* relevant wird Macht angesichts der (soziologisch) feststellbaren Machtverhältnisse in allen sozialen Beziehungen freilich demnach erst, insofern sie sich in gesamtgesellschaftliche Herrschaft umsetzt und somit sozialstrukturell eingebundene Interessen und Zielsetzungen gegen andere zur bestimmenden Ordnung der Sozialbeziehungen verbindlich durchgesetzt werden. So erhalten z. B. die Machtverhältnisse innerhalb der Familie politische Bedeutung, wenn das ihnen zugrunde liegende generationsbedingte Autoritätsgefälle Eltern/Kinder oder die überkommene Rollendifferenzierung Mann/Frau durch Tradierung bestimmter Erziehungsmuster entsprechende Verhaltensnormen für die gesamte Gesellschaft verfestigt; ebenso wird wirtschaftliche Macht zu politischer, wenn sich die ihr zugrunde liegenden Interessen gegen konkurrierende unmittelbar als bestimmende Zielvorstellungen der gesellschaftlichen Ordnung durchsetzen.
In diesen Beispielen wird mit der Schwierigkeit einer präzisen Abgrenzung politischer M. und H. denn auch die Problematik der dabei vorgenommenen *formalen* Unterscheidung der Phänomene von M. und H. sichtbar. Indem Herrschaft allgemein als irgendwie institutionalisierte Macht und entsprechend politische Herrschaft als Machtausübung im Rahmen der staatlichen Institutionen, also in den Organen des staatlichen Gewaltmonopols (Gesetzgebung, Verwaltung, Rechts- und Polizeiwesen) institutionalisierte politische Macht ver-

standen wird, bleibt die Ursache von Herrschaft offensichtlich gegenüber den Formen der Machtausübung unbestimmt; Unterscheidungskriterium ist die *Legitimität* der Herrschaft (Weber), wonach die durch Verknüpfung mit bestimmten gesellschaftlichen Positionsstrukturen und entsprechenden Rollenerwartungen versachlichte Macht, die insofern legitime Ausübung tatsächlicher Macht, als Herrschaft gilt. Deshalb läßt sich sozialer Wandel mit seiner Veränderung bestehender Herrschaftsstrukturen und bisher geltender Legitimitätsordnungen nur formal als Folge der Dialektik von illegitimer Macht und legitimer Herrschaft (Dahrendorf) begreifen, da hierbei der jeweils besondere Zusammenhang bestimmter gesellschaftlicher Machtkonstellationen und der in bestimmten Herrschaftsstrukturen institutionalisierten Legitimitätsvorstellungen nicht verallgemeinert inhaltlich gefaßt wird.

Dies geschieht hingegen in den marxistischen Konzeptionen (→ Sozialismus), indem die Phänomene von M. und H. von vornherein im Zusammenhang mit der ökonomischen Struktur der gesellschaftlichen Beziehungen gesehen werden, die *inhaltlich* bestimmt ist durch den Grundwiderspruch von Kapital und Arbeit. Alle gesellschaftlichen Macht- und Herrschaftsverhältnisse lassen sich dadurch einheitlich auf den fundamentalen Interessenkonflikt zurückführen, der durch die ungleiche Verteilung ökonomischer Verfügungsgewalt bedingt ist; und deshalb wird ihnen auch prinzipiell politische Bedeutung zugemessen, solange der sie begründende gesellschaftliche Grundwiderspruch nicht durch den politischen Klassenkampf aufgehoben ist. Denn der geschichtliche Wandel konkreter Herrschaftsstrukturen und sie stützender Legitimitätsordnungen läßt sich danach inhaltlich bestimmen als Konsequenz der geschichtlichen Dialektik dieses Klassenkampfes, aus der sich entwicklungsgesetzlich zwingend die Auflösung dieses Fundamentalkonfliktes durch die Vergesellschaftung ökonomischer Verfügungsmacht ergibt, die zugleich das Phänomen der Herrschaft geschichtlich aufhebt und damit auch Politik als Kampf um die Herrschaft überwindet.

In beiden Auffassungen wird die Entstehung von M. und H. offensichtlich zunächst einheitlich im Zusammenhang mit den konkurrierenden Interessen und Zielvorstellungen innerhalb der Gesellschaft gesehen; weil dieser gesellschaftliche Konflikt dann aber einerseits pluralistisch und andererseits antagonistisch gedeutet wird und sich daraus abweichende Möglichkeiten der Begründung eines gesellschaftlichen Konsensus ableiten, kommt es dann zu kontroversen Einschätzungen des Herrschaftsproblems. Wird es auf einen ökonomisch bestimmten gesellschaftlichen Grundwiderspruch zurückgeführt, so ergibt sich die umfassende historische Perspektive einer Auflösung dieses Antagonismus zu einem inhaltlich bestimmten Konsensus aller gesellschaftlichen Interessen und Zielvorstellungen, der die *Aufhebung von*

Herrschaft bedeutet. Wird es als Konsequenz verschieden bedingter und stets auftretender gesellschaftlicher Konflikte angesehen, so ergibt sich die beschränktere historische Perspektive eines als Grundlage gesellschaftlicher Ordnung aus diesem Pluralismus von Interessen und Zielvorstellungen ständig neu zu vermittelnden Konsensus, der Herrschaft zu legitimieren vermag und die dauernde politische Aufgabe der *Kontrolle von Herrschaft* stellt.

Literatur: Dahrendorf, R.: Pfade aus Utopia, München 1967 (bes. S. 242 ff., 315–352); Hondrich, K. O.: Theorie der Herrschaft, Frankfurt 1973; Luhmann, N.: Klassische Theorie der Macht, in: ZfP 16 (1969); Marx, K.: Manifest der kommunistischen Partei, div. Ausgaben; Weber, M.: Wirtschaft und Gesellschaft, Köln/Berlin 1964.

1.22 Politikwissenschaft

Die P. stellt sich nach ihrer gegenwärtig etablierten Forschungs- und Lehrpraxis als sozialwissenschaftliche Einzeldisziplin dar, die mit dem ›politischen‹ Aspekt der soziokulturellen Wirklichkeit befaßt ist; die also als Wissenschaft von der → Politik – zunächst allgemein umschrieben – auf die Erkenntnis der Entstehungsbedingungen, Erscheinungsformen und Entwicklungstendenzen aller zur Gestaltung und Sicherung der Ordnung des öffentlichen Lebens wirkenden gesellschaftlichen Prozesse und Institutionen abzielt. Diese Umschreibung ist notwendig weit gefaßt, damit sie die unterschiedlichen → Traditionsbezüge und → Grundorientierungen der P. mit umfassen kann, die ein im einzelnen erheblich differenziertes Bild dieses Wissenschaftszweiges prägen, der ohnehin namentlich in Deutschland – mit seiner Wiederbegründung und organisatorischen Verbreiterung nach 1945 – völlig uneinheitlich als modische Krisen- wie traditionsreiche Königs- oder Herrschaftswissenschaft, als bloße Residual- wie fächerübergreifende Integrations- oder synoptische Wissenschaft eingeschätzt wird.

Solche offensichtlichen Schwierigkeiten bei der Bestimmung des Standortes der P. ergeben sich nicht nur aus ihrer im Vergleich mit anderen Disziplinen wie z. B. der Rechts- oder Geschichtswissenschaft noch ungefestigten Forschungs- und Lehrtradition, sondern hängen grundsätzlicher mit der Schwierigkeit zusammen, innerhalb der Sozialwissenschaften eine begründete einzelwissenschaftliche Arbeitsteilung festzulegen. Denn hierbei verhält es sich nicht einfach so, daß der Gesamtbereich der soziokulturellen Wirklichkeit bereits in bestimmte fest umrissene Forschungsbereiche zergliedert ist, die dann jeweils zum Untersuchungsgegenstand der entsprechenden Einzelwissenschaft, also z. B. der P., werden; vielmehr löst sich die einheitlich gegebene soziokulturelle Wirklichkeit erst dadurch in besondere einzelwissenschaftliche Forschungsgegenstände auf, daß sie jeweils unter bestimmten

Aspekten, also z. B. dem politischen, betrachtet wird. Demnach ist auch die P. nur hinreichend zu bestimmen nach ihrem Erkenntnis*ziel* und *-verfahren*, die ein spezielles Erkenntnis*objekt* innerhalb der geschichtlich, sozial, ökonomisch, politisch usw. verfaßten Realität als nunmehr politikwissenschaftlichen Untersuchungsgegenstand abgrenzen.
Folglich muß die formale Zuordnung der *Politik* als Erkenntnisobjekt der P. erklärungsbedürftig bleiben, weil es nicht einfach einen abgegrenzten politischen Realitätsbereich gibt, sondern die soziokulturelle Wirklichkeit unter einem bestimmten Aspekt wissenschaftlich betrachtet wird, der begrifflich als *politischer* definiert ist. Da dieser Politik*begriff* sich aber aus dem vorwissenschaftlichen Verständnis von Politik ableitet und seiner wissenschaftlichen Anwendung somit lebenspraktisch vorausgesetzt ist, kann er zwangsläufig nicht einheitlich gefaßt sein. Dadurch ergeben sich unterschiedliche Bestimmungen des Erkenntnisziels und -verfahrens der P., die den Rahmen der angeführten allgemeinen Umschreibung dann in voneinander abweichenden Richtungen präzisieren. Deshalb werden die zentralen Forschungsbereiche der P. – Politische Theorie (Theoriegeschichte, theoretische Grundprobleme der P.); Innenpolitik und Systemvergleich; Außenpolitik und Internationale Beziehungen – im einzelnen mit unterschiedlichen Fragestellungen und Argumentationsmethoden untersucht, die sich aus den verschiedenen Traditionsbezügen und Grundorientierungen der P. ergeben.

Literatur: Schlangen, W.: Theorie der Politik. Einführung in Geschichte und Grundprobleme der Politikwissenschaft, Stuttgart 1974.

1.22.1 Traditionsbezüge

Das Wissenschaftsverständnis der Politikwissenschaft wird gegenwärtig durch verschiedene nebeneinander wirksame T. bestimmt. Dieser Sachverhalt zeigt sich bereits unmittelbar in den konträren Einschätzungen der Politikwissenschaft als eine bis in die Anfänge der abendländischen Geistesgeschichte zurückreichende oder als eine erst im neuzeitlichen Umbruch der Denkweise auftretende Wissenschaft, mit denen abweichende Vorstellungen über das Erkenntnisziel und -verfahren der Politikwissenschaft verbunden sind. Tatsächlich beziehen sie sich jeweils auf eine bestimmte Tradition des Verständnisses von wissenschaftlicher Fragestellung und Argumentationsmethode, das im wissenschaftsgeschichtlichen Entwicklungsverlauf herausgebildet wurde und entsprechend auch die auf das Phänomen der → Politik gerichteten Erkenntnisbemühungen prägte.
Die am weitesten zurückgreifende Tradition ist das von der Antike bis zum Mittelalter vorherrschende Verständnis der Politikwissenschaft als *praktische Wissenschaft*. Wissenschaft findet sich hier ein-

gebunden in eine noch ganzheitliche philosophische (bzw. theologische) Weltsicht, die durch die Vorstellung einer allem Sein vorgegebenen überzeitlichen Ordnung bestimmt ist und danach das menschliche Wissen als Erkenntnis der objektiven Seinswahrheiten auffaßt. Entsprechend der Unterscheidung des Aristoteles geht es dabei den theoretischen Wissenschaften wie z. B. der Metaphysik um die wahre Erkenntnis der allgemeinen Seinsprinzipien gleichsam um ihrer selbst willen, hingegen den praktischen Wissenschaften wie z. B. der Ethik um die Erkenntnis der für das menschliche Handeln geltenden allgemeinen Normen. Die Politikwissenschaft ist Teil der praktischen Philosophie, weil sie in ihrer Erkenntnis des Politischen nach der philosophischen (bzw. theologischen) Annahme einer dem Menschen vorgegebenen Zweckbestimmung die allgemeinen Handlungsnormen des gesellschaftlichen Zusammenlebens zum Gegenstand hat. Sie ist deshalb im Verständnis namentlich der griechischen Antike (Platon, Aristoteles) und der mittelalterlichen Scholastik (Thomas von Aquin) eine Wissenschaft, die aus ihrer Wesenserkenntnis des Politischen verbindliche Sinndeutungen und somit praktische Handlungsanweisungen für die Politik ableitet.

Diese Tradition wurde in der Neuzeit mit der Ausdifferenzierung von Einzelwissenschaften aus der Philosophie infolge des Vordringens erfahrungsorientierter Welterklärungen und dann mit der Veränderung des geschichtlichen Bewußtseins infolge der revolutionären politisch-gesellschaftlichen Umwälzungen durch eine in entgegengesetzte Richtungen verlaufende Entwicklung überlagert. Aufgrund unterschiedlicher Einschätzungen der Erfahrung und der Wertbezogenheit des Denkens im Erkenntnisprozeß kam es nämlich zur Begründung eines dualistischen Wissenschaftsverständnisses, in dem nunmehr *Natur-* und *Geisteswissenschaften* entsprechend ihrem verschiedenen Erkenntnisgegenstand – der wertfrei vorgegebenen Naturwirklichkeit bzw. der durch sinnbestimmtes menschliches Handeln geprägten Kulturwirklichkeit – einander gegenübergestellt wurden. Sie galten danach als Wissenschaften mit konträrem Erkenntnisziel und -verfahren, die entweder regelmäßige natürliche Geschehnisverläufe aufgrund äußerer Sinneserfahrung durch Verallgemeinerung zu Gesetzen erklären oder einmalige Kulturereignisse aufgrund innerer Sinnerfahrung in ihrer geschichtlichen Individualität verstehen. Den dann entstehenden modernen *Sozialwissenschaften* (darunter auch die Politikwissenschaft), die sich gegen diese Einteilung auf die Verallgemeinerung von Gesetzmäßigkeiten der soziokulturellen Wirklichkeit richteten und somit sowohl natur- als auch geisteswissenschaftliche Ansprüche aufnahmen, waren damit bereits gegensätzliche T. für ihr wissenschaftliches Selbstverständnis vorgegeben.

Indem einerseits das naturwissenschaftliche Paradigma als allgemeines Wissenschaftsmodell aufgefaßt und deshalb auch auf die Erkenntnis der soziokulturellen Wirklichkeit übertragen wurde, verfestigte es sich zum Verständnis auch der Politikwissenschaft als *analytisch-rationalistische Wissenschaft*. Darin löste sich die ältere Verbindung von Politikwissenschaft und Ethik auf, weil nunmehr die politikwissenschaftliche Erkenntnis als wertfreie Betrachtung der politischen Realität begriffen wurde (Machiavelli, M. Weber), die theoretisch erklärende, rationale Begriffskonstruktionen ohne unmittelbare praktische Geltung für politische Wertentscheidungen ableitet. Indem andererseits das geisteswissenschaftliche Paradigma zum besonderen Erkenntnismodell der historischen Handlungswissenschaften erweitert wurde, verfestigte sich ein abweichendes Verständnis auch der Politikwissenschaft als *hermeneutisch-dialektische Wissenschaft*. Darin entwickelte sich eine neue Verbindung von Politikwissenschaft und Politik, weil nunmehr die politikwissenschaftliche Erkenntnis als eine mit der wertbestimmten menschlichen Lebenspraxis vermittelte Sinndeutung des Politischen begriffen wurde (Dilthey; Hegel, Marx), die mit ihrer theoretischen Ableitung der objektiven historischen Entwicklungsgesetzmäßigkeiten zugleich das politische Handeln wissenschaftlich anleitet. Aus diesen unterschiedlichen wissenschaftsgeschichtlichen Traditionen werden im einzelnen die abweichenden wissenschaftstheoretischen → Grundorientierungen der Politikwissenschaft bestimmt.

Literatur: Brecht, A.: Politische Theorie. Die Grundlagen des politischen Denkens im 20. Jahrhundert, Tübingen 1961; Habermas, J.: Zur Logik der Sozialwissenschaften, Tübingen 1967; Hennis, W.: Politik und praktische Philosophie, Neuwied 1963.

1.22.2 Grundorientierungen

Die gegenwärtige Forschungs- und Lehrpraxis der Politikwissenschaft wird maßgeblich von drei abweichenden wissenschaftstheoretischen G. geprägt: der *essentialistischen* (auch normativ oder normativ-ontologisch genannt), der *rationalistischen* (auch empirisch-analytisch oder -deduktiv oder neopositivistisch genannt) und der *dialektischen* (auch historisch-kritisch oder -dialektisch genannt). Sie zeigen sich in der Anwendung unterschiedlicher Muster wissenschaftlicher Fragestellung und Argumentation bei der Erforschung der politischen Wirklichkeit, durch die es zu divergierenden Deutungen der Phänomene des auf Erwerb, Erhaltung und Verteilung öffentlicher Macht und Herrschaft ausgerichteten gesellschaftlichen Handelns kommt. Diese G. legen nämlich unter einem bestimmten wissenschaftsgeschichtlichen Traditionsbezug und in der Ableitung aus einem bestimmten Begriff der → Politik die allgemeinen Maßstäbe wissenschaftlicher Erkenntnispraxis fest, an denen sich dann die Politikwissenschaft in unterschiedlich ausgerichteten Bestimmungen ihres Erkenntnisziels und -verfahrens orientiert.

Die *essentialistische* Grundorientierung beruht auf der Annahme, daß die Wirklichkeit objektiv in ihrem Wesen erkannt werden kann, weil das Sein einer immanenten Ordnung unterliegt, die in seinen empirischen Einzelerscheinungen wirksam ist und erfahrbar wird. Wissenschaft hat danach aus den gegebenen konkreten Phänomenen der Wirklichkeit deren vorgegebene allgemeine Gesetzmäßigkeit zu erkennen: im Bereich der natürlichen Wirklichkeit durch die generalisierende Erklärung der Naturphänomene vermittels theoretischer Ableitung der Naturgesetze; im Bereich der soziokulturellen Wirklichkeit, deren Phänomene durch sinnorientiertes geschichtliches Handeln der Menschen geprägt sind, vermittels einer Rekonstruktion der objektiven Wertordnung, die dem Menschen im individuellen und gesellschaftlichen Handeln zur Verwirklichung aufgegeben ist und deshalb zum allgemeinen Urteilsmaßstab einzelner geschichtlicher Handlungen und Handlungsziele werden kann. Politikwissenschaftliche Erkenntnis ist danach praktische Erkenntnis, die aufgrund der argumentativ aus der Geschichte ermittelten allgemeingültigen Wertordnung konkrete politische Wertentscheidungen wissenschaftlich gültig begründet.

Die *rationalistische* Grundorientierung beruht auf der Annahme, daß die Wirklichkeit zwar objektiv erkannt werden kann, daß dieser Erkenntnis aber bestimmte Grenzen gesetzt sind: Zum einen durch ihre Beschränkung auf die räumlich-zeitlich erfahrbare Realität, die wissenschaftliche Aussagen über eine wesenhafte Seinsstruktur und damit auch über eine allgemeingültige Wertordnung ausschließt; zum anderen durch die Beschränkung ihrer Gültigkeit auf erfahrungskontrollierbare Aussagen, die Seins- und Werturteile ausschließt. Wissenschaftliche Erkenntnis steht demnach prinzipiell unter dem Anspruch theoretischer Wertfreiheit – als Ausschluß von Werturteilen im wissenschaftlichen Aussagezusammenhang – und kritischer Überprüfbarkeit – als Offenhaltung der Aussage gegenüber Kontrollen an der Erfahrung und Widerlegungsversuchen –; sie wird generell verstanden als Erklärung der Wirklichkeit vermittels Theorien, die rational einen bestimmten begrifflichen Zusammenhang zwischen empirischen Einzelphänomenen konstruiert und dabei zwangsläufig einen hypothetischen Charakter behält, weil ihre Übereinstimmung mit der Wirklichkeit lediglich rational abgeleitet und nicht in außer-rationalen Begründungen dogmatisch vorentschieden ist. Auch politikwissenschaftliche Erkenntnis bleibt danach theoretische Erkenntnis, die aber deshalb rationale Grundlage praktischer politischer Wertentscheidungen werden kann.

Die *dialektische* Grundorientierung beruht auf der Annahme, daß die Wirklichkeit objektiv erkannt werden kann, weil sie als objektive materielle Realität das Bewußtsein prägt und somit ein dialektisches Erkenntnisverfahren die adäquate Erfassung der objektiven Strukturen des Seins sicherstellt. Danach wird die realdialektische Bewegungsgesetzlichkeit erkennbar, durch die sich die Wirklichkeit in geschichtlichen Prozessen der Bildung und Aufhebung von Widersprüchen zu einem strukturierten Entwicklungszusammenhang entfaltet. Wissenschaft hat aus diesem Gesamtzusammenhang den entwicklungsgesetzlichen Sinn der konkreten Einzelerscheinungen zu erkennen: im Bereich der natürlichen Wirklichkeit durch theoretische Ableitung empirischer Naturgesetzmäßigkeiten; im Bereich der geschichtlichen Welt des gesellschaftlichen Handelns durch eine Totalitäts-Reflexion, die sich der dialektischen Gesetzmäßigkeit dieser gesellschaftlichen Entwicklung in ihrem Zusammenhang mit der realen Gesamtentwicklung versichert und sie damit objektiv in ihrer geschichtlichen Notwendigkeit erkennt. Politikwissenschaftliche Erkenntnis ist als theoretische Erkenntnis der objektiven gesellschaftlichen Bewegungsgesetze deshalb zugleich zwingend praktische Parteinahme für die als geschichtlich notwendig und somit rational begründeten politischen Handlungsziele (→ Ideologie, → Theorie und Praxis).

Literatur: Rombach, H. (Hrsg.): Studienführer Wissenschaftstheorie, 2 Bde., Freiburg 1974; Schlangen, W.: Theorie der Politik, Stuttgart 1974; Topitsch, E. (Hrsg.): Logik der Sozialwissenschaften, Köln/Berlin 1965.

1.23 *Politische Bildung*

Das Bildungswesen ist ein Teil der gesamtgesellschaftlichen Organisation; Bildung und Erziehung sind gesellschaftliche Aufgaben: Die *Vermittlung* von Kulturtechniken, Wissen und Fähigkeiten dienen der Selbsterhaltung der Gesellschaft, der Qualifikation und Selektion von Individuen für bestimmte Positionen; die *Tradierung* von Normen und Werten dient der Legitimation der gesellschaftlichen Struktur sowie der Integration von Individuen aus unterschiedlichen Schichten und Gruppen. Dies zu fördern ist Aufgabe der p. B. Sie muß Orientierungswissen (z. B. Institutionenkunde) vermitteln und dazu anregen, die Gegenstände dieses Wissens in ihrem sozialen Zusammenhang zu erkennen und in ihrer sozialen Inhaltlichkeit (Wessen Interessen dienen sie?) zu reflektieren.
Über eine solche Definition der Aufgaben der p. B. besteht Uneinigkeit, weil die Erkenntnis des sozialen Inhalts von Institutionen kritisches Wissen produzieren kann, das sowohl zur Erkenntnis der gesellschaftlichen Wirklichkeit als auch zur Erkenntnis des eigenen sozialen Standortes in der Gesellschaft führt, und weil dieses kritische Wissen in kritisches Handeln umschlagen kann. Die Legitimations- und Integrationsaufgabe der p. B. in ihrem bloß bestätigenden Verständnis gegenüber dem Bestehenden ist in differenzierten Industriegesell-

schaften für deren Reproduktion nicht mehr angemessen: Die Entwicklungen im ökonomischen Bereich erfordern eine wachsende Anzahl von flexiblen, vielseitig einsetzbaren Menschen; die Mobilität der Gesellschaft setzt voraus, daß die Menschen in den unterschiedlichen Lebensbereichen überlebensfähig sind und sich trotz aller Differenzierung in die Gesellschaft integrieren lassen.
Erklärungsmodelle für diese Vorgänge liefern die Sozialisations- und die Rollentheorien. Rollen sind eine Kombination von inneren Einstellungen und äußeren Verhaltensweisen, die einem bestimmten Interaktions- und Kommunikationssystem zugeordnet werden (Bsp.: Schüler-Lehrer-Klassengruppe). Sozialisation meint die Prozesse, in denen Kenntnisse, Überzeugungen, Einstellungen, Werte, Normen und Symbole erlernt und verinnerlicht werden, die vor allem soziales Handeln motivieren, regeln, orientieren und deuten. Dieses soziale Handeln wird auch politisch wirksam; eine Abgrenzung zwischen im engeren Sinne politischer Sozialisation, die sich auf das Handeln in politischen Institutionen (z. B. Wahlverhalten) bezieht, und der allgemeinen Sozialisation, die sich auf das Handeln in ökonomischen, sozialen und kulturellen Bereichen bezieht, scheint nur dann sinnvoll zu sein, wenn die einzelnen Handlungsbereiche nicht voneinander isoliert, sondern aufeinander bezogen werden.
Dies trifft auf die p. B. zu, die politische Sachverhalte auf ihre soziale Inhaltlichkeit hin überprüfen will. In dem Maße, wie der Staat Aufgaben der Daseinsvorsorge übernimmt und in ökonomische und soziale Bereiche regelnd eingreift, in dem Maße hängen auch die alltäglichen Lebensbereiche von den Formen staatlicher Intervention ab. Die p. B. hat diese Verflechtungen zu berücksichtigen, ohne dem irrealen Konzept der Identität von Staat und Gesellschaft aufzusitzen, das hinter der unzulässigen Gleichsetzung von Sozialisation und p. B. steht. Bsp.: Sozialisation als Unterrichtsinhalt kann sich auf das Interaktionssystem Schüler-Lehrer-Klasse-Schule beziehen; p. B. wird erreicht, wenn dieser soziologische Inhalt durch die Behandlung des Bildungssystems als Teil der Gesellschaft mit seinen ökonomisch bedingten Aufgaben – Qualifikation und Selektion – ergänzt wird; wenn dazu die Aufgaben der Legitimation und Integration auf die rechtlichen Bestimmungen bezogen werden, durch die Schule in die staatliche Organisation eingebunden ist, so wird der Gegenstand in seinen ökonomischen, sozialen und politischen Wechselbeziehungen erkannt. Im Lichte dieser Wechselbeziehung erst kann der im eigentlichen Sinne soziale Inhalt der Institution Schule als Interaktionssystem angemessen erkannt werden.

Literatur: Behrmann, G. C.: Soziales System und politische Sozialisation. Eine Kritik der neueren politischen Pädagogik, Stuttgart ²1975; Fend, H.: Gesellschaftliche Bedingungen schulischer Sozialisation, Weinheim/Basel ²1975.

1.23.1 Menschenbild und Gesellschaftsauffassung

Die politische Bildung hat ihren Beitrag zur Integration von Einzelnen, Gruppen, Schichten oder Klassen in ein gesellschaftliches System zu leisten; dazu muß die bestehende Organisation der Gesellschaft unter Berücksichtigung ihrer Rechtmäßigkeit (Legitimation) dargestellt werden. Dabei bezieht sie sich auf die geltenden *Werte* (was als gut oder schlecht, richtig oder falsch gilt) und *Normen* (das Verhalten regelnde Orientierungen in jeweils konkreten Situationen), die sie damit ihrerseits verstärkt bzw. in Frage stellt. Diese Normen und Werte, die zunehmend abstrakter werden, weil sie von allen Individuen einer differenzierten pluralistischen Gesellschaft angenommen werden sollen, bilden die Grundlage für die Verwirklichung des Ziels der politischen Bildung: den *Aufbau eines Erklärungs- und Interpretationsmusters* in den Lernenden, das diese bei zukünftigen Deutungen ihrer gesellschaftlichen und politischen Umwelterfahrungen anwenden. Die Deutung und Erklärung von politischen Problemen und Entscheidungen im Rahmen eines *Erklärungsmusters*, das durch die politische Bildung angelegt oder befestigt worden ist, garantiert dem urteilenden Subjekt, daß es sich mit seiner Meinung nicht in Gegensatz zu seiner Umwelt bringt; es garantiert der Gesellschaft oder dem Staat eine loyale Einschätzung seiner politischen Entscheidungen, die Kritik nicht ausschließt, soweit sie konstruktiv ist und die Gesellschaftsordnung selbst nicht in Frage stellt.

Die politische Bildung hat es mit lernenden Subjekten zu tun, die sie mit gegebenen gesellschaftlich-politischen Tatbeständen und Verhältnissen (objektiven Gegebenheiten) konfrontiert, die das einzelne Subjekt nicht einfach beseitigen kann. Ihm gibt das erwähnte Interpretationsmuster ein Hilfsmittel, das die Erklärung von Umwelt ermöglicht und somit Voraussetzungen für die eigene Standortbestimmung in der gesellschaftlich-politischen Umwelt liefert. Aus der Erkenntnis des sozialen Standortes entsteht die Bereitschaft zur Parteinahme und zur politischen Beteiligung. Daher kann eine politische Auseinandersetzung um die inhaltliche Ausgestaltung des Interpretationsmusters entbrennen. Die politische Bildung beruft sich auf grundlegende Aussagen über das Verhältnis des Individuums zur Gesellschaft und der Gesellschaft zum Staat. Dabei geht stets ein starker Einfluß von den bestehenden Gesellschaftsstrukturen in einem politischen System auf die Politikwissenschaft sowie auf die Konzepte der politischen Bildung aus: Politisches System, Politikwissenschaft und politische Bildung müssen als struktureller Zusammenhang begriffen werden, der sich seinerseits mit der historischen Entwicklung verändert. Seit 1945 sind eine Reihe unterschiedlicher Konzepte ausgearbeitet worden, die als in sich schlüssige Vorstellungen über Voraussetzungen, Inhalte, Ziele und Methoden der politischen Bildung bezeichnet werden können, sich aber voneinander unterscheiden.

Beim Versuch der politischen Umorientierung in Westdeutschland nach 1945 knüpfte man an die Tradition der Weimarer Republik an. Daher lag es nahe, der politischen Bildung mit dem philosophisch begründeten Menschenbild eine Grundlage zu verschaffen, die Teil der geisteswissenschaftlichen Tradition in Deutschland ist. Danach gilt der Mensch als soziales Wesen, das auf die Gemeinschaft angewiesen ist, weil es sich nur in ihr zu seiner vollen Individualität entfalten kann. Die Ausbildung der personalen Individualität ist einerseits Ziel und handlungsorientierende Norm, sie darf jedoch andererseits nicht auf Kosten der Freiheitsräume von Mitmenschen vorgenommen werden. Es besteht also eine Antinomie in jedem Menschen, die durch die beiden Pole Individuum/soziales Wesen gekennzeichnet ist. Aus diesem Doppelcharakter des Menschen können Konflikte entstehen; über deren Ausgleich wacht der Verfassungsstaat als ›neutrale‹ Instanz. Allgemeines Menschenbild sowie Herrschafts- und Gesellschaftsauffassung entsprechen bzw. ergänzen sich. Die Grundrechte gelten einerseits als Abwehrrechte des vereinzelten Individuums gegenüber staatlichen Übergriffen; andererseits hat das Individuum ein Anrecht auf die Verteidigung seiner Grundrechte durch den Staat gegenüber Übergriffen aus dem gesellschaftlichen Bereich (Rechtsstaatlichkeit); außerdem ist der Staat gehalten, die Grundrechte bei der Gestaltung der politischen Ordnung weiterhin zu fördern (Sozialstaatlichkeit).

In dem Maße, in dem die Rechtsstaatlichkeit stärker als die sozialstaatlichen Aufgaben in Konzepten der politischen Bildung berücksichtigt wird, in dem Maße handelt es sich um eine stärker harmonisierende Gesellschaftsauffassung, in der der Kampf der Parteien um die politische Macht und die Einflußnahmen der gesellschaftlichen Interessengruppen nicht erwähnt werden. In dem Maße, in dem die Sozialstaatlichkeit der Demokratie stärker betont wird, wird auch der politische und gesellschaftliche Kampf um die Verteilung von Macht, Werten und Gütern in das Konzept der politischen Bildung aufgenommen. Die geisteswissenschaftlich orientierte politische Pädagogik (z. B. Sutor) tendiert dahin, daß sie – gemäß dem angenommenen Doppelcharakter des Menschen – in Gymnasium und Universität die Ausbildung der Individualität, jedoch in Haupt- und Realschule die Ausbildung der sich anpassenden sozialen Wesen hervorhebt. Da sich die bundesrepublikanische Entwicklung seit 1945 ohne tiefgreifende Revolutionen vollzogen hat, ist auch diese grundlegende philosophische Begründung vom Wesen des Menschen (ontologische Begründung) und einer diesem Menschenbild entsprechenden staatlich-gesellschaftlichen Verfassung (Norm des demokratischen Verfassungsstaates) nicht wesentlich verändert, sondern lediglich in Einzelheiten abgewandelt worden.

Literatur: Schmiederer, R.: Zwischen Affirmation und Reformismus. Politische Bildung in Westdeutschland seit 1945, Frankfurt 1972; Sutor, B.: Didaktik des politischen Unterrichts, Paderborn ²1973.

1.23.2 Entwicklungsstufen

Im Prozeß des Wandels der Begründungszusammenhänge für die politische Bildung lassen sich einige Entwicklungsstufen erkennen, die durch die Auseinandersetzung um eine mehr *empirisch* oder *normativ* ausgerichtete Erklärung der didaktischen Entscheidungen gekennzeichnet sind. Die geisteswissenschaftlich orientierte politische Bildung, auf die noch angemessen die Bezeichnung *politische Pädagogik* angewandt werden kann, stand in einem vorwiegend ontologisch-normativen Begründungszusammenhang, der auf philosophischen Annahmen beruht. Er verändert sich in dem Maße, in dem diese philosophischen Annahmen dann durch Aussagen ersetzt werden, die sich auf empirische Forschungsergebnisse beziehen, und zwar insbesondere auf empirische Aussagen über die lernenden Subjekte innerhalb der Sozialisations- und Lerntheorie und der Entwicklungspsychologie. Solche Aussagen beziehen sich auch auf die gesellschaftliche Realität: Harmonistische Gesellschaftsauffassungen werden verdrängt durch empirische Aussagen über Kontroversen und Konflikte bei den Entscheidungsprozessen über ökonomische und soziale Probleme. Mit empirisch-analytischen Ansätzen, namentlich systemtheoretischen, wurden außerdem das Verhältnis nationaler Organisationen zur Weltpolitik sowie die wechselseitige Abhängigkeit nationaler und weltpolitischer Entwicklungen erforscht.

Vor dem Hintergrund dieser Entwicklung ist die politische Pädagogik durch ein Verständnis von politischer Bildung verdrängt worden, das sich auf die Forschungsergebnisse von empirischen Untersuchungen in allen Sozialwissenschaften stützt: einerseits zur besseren Erkenntnis der nicht philosophischen, sondern wirklichen Schüler und ihrer Lernvoraussetzungen, andererseits zur Gestaltung der politischen Bildung selbst, die sich nun nicht mehr als bloß politikwissenschaftlich begründetes Fach (Institutionenkunde, formale Demokratiewissenschaft) zu verstehen beginnt, sondern Inhalte unter fächerübergreifenden Fragestellungen und Gesichtspunkten aufarbeitet. In der *Curriculumtheorie* ist der gegenwärtige Stand dieser Entwicklung von den überwiegend philosophischen Annahmen zu deren Ersatz durch empirische Befunde in der politischen Bildung abzulesen. Indessen hat sich dabei an der Frage der Werturteile, deren Zulässigkeit als Bestandteil einer objektiven Erkenntnis von den empirisch-analytisch ausgerichteten Didaktikern abgelehnt und nur für die subjektive Meinungsäußerung zugestanden wurde, ein neuer gegenläufiger Einfluß auf die politische Bildung wie insgesamt auch die Sozialwissenschaften entwickelt.

Von der *Kritischen Theorie* wurde darauf hingewiesen, daß die Erkenntnis von *Interessen* motiviert ist, die stets auf einer *Wertung* beruhen; daß also die Werturteile als Teil des Erkenntnisprozesses angesehen werden müssen, damit das, was an jenen Interessen viele Subjekte betrifft, also verallgemeinerbar ist, auch in dieser tendenziellen Objektivität jener Interessen erkannt werden kann. Diese Erkenntnis ist Voraussetzung für die Befähigung zu solidarischem politischen Handeln, weil sie die Vereinzelung der Subjekte überwinden und diesen eine bewußte Selbstvermittlung mit objektiven Gegebenheiten ermöglichen kann. Der Streit um die Zulässigkeit von Wertungen in der politischen Bildung ist weithin beigelegt, da heute bis auf wenige Ausnahmen die Notwendigkeit, Wertungen zu erkennen und zu reflektieren, von den Didaktikern anerkannt wird. Allerdings hat sich im Zusammenhang mit der umstrittenen Norm der Emanzipation die Aufgabe gestellt, das Problem der Legitimation von didaktischen Entscheidungen und ihrer Konsensfähigkeit (Suche nach einem Minimalkonsensus) zu lösen.

Des weiteren hat die Kritische Theorie darauf hingewiesen, daß die Welt als globales Interaktions- und Kommunikationssystem berücksichtigt werden müsse, wenn gesellschaftsanalytische Aussagen realistisch sein sollen. Wichtig war, daß die Kritische Theorie auf den Zusammenhang zwischen Gesellschaftstheorie und Erkenntnistheorie hingewiesen hat: Die Bemühungen, eine einheitliche Wissenschaft für die Erforschung der sozialen Realität zu begründen, haben erwiesen, daß die verschiedenen Vorstellungen darüber, wie eine möglichst wirklichkeitsgetreue Erkenntnis der gesellschaftlichen Verhältnisse erreicht werden könnte, weniger einander ausschließende Auffassungen gewesen sind, sondern daß diese verschiedenen Vorstellungen nur verschieden weite Möglichkeiten der Erkenntnis zuließen. So befaßt sich die politische Bildung, die dem ontologisch-normativen Ansatz verpflichtet ist, eher mit der Erklärung von einzelnen Tatbeständen; ein von der Kritischen Theorie bereicherter systemtheoretisch beeinflußter Ansatz ist eher in der Lage, weltweite Abhängigkeitsverhältnisse zu erkennen und somit regionale Gegebenheiten in diesen weiten Zusammenhängen darzustellen und zu interpretieren.

Die entsprechenden Interpretationsmuster sind weniger provinziell und affirmativ als weltoffen und kritisch. Wichtig ist, daß diese verschiedenen Ansätze der politischen Bildung sich zwar in gewissen Einzelheiten, jedoch nicht prinzipiell widersprechen, sondern vielmehr Ansätze mit unterschiedlichen Reichweiten der Erkenntnis darstellen.

Der letzte wichtige Einfluß der Kritischen Theorie auf die politische Bildung liegt in ihrer Betonung der Bedeutung des gesellschaftlichen Handelns. Dies war als Kritik an der bloßen Behandlung von Herrschaftssystemen und der damit verbundenen Geringschätzung des Wertes der Individuen positiv. Es besteht jedoch heute die Gefahr, daß überwiegend soziologische oder sozialpsychologische Theorien zur Erklärung von sozialem Handeln von Individuen in Gruppen herangezogen werden (Sozialisations- und Rollentheorien z. B.). Politische Bildung darf aber nicht so eng verstanden werden, denn als bloße soziale Handlungs- und Verhaltenslehre kann sie ihren Aufgaben nicht gerecht werden.

Literatur: Fischer, K. G.: Zum aktuellen Stand der Theorie und Didaktik der politischen Bildung, Stuttgart 1975; Gagel/Schörken (Hrsg.): Zwischen Politik und Wissenschaft. Politikunterricht in der öffentlichen Diskussion, Opladen 1975; Giesecke, H.: Didaktik der politischen Bildung, München ⁷1972; Hilligen, W.: Zur Didaktik des politischen Unterrichts I. Wissenschaftliche Voraussetzungen – Didaktische Konzeptionen – Praxisbezug. Ein Studienbuch, Opladen 1975; Staehr, G. v.: Kritische Theorie und politische Didaktik, Bonn 1973.

1.23.3 Politische Didaktik und Curriculumtheorie

Didaktik ist die Organisation der Vermittlungsprozesse zwischen lernenden Subjekten und der Umwelt über Lerninhalte und deren methodisch begründbare Erarbeitung. P. D. hat dies am Gegenstandsbereich von ökonomischen, sozialen und politischen Zusammenhängen zu leisten. Ihre zentrale Aufgabe besteht in der Zielformulierung des Unterrichts, der Auswahl der zu lernenden Inhalte, deren Zuordnung auf die Ziele und in der Strukturierung des Inhaltes zu einer Unterrichtseinheit. Außerdem gehört dazu die Überprüfung von Lernzielen im Hinblick auf ihre Erreichbarkeit (Kontrolle der Planung) sowie im Hinblick auf die Lernerfolge bei Schülern (Kontrolle der Effizienz). Wie das Ergebnis dieser didaktischen Entscheidungen aussieht, wird beeinflußt durch die gesellschaftstheoretische und erkenntnistheoretische Konzeption der politischen Bildung, in deren Rahmen der Unterricht geplant wird.

Innerhalb der CT bezieht sich der didaktische Entscheidungsprozeß nicht auf einzelne Stunden, sondern auf umfassende Unterrichtseinheiten bis hin zum kompletten Ausbildungsgang. Für die politische Bildung ist die Aufgabe der CT, einen in sich zusammenhängenden Kurs von Unterrichtseinheiten, die aufeinander bezogen sind und einer lerntheoretisch und sozialwissenschaftlich begründeten inneren Systematik entsprechen, noch nicht erfüllt worden. Die offiziellen Curricula für den Politikunterricht in Nordrhein-Westfalen, Hessen und Rheinland-Pfalz sind Anfänge auf diesem Wege.

Literatur: Gutjahr-Löser/Knütter (Hrsg.): Der Streit um die Politische Bildung, München 1976; Schörken, R. (Hrsg.): Curriculum »Politik«. Von der Curriculumtheorie zur Unterrichtspraxis, Opladen 1974; Wulf, Ch.: Das politisch-sozialwissenschaftliche Curriculum. Eine Analyse der Curriculumentwicklung in den USA, München 1973.

1.3 Vertiefung

Die übergreifenden Grundfragen des Themenkomplexes Politik – Politikwissenschaft – Politische Bildung lassen sich in drei untereinander eng zusammenhängenden Begriffen fassen: *Theorie, Ideologie* sowie *Theorie und Praxis.* Sie setzen sich nämlich zentral mit dem Spannungsverhältnis von Politik und Wissenschaft auseinander, unter dem das Bemühen um politikwissenschaftliche Erkenntnis wie um deren pädagogische Vermittlung steht; und sie können deshalb grundsätzliche Möglichkeiten und Grenzen dieses Bemühens verdeutlichen: das Theorie-Problem, indem es die unterschiedlichen Ansprüche sichtbar macht, die aus bestimmten lebenspraktischen Voraussetzungen an Wissenschaft gestellt sind; das Ideologie-Problem, indem es die verschiedenen Einschränkungen sichtbar macht, denen infolgedessen Aussagen über Politik unterworfen sind; das Theorie-und-Praxis-Problem, indem es die abweichenden Auffassungen über den Wirkungszusammenhang sichtbar macht, in dem Politikwissenschaft und Politische Bildung mit der Politik stehen.

1.31 *Theorie*

Als T. wird im Alltagssprachgebrauch zumeist eine Aussage über einen Sachverhalt bezeichnet, die statt der üblicherweise erwarteten unmittelbaren Auseinandersetzung mit diesem Sachverhalt, etwa seiner praktischen Betrachtung unter einem aktuellen handlungsbezogenen Bewertungsgesichtspunkt, mehr verallgemeinernd auf Grundsätzliches ausgerichtet ist. Daraus läßt sich bereits die zunächst noch weitgefaßte Umschreibung ableiten, daß als T. alle irgendwie *systematisch* aufgebauten Aussagengefüge verstanden werden können. Sie wird schon genauer eingegrenzt, wenn das genannte Merkmal der Systematisierung von Aussagen zugleich als das besondere Bestimmungskriterium *wissenschaftlicher* Aussagen bewußt gemacht wird, nach dem sich diese allgemein von allen möglichen anderen Aussagen unterscheiden lassen. Denn damit ist der Zusammenhang von T. und Wissenschaft, der schon in dem angeführten Alltagssprachgebrauch gemeint war, ausdrücklich hervorgehoben. Danach können nunmehr generell wissenschaftliche Aussagen als theoretische bestimmt werden, weil in ihnen die Funktion von T. unmittelbar wirksam wird.
Als *theoretische* Leistung des Erkenntnisprozesses ist nämlich zunächst die Verknüpfung von Einzelerfahrungen und Einzelbeobachtungen der Wirklichkeit zu einer begründeten Aussage über Zusammenhänge zwischen empirischen Phänomenen anzusehen, wie sie insbesondere durch methodisch besonders qualifizierte wissenschaftliche Aussagen

erbracht wird, die deshalb gegenüber sonstigen Meinungsäußerungen über Sachverhalte auch einen speziellen Gültigkeitsanspruch erheben. Als theoretische Leistung des Erkenntnisprozesses erscheint dann darüber hinaus aber auch die Möglichkeit, überhaupt sinnvolle empirische Einzelerfahrungen und Einzelbeobachtungen machen zu können, die sich schließlich zu derartigen wissenschaftlichen Aussagen verknüpfen lassen. Damit wird im Blick einerseits auf das Ende und andererseits auf den Anfang des wissenschaftlichen Erkenntnisprozesses ein zweifacher Wirkungszusammenhang sichtbar: T. bildet das *Ergebnis* der Wissenschaft, indem sie die erhobenen Befunde wissenschaftlicher Forschung begrifflich systematisiert zu schlußfolgernden, verallgemeinernden, erklärenden Aussagen; T. bildet aber auch schon den *Bezugsrahmen* der Wissenschaft, indem sie der wissenschaftlichen Forschung die erforderlichen strukturierenden Fragestellungen an die Wirklichkeit bereitstellt.

Diese theoretischen Elemente der Wissenschaft werden häufig formal unterschieden durch die Bezeichnung *Hypothese* für die in den Forschungsprozeß vorweg eingebrachte Ausgangsbehauptung und *Gesetz* für die dann in ihm bestätigte Endaussage; aber nicht selten werden die Bezeichnungen T., Hypothese und Gesetz auch nahezu gleichbedeutend verwandt. Tatsächlich gibt es nämlich kein einheitliches inhaltlich bestimmtes Geltungskriterium für T., obwohl gerade jenes Beziehungsverhältnis von theoretischem Bezugsrahmen und theoretischem Aussagegefüge das grundlegende Problem der Geltung von T. aufwirft. Die abweichende Einschätzung der offensichtlich engen Verschränkung zwischen den eingeführten Voraussetzungen und dem abgeleiteten Ergebnis von T. führt deshalb in den grundsätzlicheren Zusammenhang der unterschiedlichen metatheoretischen Begründungen derartiger Theoriebildung, an denen sich die Wissenschaftspraxis ausrichtet. Der hierfür verwandte Begriff *Metatheorie* kennzeichnet, daß nunmehr die wissenschaftstheoretische Grundlegung von T. gemeint ist, also jener umfassende (erkenntnis-)theoretische Begründungszusammenhang, der das mögliche Verfahren wissenschaftlicher Erkenntnis festlegt und somit inhaltliche Geltungskriterien für die Theoriebildung bestimmt.

Diese Unterscheidung verdeutlicht, daß T. – als Bezugsrahmen und Ergebnis wissenschaftlicher Erkenntnis – ihrerseits in einem noch weiteren Bezugsrahmen steht, der zumal auch lebenspraktisch bedingte grundlegende Orientierungsmuster für die wissenschaftliche Erkenntnis der Wirklichkeit bereitstellt, in denen gerade dieses umstrittene Verhältnis zwischen den eingeführten Voraussetzungen und dem abgeleiteten Ergebnis wissenschaftlicher T. normiert wird. Der besondere Geltungsanspruch von T. im Unterschied zu sonstiger – methodisch nicht qualifizierter – Meinungsäußerung kann somit entsprechend ihrer metatheoretischen Grundorientierung nach abweichenden Kriterien erhoben werden: im Sinne der essentialistischen Grundorientierung als Rekonstruktion überzeitlicher Wahrheit; im Sinne der rationalistischen Grundorientierung als begriffliche Konstruktion räumlich-zeitlich begrenzter Richtigkeit, die ihren hypothetischen Charakter prinzipiell auch nach der empirischen Absicherung und Kontrolle behält; im Sinne der dialektischen Grundorientierung als objektiver Begriff historischer Entwicklungstendenzen, der an die ihm vorausgesetzten lebenspraktischen Interessen gebunden bleibt.

Das erschwert namentlich die Einschätzung der Geltungsansprüche von *politischer T.*; denn in die politikwissenschaftliche Erkenntnis mit ihrem zwangsläufig geringen Abstand zur Politik gehen nach dem jeweils zugrundeliegenden Orientierungsmuster der Theoriebildung bereits unvermeidlich auch politische Voraussetzungen ein, wodurch gerade hier das Problem der → Ideologie sowie das Problem des Verhältnisses von → Theorie und Praxis besonders bedeutsam wird. Innerhalb dieser prinzipiellen Abgrenzungen läßt sich dann noch im einzelnen unterscheiden nach verschiedenen Abstraktionsstufen, die in der wissenschaftlichen Theoriebildung praktisch erreicht werden. Die *allgemeine T.*, die allein im strengen Sinne ein voll entwickeltes systematisches Aussagengefüge zur Erklärung der Wirklichkeit (auch: deduktive T.) ist, stellt zumal für die Sozialwissenschaften mehr ein nicht leicht erfüllbares Programm dar; sozialwissenschaftliche Studien bewegen sich zumeist in der ›mittleren Reichweite‹ der *partiellen T.* (auch: systematische T.) oder in der noch begrenzteren Reichweite *einzelner Generalisierungen* (auch: deskriptive T.), weisen damit in ihren Aussagen also zumindest einen *theoretischen Ansatz* auf.

Literatur: Adorno, Th. W., u. a.: Der Positivismusstreit in der deutschen Soziologie, Neuwied/Berlin ³1971; Horkheimer, M.: Traditionelle und kritische Theorie, Frankfurt 1970; Narr, W.-D.: Theoriebegriffe und Systemtheorie, Stuttgart ⁴1976; Schlangen, W.: Theorie der Politik, Stuttgart 1974.

1.32 *Ideologie*

Der Begriff I. wird heute wissenschaftlich wie zumal politisch in erheblich abweichenden Bedeutungen verwandt, die ein angemessenes Verständnis des gemeinten Sachverhaltes erschweren. Diese Feststellung enthält gewissermaßen schon eine Umschreibung des Phänomens, um das es geht, am Beispiel seines eigenen Begriffs: Der damit bezeichnete Sachverhalt wird unterschiedlich gedeutet, weil in der Begriffsbildung bereits jeweils bestimmte werthafte Interessenbezüge wirksam sind, deren Unvereinbarkeit zu einer abweichenden Verwendung des I.-Begriffs führt, die dann unklar läßt, welche Bedeutung eigentlich richtig ist. In Frage steht hier nämlich das Phänomen, daß die Erkenntnis der Wirklichkeit durch namentlich gesellschaftliche

Einflußfaktoren behindert oder verstellt wird, daß also entsprechend in den Aussagen über die Wirklichkeit deren Wahrheit – bewußt oder unbewußt – verfälscht wird. Das Problem der I. stellt sich offensichtlich in besonderem Maße für die sozialwissenschaftliche Erkenntnis, weil sie gerade auf solche Gegenstände ausgerichtet ist, die unmittelbar in einem praktischen Sinnzusammenhang gesellschaftlicher Interessen stehen und weil in sie deshalb auch unmittelbar lebenspraktische Interessen des Erkennenden einfließen können, die dann die Aussage in bestimmter Weise festlegen und damit wiederum eine praktische Wirkung entfalten.
Tatsächlich ist das I.-Problem bewußt geworden im Zusammenhang mit den gesellschaftstheoretischen Denkansätzen der Neuzeit, die eine naturrechtlich-rationale Begründung der Gesellschaftsordnung entwickelten und damit die grundsätzliche Frage aufwarfen, unter welchen Bedingungen Vorstellungen über die Gesellschaft zustande kommen. Seine Erörterung war dadurch von vornherein erkenntnis- und unmittelbar gesellschafts*kritisch* akzentuiert und nahm deshalb nach dem zugrundegelegten Gesellschaftsverständnis unterschiedliche Richtungen. Bereits in der *Idolenlehre* von F. Bacon (1561–1626) wurde die Beeinträchtigung der Naturerkenntnis durch sozial bedingte Vorurteile (Idole) namentlich der Erziehung und der tradierten Denkmuster aufgewiesen; unter dem Begriff der I. entwickelte dann A. Destutt de Tracy (1754–1836) einen Zweig der Aufklärungsphilosophie zur wissenschaftlichen Untersuchung der Bildung vernunftbegründeter Ideen in der praktischen Absicht, diese Vernunfterkenntnis durch umfassende Volksaufklärung zu verbreiten, um somit auch die Gesellschaft nach rationalen Prinzipien zu organisieren; daraus wird schließlich bei C. A. Helvetius (1715–1771) und P. H. von Holbach (1723–1789) ein politisches Kampfinstrument gegen den Priester- und Herrschaftsbetrug durch Enthüllung der in den geltenden Ideen verschleierten Machtinteressen. Damit bezeichnet I. zunächst die interessenbedingte Verfälschung möglicher objektiver gesellschaftlicher Erkenntnis, die durch richtigen Vernunftgebrauch überwunden werden kann.
In der Fortentwicklung dieser Ansätze wurde indessen jener aufklärerische Vernunftoptimismus zweifelhaft, weil die Verfälschung der gesellschaftlichen Wirklichkeitserkenntnis nunmehr weniger als willkürlich subjektiv denn als zwangsläufig sozialstrukturell bedingt angesehen wurde; nämlich als ein Phänomen, das sich unvermeidbar in jeder Weltdeutung auswirkt, insofern darin die Welt aus Wertvorstellungen gedeutet wird, die von der jeweiligen sozialen Gruppenzugehörigkeit des Menschen geprägt sind und daher die Umsetzung gemeinsamer sozialer Interessen in gruppenintegrierende gesellschaftliche Handlungsnormen darstellen. Demnach bezeichnet dann I. genauer ein Gedankensystem, das infolge seiner gesellschaftlichen Inter-

essengebundenheit die soziale Wirklichkeit – gemessen am Anspruch auf objektive Erkenntnis – verfälscht wiedergibt und selbst eine soziale Funktion für die Durchsetzung von gesellschaftlichen Interessen hat. Freilich ist damit die Frage nach den Möglichkeiten der I.-*Kritik* gestellt, die zum Aufweis dieser Abhängigkeit des Denkens, zur Abgrenzung von I. und »Wahrheit« ihrerseits tragfähiger Objektivitätskriterien bedarf. An diesem Punkt trennen sich die Konzeptionen der *marxistischen* und der *wissenssoziologischen I.-Kritik*.
Bei Karl Marx (1818–1883) erfährt der I.-Begriff durch seine Verknüpfung mit der materialistischen Dialektik und deren Übertragung auf die Geschichte eine entschiedene inhaltliche Eingrenzung. I. wird als notwendige Folge der Prägung des menschlichen Bewußtseins durch das gesellschaftliche Sein des Menschen, also als Ausdruck seiner durch die Stellung im materiellen Produktionsprozeß bestimmten Klasseninteressen verstanden; und weil sich mit dem Klasseninteresse des Proletariats an der Aufhebung des sozialökonomischen Grundwiderspruchs und der Durchsetzung einer klassenlosen Gesellschaft die I. entwickelt, in der die geschichtliche Überwindbarkeit ideologischen Denkens bewußt wird, vermittelt sie zugleich den – historisch abgeleiteten – objektiven Maßstab, an dem I.en inhaltlich gemessen werden können: I.-Kritik richtet sich deshalb parteilich gegen das »falsche Bewußtsein« in den »bürgerlichen« I.en. – Die politische Zielgewißheit dieser nur partikular auf den ideologischen Gegner gerichteten I.-Kritik wird namentlich bei Karl Mannheim (1893–1947) durch seinen formal ausgeweiteten *totalen I.-Begriff* relativiert, der nunmehr wissenssoziologisch die ideologische Bedingtheit jedes Gedankensystems infolge der sozialen Standortgebundenheit allen Denkens erfassen und damit I.-Kritik als ein allgemeines wissenschaftliches Instrument rationaler Kritik der interessenabhängigen Geltungsbegrenztheit gesellschaftlicher Wirklichkeitserkenntnis ermöglichen soll.
Die Brauchbarkeit dieser heute vor allem wirksamen ideologiekritischen Konzeptionen, falsche und wahre gesellschaftliche Wirklichkeitserkenntnis zu unterscheiden, läßt sich indessen nur im Rückbezug auf die abweichenden wissenschaftstheoretischen Begründungen des Geltungsanspruchs von → Theorie einschätzen, denen sie folgen. Ihre praktischen Möglichkeiten und Grenzen verdeutlicht bereits der Vorbehalt gegen die wissenssoziologische I.-Kritik, daß ihr auf jeden politischen Begründungszusammenhang angewandter, formal bestimmter I.-Begriff seinen analytischen Wert einbüße, und der Vorbehalt gegen die marxistische I.-Kritik, daß die analytische Eindeutigkeit ihres inhaltlich bestimmten I.-Begriffs durch die Dogmatisierung des zugrundegelegten politischen Begründungszusammenhangs erkauft sei. Damit ist zugleich die Brauchbarkeit gegensätzlicher Muster des Verhältnisses von → Theorie und Praxis angesprochen, die hier wirksam werden.

Literatur: Lenk, K. (Hrsg.): Ideologie, Ideologiekritik und Wissenssoziologie, Neuwied ⁶1972; Ludz, P. Ch.: Ideologiebegriff und marxistische Theorie, Opladen 1976; Mannheim, K.: Ideologie und Utopie, Frankfurt ⁴1965; Marx, K.: Die deutsche Ideologie. Grundrisse der Kritik der politischen Ökonomie, div. Ausgaben.

1.33 *Theorie und Praxis*

Das Verhältnis von T. und P. wird in der Gegenwart namentlich mit Bezug auf die Sozialwissenschaften erörtert, weil der Zusammenhang zwischen theoretischer Erkenntnis und praktischem Handeln – der gleichermaßen zwischen den wissenschaftlichen Kenntnissen über die Natur und deren Anwendung in der Technik besteht – gerade in diesem Bereich als besonders problematisch bewußt geworden ist. Die hier gemeinte Problematik des Verhältnisses von T. und P. ergibt sich daraus, daß die Sozialwissenschaften nicht nur mit ihrer angestrebten theoretischen Erkenntnis der gesellschaftlichen Wirklichkeit die soziale Handlungspraxis des Menschen beeinflussen, sondern in ihren möglichen Ergebnissen durch diese auch bereits beeinflußt werden. Während bei den Naturwissenschaften die praktische Wirkung ihrer theoretischen Erkenntnisse in der Form technischer Umsetzbarkeit als ein Nachweis für deren Gültigkeit anzusehen ist und die Frage nach dem gesellschaftlichen Sinn der praktischen Verwertung solchen Wissens erst durch deren politische und/oder gesellschaftstheoretische Einschätzung aufkommt, wird dieser Zusammenhang zwischen theoretischer Gültigkeit und praktischer Wirkung in den Sozialwissenschaften fragwürdig, weil hier jene Sinnfrage auch schon mit der theoretischen Erkenntnis verknüpft ist.

Angesichts der Interessenbezogenheit gesellschaftlicher Wirklichkeitserkenntnis infolge ihrer engen Einbezogenheit in die gesellschaftliche Handlungspraxis (→ Ideologie) muß nämlich davon ausgegangen werden, daß bereits in die Festlegung der Gültigkeitskriterien für → Theorie, die dann das Verfahren wissenschaftlicher Erkenntnis bestimmen, ein praktisches Interesse an der Erkenntnis einfließt, das deren gesellschaftliche Wirkungsmöglichkeit vorentscheidet. Die wissenschaftstheoretischen → Grundorientierungen der Sozialwissenschaften und damit auch der Politikwissenschaft, die von einem bestimmten *Erkenntnisinteresse* (Habermas) geprägt sind, legen insofern mit dem Verfahren der wissenschaftlichen Theoriebildung zugleich fest, welche Geltung theoretische Erkenntnis für die *Praxis* hat, weil die Kriterien für den erhobenen Geltungsanspruch von *Theorie* bereits unter praktischen Gesichtspunkten bestimmt werden. Sie sind somit als Muster für das *wissenschaftliche* Problemlösungsverhalten zugleich Muster für das *gesellschaftliche* Problemlösungsverhalten; und es lassen sich deshalb – entsprechend dem abweichenden Verständnis von Wissenschaft

– *unterschiedliche* Muster des Verhältnisses von T. u. P. gegeneinander abgrenzen.
Zunächst das klassische Muster der (normativen) *Einheit von T. und P.*, das mit der in der Antike ausgeprägten und bis zum Mittelalter maßgeblichen Konzeption der *praktischen Wissenschaft* für die auf das menschliche Handeln bezogene, also sozialwissenschaftliche Erkenntnis gegeben ist. Danach verbindet sich theoretische Sinndeutung der Gesellschaft als allgemeine Ableitung vorgegebener sozialer Handlungsnormen und *praktische* Handlungsanleitung für die Gesellschaft als konkrete Anwendung dieses Norm-Wissens miteinander zu einer rationalen wissenschaftlichen Begründung der Wertentscheidungen über gesellschaftliche Handlungsziele, die zumal den Zusammenhang von Politik und Ethik sichern soll.
Dann das rationalistische Muster der (formalen) *Trennung von T. und P.*, das die wissenschaftliche Begründbarkeit von Wertentscheidungen entsprechend dem rationalistischen Wissenschaftsverständnis mit seiner prinzipiellen Unterscheidung von theoretischer Erkenntnis und praktischem Handeln in Frage stellt. Danach wird die durch formale Geltungskriterien wie theoretische Wertfreiheit und kritische Überprüfbarkeit eingeführte methodische Beschränkung wissenschaftlicher Erkenntnis auf die räumlich-zeitlich erfahrbare Realität und somit auf erfahrungskontrollierbare Aussagen nicht nur als Voraussetzung dafür angesehen, daß die gesellschaftliche Wirklichkeit in ihrer lebenspraktischen Wertgebundenheit überhaupt auf verallgemeinerungsfähige rationale Begriffe gebracht werden kann. Sie wird vielmehr gerade auch als eine notwendige Bedingung dafür angesehen, daß dieses Rationalitätsmodell des wissenschaftlichen Problemlösungsverhaltens übertragen werden kann auf das gesellschaftliche Problemlösungsverhalten, um praktische Wertentscheidungen zumindest aufgrund eines weitestmöglich rationalen Kalküls insbesondere der Konsequenzen und Alternativen einer bestimmten Wertverwirklichung zu treffen und so jedenfalls mittelbar einen Zusammenhang zwischen Politik und Rationalität herzustellen.
Schließlich das dialektische Muster der (inhaltlichen) *Verknüpfung von T. und P.*, das sowohl die unhistorische Ableitung gesellschaftlicher Handlungsziele innerhalb der normativ vermittelten Einheit von T. und P. als auch die instrumentelle Verkürzung der Rationalität innerhalb der formal behaupteten Trennung von T. und P. entsprechend dem dialektischen Wissenschaftsverständnis aufheben will. Danach ist Theorie als der bewußte Aufweis der realen Bewegungsgesetze der gesellschaftlichen Entwicklung selbst ein Moment der geschichtlichen Praxis der Menschen, weil aus dieser Einsicht in die objektiven – nämlich mit der realen Entwicklungsgesetzmäßigkeit übereinstimmenden und deshalb geschichtlich notwendigen – gesellschaftlichen Handlungsziele unmittelbar die ideologische Auseinander-

setzung um die gerechtfertigten Ziele des gesellschaftlichen Handelns rational entschieden werden kann. Indem Theorie als geschichtlich abgeleitete wissenschaftliche Begründung politischer Wertentscheidungen praktisch wirksam wird – in der ideologischen Parteinahme für die Klasseninteressen des Proletariats oder differenzierter in der Kritik der bestehenden Gesellschaft aus ihren geschichtlich unerfüllten objektiven Möglichkeiten –, sollen so Politik, Ethik und Rationalität inhaltlich miteinander verbunden werden.

Literatur: Albert, H.: Plädoyer für kritischen Rationalismus, München ²1971; Habermas, J.: Erkenntnis und Interesse, in: ders.: Technik und Wissenschaft als »Ideologie«, Frankfurt 1968; ders.: Theorie und Praxis, Frankfurt ⁴1971; Lobkowicz, N.: Theorie und Praxis, in: Sowjetsystem und demokratische Gesellschaft, Bd. 6, Sp. 411–450.

2 Politische Bewegungen und Ideologien

2.1 Einführung

Politische Bewegungen und Ideologien werden vor allem innerhalb der *politischen Ideengeschichte* und *politischen Theorie* analysiert. Dieser Bereich der Politikwissenschaft verfährt dabei interdisziplinär und bedient sich unterschiedlicher Forschungsansätze, um die komplexen Elemente erfassen zu können, die in politischen Bewegungen und Ideologien zusammenwirken. Entsprechend ihren hauptsächlich prägenden Faktoren kommen dabei namentlich philosophische, soziologische und sozialgeschichtliche Ansätze zur Anwendung, auf deren methodische Probleme hier freilich nicht eingegangen werden kann.
Eine Darstellung politischer Bewegungen und Ideologien hat zumindest zwei Aspekte zu berücksichtigen. Sie hat sichtbar zu machen, daß etwa der Liberalismus, Pluralismus, Sozialismus, Anarchismus, Konservatismus und Faschismus eine jeweils bestimmte politische (und das heißt auch gesellschaftlich-wirtschaftliche) Ordnungskonzeption enthalten bzw. politische Bewegungen begründen oder beeinflussen, deren Ziel die Kritik und Veränderung oder die Rechtfertigung bestehender politischer Ordnungen ist. Sie hat weiterhin aufzuzeigen, daß diese politischen Ideen und Theorien nicht einfach allgemein- und zu allen Zeiten gültig sind, sondern in einem bestimmten historisch-gesellschaftlichen Kontext entstanden sind und diesen Zusammenhang nicht völlig abstreifen können wie auch nicht abstreifen dürfen, um nicht inhaltsleer zu werden. Deshalb geht es vor allem um die Analyse des sozialgeschichtlichen Ursprungs politischer Bewegungen und Ideologien sowie ihrer Wirkungsgeschichte.
Die Ideen und Theorien haben sich in einem historisch-gesellschaftlichen Kontext entfaltet und im historischen Prozeß weiterentwickelt. Diese allgemeine Aussage wird am Beispiel des Begriffes ›liberal‹ näher erläutert, um einige methodische Aspekte zu verdeutlichen. Im Umgang mit den politischen Ideen und Theorien und den aus ihnen abgeleiteten Ordnungssystemen und im Umgang mit den auf diese Vorstellungen sich berufenden Bewegungen (z. B. die Parteien) entsteht die Einsicht, daß Bezeichnungen, wie z. B. der Begriff ›liberal‹, einen bestimmten historisch-gesellschaftlich vermittelten Bedeutungsinhalt haben, der im Laufe der historischen Entwicklung seinen Inhalt änderte. Im Falle des Liberalismus stimmen nur die formalen Begriffe des 19. und 20. Jahrhunderts überein. Inhaltliche Gemeinsamkeiten sind nur schwer festzustellen.

In der politischen Ideengeschichte wird der Versuch unternommen, die Begriffe ›politische Bewegungen‹ und ›Ideologien‹ eingehend zu definieren. Auf die Definitionsversuche wird hier nicht näher eingegangen, sondern es werden folgende Inhalte in der Darstellung verwandt:
Politische Bewegung wird zum einen als Ausdruck für eine Gruppierung verstanden, die sich in ihren Analysen, Handlungsentwürfen und Programmvorstellungen auf eine der Ideologien beruft, die in den folgenden Ausführungen behandelt werden. Zum anderen bezieht sich die Bezeichnung auf die Tatsache der gesellschaftlichen Wirkung dieser Ideologien, auch wenn diese Wirkung nicht in Gruppierungen, wie Interessengruppen und Parteien, zu sehen ist. Diese weite Definition läßt nicht den Schluß zu, daß in jedem Falle eine Wirkungsgeschichte dargestellt wird; vielmehr bleibt es bei gelegentlichen Andeutungen.
In den bisherigen Ausführungen wurden die Begriffe → *Ideologie*, Idee und → Theorie in gleicher Bedeutung und in gleicher Funktion verwandt, eine Tatsache, die der strengen Begrifflichkeit nicht gerecht wird, wie sie im Rahmen der politischen Theorie, der politischen Philosophie und der politischen Ideengeschichte entwickelt wurde. Auf eine Abgrenzung der drei Begriffe untereinander wird verzichtet, und es wird auch dem möglichen Vorwurf der begrifflichen Unschärfe und der theoretischen Willkür nicht begegnet. Die drei Begriffe werden gleichbedeutend für die liberalen, pluralistischen, sozialistischen, anarchistischen, konservativen und faschistischen Vorstellungen und für die in ihnen enthaltenen Ordnungssysteme verwandt.
Ein weiteres Anliegen der politischen Ideengeschichte besteht in der Erörterung der politischen Funktion der Ideen und der Bewegungen. Da der historisch-gesellschaftliche Kontext der Entstehung aufgezeigt wird, ist es möglich zu erkennen, ob die Ideologien zur Kritik am bestehenden System oder ob sie als Handlungsentwurf zu seiner Veränderung oder ob sie zur Rechtfertigung der bestehenden Ordnungen dienten und auch in ihrer Wirkungsgeschichte dienen.

Literatur: Beyme, K. v.: Politische Ideengeschichte. Probleme eines interdisziplinären Forschungsbereiches, Tübingen 1969; Hofmann, W.: Ideengeschichte der sozialen Bewegung des 19. und 20. Jahrhunderts, Berlin/New York [5]1974; Maier/Rausch/Denzer (Hrsg.): Klassiker des politischen Denkens, München 1968; Neumann, F. (Hrsg.): Politische Theorien und Ideologien, Baden-Baden 1974/75; Willms, B.: Die politischen Ideen von Hobbes bis Ho Tschi Minh, Stuttgart [2]1972.

2.2 Darstellung

Die folgende Darstellung gibt einen Überblick über die Grundelemente und die Hauptrichtungen der wichtigsten politischen Bewegungen und Ideologien. Deren Auswahl folgt vor allem zwei Gesichtspunkten: Zum einen handelt es sich dabei um Ideologien, die *geschichtlich* in politischen Bewegungen wirksam wurden und die gesellschaftliche Entwicklung wesentlich mitgeprägt haben; zum anderen handelt es sich dabei um politische Bewegungen, deren ideologischer Anspruch weiterhin *aktuelle* Bedeutung hat als Rechtfertigung der bestehenden politischen Ordnung oder als Kritik an ihr und als Anleitung zu ihrer geschichtlichen Veränderung. Vorgestellt werden hier der → Liberalismus, der → Pluralismus, der → Sozialismus, der → Anarchismus, der → Konservatismus und der → Faschismus.

Die Darstellung orientiert sich dabei in der Regel an folgendem Schema: Zunächst werden die *Grundelemente* der politischen Bewegung und Ideologie erläutert, um deren Selbstverständnis möglichst weit zu fassen; dann wird unter Bezug auf den gesellschaftlichen Kontext von Entstehung und Entwicklung der politischen Bewegung und Ideologie ihre *Wirkung* skizziert und dabei, wenn möglich, die Umsetzung in das ideologische Verständnis geschichtlich oder aktuell wirksamer politischer Strömungen aufgezeigt.

2.21 *Liberalismus*

Die schwindende Bedeutung liberaler Parteien und Gruppierungen kann zu dem falschen Schluß führen, daß der L. gegenwärtig an gesellschaftlicher Bedeutung verlöre und lediglich noch ein Gegenstand der Ideen- oder Philosophiegeschichte vor allem des 19. Jahrhunderts sei. Tatsächlich aber spielt liberales Gedankengut in den wissenschaftlichen wie außerwissenschaftlichen und dabei insbesondere in den politischen Aussagesystemen der Gegenwart eine wichtige Rolle; die politische und wirtschaftliche Ordnung des Westens basiert auf den Grundelementen des L.

2.21.1 Grundelemente

Der Liberalismus ist kein in sich völlig geschlossenes theoretisches System, sondern ein Komplex von politischen Theorien, der sich nicht in eine allgemeingültige umfassende Begriffsbestimmung bringen läßt. Den Versuch einer umfassenden und einheitlichen Beschreibung der geschichtlichen und theoretischen Erscheinungsweisen des Liberalismus bietet die folgende Definition: »Liberalismus, Weltanschauung, die die Freiheit der Persönlichkeit von geistigem, politischem und sozialem

Zwang fordert und die Interessen des Individuums gegen die Ansprüche von Kollektiveinheiten wie Staat und Kirche verteidigt.« (C. Stern u. a. [Hrsg.], Lexikon zur Geschichte und Politik im 20. Jahrhundert, Köln 1971, S. 472). Indessen vernachlässigt sie die geschichtlichen Entwicklungsstufen und konzentriert sich auf einen Teilaspekt des Liberalismus; sie hebt die Kritikfähigkeit des Individuums als Schutz gegen Unterdrückung, Manipulation und Zwang hervor und übergeht den historisch-gesellschaftlichen Kontext, in dem heute liberale Ideologien stehen. Indem überzeitliche individuelle Normen betont werden, wird liberales Denken seiner kritischen Funktion beraubt; es wird dann ausschließlich eine Rechtfertigung der bestehenden Ordnung, weil abstrakte Aussagen ohne konkreten geschichtlichen Bezug beliebig und in jeder Epoche zu verwenden sind.

Die *Freiheit* des Einzelnen steht als oberster Wert im Mittelpunkt des Selbstverständnisses der liberalen Theorien. Die ungehinderte Entfaltung der Freiheit des Einzelnen in allen Lebensbereichen gilt als Voraussetzung und Ziel der bestmöglichen Persönlichkeits- und Wohlstandsentwicklung des einzelnen Bürgers; gleichzeitig gilt die Freiheit auch als Ziel für eine bestmögliche politische und wirtschaftliche Ordnung insgesamt. Die politische Zielvorstellung ist jedoch nur dann zu verwirklichen, wenn die individuelle Norm ihre Entfaltungsmöglichkeit im Leben des Einzelnen findet. Das politische Handeln des liberalen Bürgers ist an der Zielvorstellung des privaten *Eigentums* ausgerichtet, auf das er einen ›natürlichen‹ Rechtsanspruch zu haben glaubt. Das Recht auf Eigentum wird als besonders schutzwürdig angesehen, wie die Aufnahme der Garantie des Eigentums in den Katalog der Menschenrechte von 1789 und in die Kataloge der Menschen- und Bürgerrechte der Verfassungen und in die Grundrechte des → Grundgesetzes der Bundesrepublik Deutschland zeigen.

Grundlage des liberalen Wert- und Handlungssystems ist das Privateigentum an Produktionsmitteln. Das Freiheitsprinzip ist der Theorie und der Praxis des Liberalismus übergeordnet, so daß diese Theorie und Praxis stets daran gemessen wird, inwieweit sie die Freiheit verwirklicht bzw. überhaupt ermöglicht hat.

In diesem Zusammenhang ist das Verhältnis von Freiheit und Eigentum ein entscheidender Punkt sowohl in der theoretischen Argumentation als auch in der politischen und wirtschaftlichen Praxis, die sich auf den Liberalismus beruft. Eine grundsätzliche Frage ist die nach der Freiheit desjenigen, der kein Eigentum hat oder auch niemals erwerben kann. Diese Frage kann vom Liberalismus nicht in der Weise beantwortet werden, daß dieses Individuum frei ist, denn sonst würde dem eigenen Selbstverständnis die soziale Grundlage des Wirtschafts- und Gesellschaftssystems entzogen. Probleme wie Ausbeutung durch das kapitalistische Wirtschaftssystem, Verarmung, Eigentumsverlust waren auch schon in der Zeit des Frühliberalismus (Ende des 18./An-

fang des 19. Jahrhunderts) nicht mit dem Freiheitsprinzip in Einklang zu bringen. Ebensowenig stimmte später die Wirklichkeit des kapitalistischen Systems, die durch eine zunehmende Kapitalkonzentration gekennzeichnet war, mit der obersten Norm des Liberalismus überein.
Dieser Widerspruch wurde in der liberalen Theorie durch die Abstraktion der Freiheit und ihrer Überordnung über das Eigentum aufgehoben, wobei die politischen und wirtschaftlichen Verhältnisse verschleiert wurden. Nach liberaler Vorstellung sollte es die Freiheit dem Einzelnen möglich machen, seine Chance des Erwerbs von Eigentum und seiner Vergrößerung wahrzunehmen. Die Frage nach der Realisierbarkeit der Chance wird nicht gestellt; daraus läßt sich schließen, daß im liberalen Denken die Ungleichheit im Besitz von Eigentum vorausgesetzt wird. Aus der gesamtgesellschaftlichen Wirksamkeit des Eigentums leitet der Liberalismus die Freiheit für den Einzelnen und für die Gesellschaft als Ganzes ab.
Diese Argumentationen spielen auch heute noch eine Rolle: die Verknüpfung von Freiheit und Eigentum und die stabilisierende Rolle des Eigentums für das politische System. Widersprüche zwischen dem Freiheitspostulat und der Realisierung des Eigentumprinzips werden z. B. durch Gemeinwohlkonzeptionen (→ Gemeinwohl) abgeschwächt.
Der Liberalismus hat sich im Spannungsverhältnis von *Freiheit als politisches Prinzip* der Demokratie und *Privateigentum an Produktionsmitteln als gesellschaftliches Prinzip* des Kapitalismus entwickelt. Von daher bestimmen sich auch die Elemente der liberalen Ideologie, die ihrerseits eine Funktion der bürgerlichen Gesellschaft ist.
Zu den liberalen Elementen auf einer allgemeinen Ebene zählen *Gleichheit, Vernunft, Fortschritt, Gemeinwohl, Wohlstand* und *Recht, Kontrolle* und *Konkurrenz*. Auf der institutionellen Ebene sind die Elemente *Rechts- und Verfassungsstaat*, → *Gewaltenteilung*, → *Repräsentation* und *Öffentlichkeit* zu nennen. Das Spannungsverhältnis von Freiheit und Eigentum und seine Auswirkungen auf das wirtschaftliche und politische System lenken den Blick auf die vielen Formen liberaler Theorie und Politik, weiterhin auf die im Liberalismus vorhandene Widersprüchlichkeit, auf ihre Entstehung und Entwicklung im historisch-gesellschaftlichen Kontext und auf die fortdauernde Bedeutung liberalen Denkens und Handelns.
Der Liberalismus ist keine geschlossene Theorie, sondern es gibt eine Reihe von liberalen Theorien, die sich in einzelnen Gegenstandsbereichen entwickelt haben. Beispiele dafür sind die liberalen Theorien über den Staat, die auf die englischen Staatstheoretiker und Philosophen Thomas Hobbes (1588–1679) und John Locke (1632–1704) zurückgehen. Weiterhin sind die liberalen Theorien über den Nationalismus, über den Verfassungs- und Rechtsstaat und über die Öffentlichkeit zu nennen.

Die Analyse der Entstehung und Entwicklung der liberalen Theorien ist mit einer Reihe von Schwierigkeiten verbunden, auf die kurz eingegangen wird. Die Entstehung der liberalen Ideen ist nicht nur in einer Epoche anzusiedeln. Die bürgerliche Gesellschaft und ihr Träger, das Bürgertum, entwickelten sich im Schoße des Absolutismus und bedienten sich bei ihrer Ablösung aus feudalen Zwängen aufklärerischen und damit liberalen Gedankengutes. Dieser Prozeß erstreckt sich auf das 17. und das 18. Jahrhundert, wobei die englische Entwicklung früher als die französische einsetzt, jedoch nicht so dramatisch wie in Frankreich verläuft, wo der endgültige Ablösungsprozeß die Revolution (1789–1794) darstellt. In Deutschland entwickelte sich erst im 19. Jahrhundert eine bürgerliche Gesellschaft und ein liberales Bürgertum, das nie eine solche Bedeutung wie das französische erlangte.

Liberales und aufklärerisches Denken diente dem erstarkenden Bürgertum als Rechtfertigung der industriellen Entwicklung und als theoretische Grundlage beim Aufbau eines kapitalistischen Wirtschaftssystems, das sich im Schoße des feudal-absolutistischen politischen Systems entfaltete. Die bürgerliche wirtschaftliche Ordnung des Kapitalismus verlangte nach einer politischen Organisationsform, in der die Beteiligung des Bürgertums garantiert war. Hierbei verbanden sich theoretische Ansätze der Befreiung des Menschen von den Mächten Kirche und absolutes Königtum mit dem Wunsch, politische Bedingungen zu schaffen, um wirtschaftlich handeln zu können, damit der Bürger Privateigentum an Produktionsmitteln erwerben, vermehren und der bestmöglichen Verwertung zuführen kann.

Literatur: Kofler, L.: Zur Geschichte der bürgerlichen Gesellschaft, Darmstadt/Neuwied ⁵1974; Schlangen, W.: Demokratie und bürgerliche Gesellschaft. Einführung in die Grundlagen der bürgerlichen Demokratie, Stuttgart 1973.

2.21.2 Wirkung

Die Herausbildung liberaler Theorien vollzieht sich im Zeitraum des 17.–19. Jahrhunderts und ist durch eine regionale, politische, wirtschaftliche und gesellschaftliche Ungleichzeitigkeit geprägt. Von Anfang an sucht das Bürgertum als Träger des Liberalismus die Ausdehnung wirtschaftlicher und politischer Freiheiten auf den vierten Stand (das Proletariat) zu verhindern (→ Sozialismus). In der Entstehungsphase sind liberale Theorien von der Ambivalenz partieller Kritik am System und damit der Möglichkeit, Ansätze zur Veränderung der bestehenden Verhältnisse zu liefern, und von der Tendenz zur Rechtfertigung des politischen Status quo geprägt, der den Trägern der liberalen Idee deren bestmögliche Verwirklichung erlaubte – eine Ambivalenz, die als Strukturprinzip in liberalen Ideen bis heute weiterwirkt und ständig konservative (→ Konservatismus), sozialistische (→ Sozialismus) und sozialdemokratische Kritiker herausfordert.

2.21.21 Liberalismus und Nationalismus

In den liberalen Vorstellungen von Selbstbestimmung und Freiheit lag sowohl der Ursprung der modernen demokratischen Ordnung und ihrer Institutionen und der Ursprung des kapitalistischen Wirtschaftssystems als auch der eines neuen Verständnisses von Staat und Volk. Dieses neue Verständnis gipfelte im Begriff *Nation*, der seit der Französischen Revolution eine Gruppe von Menschen bezeichnet, die unter gleichem gemeinsamen Recht leben und eine gemeinsame sie repräsentierende Versammlung (→ Repräsentation) haben, vor der sich die Regierung verantworten muß. Wie die Freiheit dem Eigentum, so ist nach liberaler Theorie die Nation der Entstehung des Staates vorgelagert. Nation beinhaltet ebenso wie Freiheit eine politische Sprengkraft, die unter dem Begriff *Nationalismus* zu fassen ist; der N. sprach allen bisherigen geschichtlich gewordenen politischen Herrschaftsverhältnissen die rechtliche Grundlage ab. Nach liberaler Theorie mußten die Staaten ihre Souveränität von der Nation herleiten. Dieser Grundsatz wurde innen- und außenpolitisch wirksam.

Der Nationalismus trat im Inneren mit dem Anspruch auf, ein politisch und rechtlich geordnetes und nach außen eindeutig abgegrenztes Staatsgebiet zu schaffen. Damit entsprach der Nationalismus den wirtschaftlichen Bedürfnissen des liberalen Bürgertums, das den einheitlichen und rechtlich geordneten Wirtschaftsraum zur Entfaltung der Produktion und des Handels benötigte. Die Bürger hielten den Schutz des Staates dann für erforderlich, wenn der über die Staatsgrenzen wirksam werdende wirtschaftliche Austausch und Transfer es erforderten. Der N. des 18. und des frühen 19. Jahrhunderts setzte die Auflösung der feudalistisch-absolutistischen Wirtschafts-, Sozial- und Kulturordnung voraus. Aus dem auf dynastischen Prinzipien beruhenden Staat wurde der bürgerliche Nationalstaat. Nach der Erringung der politischen Macht durch das Bürgertum veränderte sich der N.: Schon in der Französischen Revolution diente die Berufung auf N. und nationale Solidarität als Rechtfertigung für Eroberungskriege, die auf die Ausweitung des politischen und gesellschaftlichen Machtbereiches zielten. Gleichzeitig wurden weite Teile der Bevölkerung davon abgelenkt, im Inneren die Revolution mit dem Ziel größerer sozialer Gleichheit voranzutreiben. Dieses nationalistische Muster, nach dem die Einheit der Nation unbefragt das höchste Gut ist, wurde im Laufe der Geschichte (eigentlich bis heute) nicht nur gegen den äußeren, sondern auch gegen den inneren Feind angewandt, d. h. gegen die Klasse, die nach mehr politischer Beteiligung verlangte. Die Veränderung liberalen Denkens im späten 19. Jahrhundert in Deutschland vollzog sich Hand in Hand mit einer weiteren Konzentration der Wirtschaft.

Im Schoße des kapitalistischen Systems war eine politisch und sozial unterdrückte Klasse entstanden, die nach Beteiligung (→ Sozialismus) verlangte. Das Wirtschaftssystem entfaltete einen steigenden Kapitalexport, weitete die Handelsbeziehungen aus, bedurfte neuer Rohstoff- und Absatzmärkte. Diese Maßnahmen der Wirtschaft waren von zunehmenden äußeren Spannungen (→ Imperialismus) begleitet. Der N. degenerierte im kaiserlichen Deutschland zur imperialistischen und aggressiven Ideologie der politischen, wirtschaftlichen und militärischen Führungsschicht. Innenpolitische Auswirkungen dieses aggressiven Nationalismus zeigten sich in den Unterdrückungsmaßnahmen gegen die Arbeiterbewegung und im Rassismus.

2.21.22 Liberalismus und Öffentlichkeit

Nach liberaler Vorstellung ist Ö. ein Raum, in dem sich die politische Willensbildung vollzieht und in dem gleichzeitig die Kontrolle über die staatlichen Gewalten stattfindet. Damit wird Ö. als derjenige Bereich angesehen, in dem sich eine öffentliche Meinung bildet; zur Ö. gehören alle Bürger; sie entsteht, wenn sich Privatleute zum Publikum versammeln. Der Begriff Publikum deutet darauf hin, daß hier Bürger versammelt sind, die kein partielles egoistisches Interesse, sondern ein allgemeines verfolgen. Öffentliche Freiheiten wie *Meinungs-, Veröffentlichungs-, Versammlungs-* und *Vereinigungsfreiheit* stehen unter rechtlicher Garantie des Staates. Diesem Modell liegt eine Trennung von privater und öffentlicher Existenz zugrunde. Diese Trennung kann so interpretiert werden, daß wirtschaftliche und gesellschaftliche Interessen einerseits und Politik und Staat andererseits zwei verschiedenen und grundsätzlich getrennten Bereichen angehören. Die Abgrenzung von staatlichem und gesellschaftlichem Bereich war notwendig, damit nach liberaler Vorstellung allgemeine Interessen sich in der öffentlichen Diskussion durchsetzen konnten. Diese Interpretation wurde nicht hinterfragt, weil für das liberale Bürgertum privates und allgemeines Interesse identisch waren. Für die Bürger war nach den Erfahrungen mit der absolutistischen Herrschaft wichtig, daß die persönlichen Freiheitsrechte vor dem Staat geschützt und von diesem garantiert wurden; sie waren dadurch seinem Zugriff entzogen. Um die Ö. ständig an der Tätigkeit des Staates und der Regierung zu beteiligen und um die Willensbildung zu beeinflussen, bedurfte es eines ständigen Ausschusses, der im Auftrage der Bürger diese eben genannten Beteiligungs- und Kontrollaufgaben vollzog. Als ständiger Ausschuß bot sich das Parlament an, in dem der öffentliche Diskussionsprozeß weitergeführt wurde. Liberale Theorien gehen von einer Gegenüberstellung des Einzelnen und der Gesellschaft aus. Dieses Modell veränderte sich in der Phase des entfalteten Kapitalismus gegen Ende des 19. Jahrhunderts.

Literatur: Eisfeld, R.: Pluralismus zwischen Liberalismus und Sozialismus, Stuttgart 1972; Habermas, J.: Strukturwandel der Öffentlichkeit, Neuwied/

Berlin ⁵1972; Wolff, R.: Das Elend des Liberalismus, Frankfurt 1968; Zundel, R.: Die Erben des Liberalismus, Freudenstadt 1971.

2.22 Pluralismus

Der Pluralismus gehört ebenfalls zu den Ideologien, die die ideengeschichtlichen Grundlagen des bürgerlich-parlamentarischen Staates in seiner entwickelten Form liefern. Der P. teilt mit dem Liberalismus einige Schwächen: mehrdeutige Definitionen und die Tatsache, daß sie als gesellschafts- und politiktheoretische Ansätze wegen ihrer Mehrdeutigkeit oft in den Mittelpunkt der Auseinandersetzung rücken.

2.22.1 Grundelemente

Die Definitionen des Pluralismus sind nicht eindeutig und differieren nach dem jeweiligen Standort, wie z. B. folgende Begriffsbestimmung zeigt. Nach ihr ist unter Pluralismus »das Vorhandensein einer Vielzahl verschiedener gesellschaftlicher Interessen und ihre organisatorische Vertretung in der politischen Willensbildung zu verstehen. Das Ringen um Einfluß erfolgt im Rahmen allseitig anerkannter Spielregeln. Solche Spielregeln sind etwa das verfassungsmäßig institutionalisierte politische System, aber auch gesetzliche Vorschriften oder vertragliche Vereinbarungen zwischen den beteiligten Kräften, z. B. über die Formen der Konfliktregelung...« (v. Eynern, G. [Hrsg.]: Wörterbuch zur politischen Ökonomie, Opladen 1973, S. 286). Diese Definition kennzeichnet zunächst einen gesellschaftlichen Tatbestand: das Vorhandensein verschiedener gesellschaftlicher Interessen, die grundsätzliche Zustimmung zur organisierten Interessenvertretung und die Formen, in denen Interessenvertretung wahrgenommen wird. Die Hinweise auf das »verfassungsmäßig institutionalisierte politische System« lassen den Schluß zu, daß es sich beim Pluralismus um ein grundsätzliches Merkmal moderner freiheitlich-demokratischer Ordnungen ›westlicher‹ Prägung handelt. Kritisch ist anzumerken, daß die Begriffsbestimmung das Prozessuale, den Ablauf des Willensbildungsprozesses in den Vordergrund der Analyse stellt und nicht die konstituierenden Grundelemente des Pluralismus aufzeigt, die in die politische Ordnung der westlichen Demokratien und damit auch in das politische System der BRD eingegangen sind. Nicht erwähnt wird weiterhin in dieser Definition, daß es sich beim Pluralismus um eine Grundkonzeption mehrerer politischer Theoretiker handelt, die als sog. ›Pluralisten‹ im ersten Drittel des 20. Jahrhunderts ihre Vorstellungen, vor allem im englischsprachigen Raum, entwickelt haben.

Die Pluralismustheorie, die zunächst Ende des 19. und Anfang des 20. Jahrhunderts formuliert wurde, hatte das Gesamtinteresse eines Staates oder eines politischen Systems nicht vordringlich im Auge.

Dieses Gesamtinteresse wurde durch staatliche oder parlamentarische Repräsentationsorgane (→ Repräsentation) artikuliert. Die Pluralismustheorie zielte auf eine Auflösung jeder Art von einseitiger Souveränitätsvorstellung, sei es, daß sie vom Staat oder daß sie von der Souveränität des Parlamentes her begründet wurde. Der Staat wurde als einer unter anderen Verbänden und Gruppierungen gedacht, der folgerichtig auch nicht mehr die Gesellschaft zusammenhält. Der Zusammenhalt der Gesellschaft wird durch das Zusammenspiel der Kräfte ermöglicht. Die Verbände haben sich im geschichtlichen Prozeß der gesellschaftlichen Entwicklung ausdifferenziert.

Die politische Gliederung des Systems nach dem Prinzip der Repräsentation auf der Basis der Verfassung wird nach pluralistischer Idee dadurch ergänzt, daß das politische System eine Demokratie ist, in die Verbände bestimmte Funktionen übernehmen. Der Staat hat allenfalls als weitgehende Aufgabe gegenüber den Gruppierungen die der endgültigen Entscheidungssetzung oder die der Schlichtung zwischen den Verbänden, und zwar bei den Konflikten, die gesellschaftlichautonom nicht geregelt werden können.

Aus den bisherigen Ausführungen wird deutlich, daß der Pluralismus eine Gesellschafts- und eine Staatstheorie ist. Als *Gesellschaftstheorie* ist sie eine Fortbildung der liberalen Theorie von einer Individual- zu einer *Gruppentheorie*. Ihr liegt die Erfahrung zugrunde, daß der Einzelne seine individuellen Rechte und seine individuelle Autonomie angesichts der Veränderung des liberalen Konkurrenzkapitalismus zu einer kapitalistischen Formation, in der die großen Zusammenschlüsse marktbeherrschend dominieren (Oligopole), nicht mehr alleine für sich wahrnehmen kann. Diese Einsicht wächst gerade bei denjenigen, die sich aktiv am wirtschaftlichen Prozeß beteiligen. Diese Vorstellungen brechen sich Ende des 19. und Anfang des 20. Jahrhunderts Bahn, wobei die Klassentheorie, die in den Organisationen der Arbeiterbewegung wirksam ist (→ Sozialismus), den Prozeß des Zusammenschlusses zu Gruppierungen – in Theorie und Praxis – beschleunigte.

In die Gruppentheorie des Pluralismus gehen auch Vorstellungen über die Parität der gesellschaftlichen Hauptgruppierungen ein, wie sie von den sozialdemokratischen Organisationen der Arbeiterbewegung entwickelt wurden und ihren klassischen Ausdruck in dem Modell der Tarifvertragsparteien oder der Arbeitsgemeinschaften zwischen Arbeitgebern und Arbeitnehmern haben. Beide Elemente der Gruppentheorie, wie sie bisher dargestellt wurden, spielen auch in den Pluralismusvorstellungen eine Rolle, die in der BRD wirksam sind.

Als *Staatstheorie* beruht der Pluralismus auf den beiden gleichen Elementen, auf denen die Gruppentheorie aufbaut: Die individuellen politischen Rechte werden zu Rechten, die jetzt die Gruppe als Kollektiv wahrnimmt, d. h. das Individuum erfährt durch eine Übertragung seiner Individualrechte in der Zusammenarbeit mit den Angehörigen

des Verbandes eine verbesserte Möglichkeit der Wahrnehmung seiner Autonomie.
Aus der liberalen politischen Theorie wird die Theorie des *Interessenpluralismus*. Der Einzelne nimmt nach den Vorstellungen des Pluralismus mindestens zwei Rollen wahr: Als Staatsbürger legitimiert er durch Wahlen das demokratische System; außerdem ist er Mitglied eines Verbandes, dem er einen Teil seiner Individualrechte abgetreten hat, die mit den Interessen identisch sind, die der Verband gegenüber den anderen Verbänden und dem Staat vertritt. Da nicht alle Interessen eines Einzelnen durch *einen* Verband vertreten werden, kommt es zur Übertragung anderer Interessen auf andere Gruppierungen. Daraus können für den Staatsbürger analog der vielen Positionen, die er hat, und der Rollen, die er einnimmt, Konflikte entstehen. Die pluralistische Theorie zielt bewußt darauf hin, diese spezifischen Gruppenloyalitäten aufzulösen. Damit ist die Hoffnung verbunden, daß der Staatsbürger vielseitig kompromiß- und koalitionsfähig wird; folglich kann und braucht er auch keine Klassenbindung zu entwickeln. Mit diesen Ansätzen korrespondiert ein Verständnis von Politik, nach der sie ein reiner Gruppenprozeß und nicht mehr ist.

Literatur: Nuscheler/Steffani (Hrsg.): Pluralismus. Konzeptionen und Kontroversen, München 1972.

2.22.2 Wirkung

Der Gedanke der Parität der wichtigsten gesellschaftlichen Gruppierungen entfaltete sich zur Vorstellung von der autonomen Rechtsetzungsbefugnis der Verbände, wie sie z. B. die Tarifpartner wahrnehmen. Diese Verbände erhalten eine vom Staat unabhängige Gestaltungskompetenz.
Die Pluralismustheoretiker sehen als Voraussetzung für die Funktionsfähigkeit des pluralistischen Systems *fünf Minimalbedingungen* als notwendig an: verbandsmäßige Organisiertheit der Interessen, Offenheit des Systems für neu sich artikulierende Interessen, Machtgleichgewicht und Chancengleichheit dieser verbandsmäßig organisierten Interessen, Garantie der Gegenverbands- und Gegenmachtbildung für den Fall drohender einseitiger Interessendurchsetzung und eine grundsätzliche Übereinstimmung über das der pluralistischen Idee zugrunde liegende ›Wettbewerbssystem‹.
Der besondere Charakter der westdeutschen Pluralismustheorie (*Neopluralismus*) liegt darin, daß sich diese theoretischen Ansätze des Konsenses über die allgemeinen Verfahren der politischen Willensbildung hinaus auf ein Konzept des Gemeinwohls (→ Gemeinwohl) ausdehnen, welches vorgegeben ist (z. B. in den Grundrechten des Grundgesetzes, wodurch sich das politische System der BRD von einem totalitären Staat unterscheidet) und an dem sich die am politischen Prozeß beteiligten Gruppen zu orientieren haben.

Die Pluralismustheorie ist von ›rechter‹ wie von ›linker‹ Seite heftig kritisiert worden. Die Kritik von ›links‹ konzentriert sich in dem Vorwurf, daß im politischen System von einer rechtlichen Gleichheit der Gruppen zwar ausgegangen werde, jedoch die gesellschaftlichen Voraussetzungen für die Wahrnehmung der Rechte nicht vorhanden seien, da eine ungleiche Machtverteilung vorliege und damit auch eine ungleiche Einflußnahme möglich sei. Die Ungleichheit beruhe u. a. darauf, daß die gesellschaftlichen Kräfte sich am Privateigentum orientierten und im Rahmen einer nach dem Profitprinzip organisierten kapitalistischen Gesellschaft tätig würden. Die Kritik von ›rechts‹ konzentriert sich auf den Vorwurf, daß der Pluralismus die Einheit des Staates und seine Autorität gefährde. In der Geschichte der BRD löste eine linke Pluralismuskritik die rechte der fünfziger Jahre ab, wobei z. Z. ein Diskussionsstillstand festzustellen ist, der auch deutlich macht, daß Pluralismus (in der Erscheinungsform des Neopluralismus) in seiner das System konstituierenden und stabilisierenden Form ungefährdet weiterwirkt – ein Tatbestand, der sich reformhemmend auswirken kann, weil Pluralismus ein teildemokratisiertes System zur Folge hat und von daher eine weitere Demokratisierung aller Gesellschaftsbereiche abgelehnt wird (→ Konservatismus).

Literatur: Fraenkel, E.: Deutschland und die westlichen Demokratien, Stuttgart [6]1974.

2.23 Sozialismus

Der S. als theoretische Grundkonzeption einer Vielzahl unterschiedlicher ideologischer Strömungen ist gegenwärtig eine der einflußreichsten politischen Ideologien sowohl in Ost und West als auch in der Dritten Welt, auf die sich recht verschiedene politische Bewegungen berufen. Seine grundlegende theoretische Begründung erlangte er in der – nach einigen frühsozialistischen Entwürfen für eine gerechtere und bessere Wirtschafts- und Gesellschaftsordnung im nachrevolutionären Frankreich – von *Karl Marx* (1818–1883) und *Friedrich Engels* (1820–1895) konzipierten Form des *wissenschaftlichen S.*
Hier werden die Grundelemente des wissenschaftlichen S. dargestellt sowie seine politisch bedeutsamsten Hauptentwicklungsrichtungen: der *Marxismus-Leninismus* als ideologische Grundlage der kommunistischen Parteien und der *Reformismus* als ideologische Grundlage der sozialdemokratisch-sozialistischen Parteien.

2.23.1 Grundelemente

Der wissenschaftliche Sozialismus läßt sich vereinfachend in drei Teilbereiche untergliedern: den *dialektischen Materialismus* als philosophi-

sche und insbesondere erkenntnistheoretische Grundlage, den *historischen Materialismus* als dessen Anwendung auf die geschichtliche Entwicklung und die *Kritik der politischen Ökonomie* als Kritik der bürgerlichen Gesellschaft.
Der dialektische Materialismus als Erkenntnistheorie des wissenschaftlichen Sozialismus ist kein fertiges Lehrsystem, sondern eine bestimmte Form des Herangehens an Gegenstände und Bereiche in der Wirklichkeit der Natur und der Gesellschaft. Der Materialismus untersucht (bei seiner Aufgabe der Deutung des Wesens der Welt) die Beziehungen des *Bewußtseins* zur Realität (*Sein*); diese Realität wird als objektiv betrachtet, d. h. sie existiert außerhalb und unabhängig vom Bewußtsein. Weiterhin spricht sich dieser Ansatz für das Primat der Materie gegenüber der Welt des Bewußtseins aus. Das Bewußtsein wird als Produkt, als Eigenschaft und auch als Funktion der am höchsten organisierten Materie verstanden. Der dialektische Materialismus behandelt weiterhin die allgemeinen Gesetzmäßigkeiten in der Natur, in der Gesellschaft und im menschlichen Denken. Einige Grundvorstellungen der dialektisch-materialistischen Erkenntnistheorie sollen kurz vorgestellt werden.
Der wissenschaftliche Sozialismus geht als eine empirische Wissenschaft vom Erfahrbaren aus und nimmt die Dinge zunächst nach ihrer äußeren *Erscheinung*. Dabei will er aber nicht stehen bleiben, da ihn weiterhin der Bedeutungsgehalt, die Ursachen und die Gesetzmäßigkeiten der Einzelerscheinungen interessieren, mit deren Hilfe er gerade zum Grund der Dinge kommen will. Es wird dabei der Weg eines analytischen und historischen Zurückgehens auf elementare, den Menschen betreffende Sachverhalte beschritten; z. B. wird vom Arbeitslohn auf das Grundverhältnis der Lohnarbeit zurückgegangen und darin das *Wesen* des Arbeitslohns gesehen. Der dialektische Materialismus versteht dieses Vorgehen als empirisches, weil er das ›Wesen‹ eines Sachverhaltes der Wirklichkeit zurechnet und die Realität erst im Wechselverhältnis von Wesen und Erscheinung als vollendet ansieht. Das Wesen eines Sachverhaltes erklärt seine Erscheinung, nicht umgekehrt. Im Wesen findet sich eine doppelte Bestimmung angelegt, deren Momente miteinander im Verhältnis einer wechselseitigen Ergänzung wie zugleich des Widerstreites stehen. Ein Moment kann begrifflich nicht ohne das andere bestimmt werden.
Dieses Prinzip, dieser *dialektische Widerspruch* der ›Einheit der Gegensätze‹ wird von Marx auf die Klassenverhältnisse angewandt. In jeder Geschichtsepoche begegneten sich die Menschen einander auf der Grundlage der Klassenverhältnisse. Die Klassen ergänzten und bekämpften sich zugleich auf der Basis der Produktionsverhältnisse. Der gesellschaftliche Widerspruch, der sich in der Einwirkung der Klassen im Kampf aufeinander zeigt, wird für Marx zum bewegenden Prinzip der bisherigen und der zukünftigen Weltgeschichte. Dieser Widerspruch

ist der Antrieb für gesellschaftliches Handeln der Menschen, die als Tätige die Welt verändern. Die Gesellschaft steht unter den Bedingungen der geschichtlichen Entwicklung; das bedeutet, daß sich der jeweilige Inhalt des gesellschaftlichen Widerspruchs verändert und damit auch die ›Gesetze‹ des menschlichen Zusammenlebens. Daher muß jede Gesellschaftsordnung auf ihren besonderen Inhalt hin untersucht werden.

Karl Marx spricht den einzelnen Elementen der gesellschaftlichen Entwicklung nicht die gleiche Wirksamkeit zu. Das Bewußtsein folgt dem Sein; auch den Vorstellungen und Ideen ist durch die Produktionsverhältnisse eine empirische Grundlage gegeben, wobei das Beziehungs- und Einwirkungsverhältnis nicht einlinig verläuft. Das bedingende Moment (Sein) wirkt auf das bedingte (Bewußtsein), wobei aber der Prozeß auch umgekehrt verlaufen kann, d. h. es kann eine stimulierende Wirkung vom Bewußtsein auf das Sein ausgehen, um bestimmte Prozesse zu beschleunigen, die im Sein schon angelegt, jedoch noch nicht voll ausgereift sind. Diese Auffassung wird auf den Geschichtsprozeß übertragen, d. h. die Bewußtseins- und Willensbildungskräfte wirken auf den Geschichtsprozeß ein. Von dieser Einsicht ist es nur ein Schritt bis zur Lehre vom planvollen Handeln des Proletariats und bis zur Taktik und Strategie des Klassenkampfes. Weiterhin kann man aus dieser Einsicht auch die Forderung nach einer revolutionären Partei ableiten.

Nach marxistischer Auffassung sind sich die Menschen seit der Geschichtsepoche des ›Urkommunismus‹ auf der Grundlage der *Klassen*verhältnisse begegnet. Die Klassenverhältnisse (oder die jeweiligen *historischen Produktionsweisen*) sind bestimmt durch das Spannungsverhältnis zwischen dem Stand der Produktivkräfte und den gesellschaftlichen Produktionsverhältnissen. Zu den Produktivkräften zählen geographische, technologische, klimatische Bedingungen sowie die geistigen, körperlichen und willensmäßigen Kräfte der Menschen, die sie im Arbeitsprozeß verwenden. Die ›Produktion des Lebens‹ erstreckt sich für Marx zugleich auf die Produktion und die Reproduktion gesellschaftlicher Verhältnisse. So entspricht einem bestimmten Stand der Produktivkräfte ein bestimmter Grad gesellschaftlicher Arbeitsteilung. Auf der Grundlage einer solchen Arbeitsteilung bildet sich eine bestimmte Klassenteilung der Gesellschaft heraus.

Überall da, wo die unmittelbar Produzierenden mehr erwirtschaften als für die Erhaltung ihres Lebens notwendig, eignen sich aufgrund ökonomischer und gesellschaftlicher Macht diejenigen den Mehrwert an, die selbst nicht produzieren. Daher erklärt Marx alle Geschichte seit Auflösung des ›Urkommunismus‹, in dem es einen solchen Überschuß über das Lebensnotwendige hinaus noch nicht gegeben hat, zu einer Geschichte von Ausbeutungs- und Klassenverhältnissen, aus denen entsprechende Aneignungs- und Klassenkämpfe entstanden.

Die nach dieser Analyse geschichtlich zu erschließenden Produktionsweisen wurden von Marx nicht in eine feste Reihenfolge gebracht. Die sechs Grundtypen von Produktionsverhältnissen, wie sie heute in der Literatur zitiert werden – *Urkommunismus, Sklaverei, Feudalismus, Kapitalismus, Sozialismus, Kommunismus* –, wurden von der sowjetischen Geschichtsschreibung in diese Aufeinanderfolge gebracht.
Im Zentrum der marxistischen Analyse steht der Begriff der Klassen, der in der Epoche des Kapitalismus und auf diese bezogen entwickelt wurde. Die Analyse wurde von Marx zu einem Zeitpunkt vorgenommen, als die kapitalistische Gesellschaftsordnung noch nicht voll entfaltet war. Nach marxistischer Theorie hat der moderne Kapitalismus die freie Lohnarbeit zur Voraussetzung. Die Expansion des kapitalistischen Systems beruht auf dem privaten Besitz der Produktionsmittel sowie der privaten Aneignung der Produkte und war möglich, weil immer neue Profitchancen für neues Kapital genutzt werden konnten. Dieser Prozeß kommt in der kapitalistischen Gesellschaft dann zum Stillstand, wenn die Häufung des Kapitals (*Kapitalakkumulation*) einen Wettbewerbsdruck erzeugt und deshalb die Produktion in der Weise rationalisiert wird, daß man menschliche Arbeitskraft durch Maschinen ersetzt, um die Profitrate zu halten.
Durch die Rationalisierung sinkt zwangsläufig der Anteil des Kapitals, der frei verfügbar (variabel) ist.
Profit ist für Marx – vereinfacht ausgedrückt – das Ergebnis des *Mehrwertes*, d. h. Profit ist der Unterschied zwischen dem Wert, der das gesamte Arbeitsprodukt des Arbeiters umfaßt, und dem Teil, den der Arbeiter als Lohn erhält und der zur Erneuerung (Reproduktion) seiner Arbeitskräfte notwendig ist. Eigentlich müßte dem Arbeiter der gesamte Wert gehören. Die Arbeitskraft, die der einzelne Arbeiter einsetzt, ist, wie ein von ihm produziertes Gut, auch Ware und unterliegt damit dem Marktmechanismus und wird nach Angebot und Nachfrage gehandelt, d. h. in diesem Falle entlohnt. Das Lohnniveau kann sich folglich nicht über das Existenzminimum erheben. Der Arbeiter jedoch produziert Waren, deren Profit dem Kapitalisten als dem Besitzer des Investitionskapitals zufällt. In dem Maße, wie Menschen durch Maschinen ersetzt werden, wird kein steigender Mehrwert mehr erzeugt, denn nur der auf direkter menschlicher Ausbeutung beruhende Mehrwert führt zur Akkumulation des Kapitals. Die Folge davon ist, daß die Profitrate sinkt (*tendenzieller Fall der Profitrate*); dieser Prozeß kündigt sich an und ist begleitet von periodisch auftretenden Zusammenbrüchen (Krisen) im kapitalistischen System. Die Krisen treten immer häufiger auf und führen langfristig zum Zusammenbruch des Systems.
Die ökonomische Theorie wurde in der vorliegenden Form oft kritisiert. Als genereller Einwand wurde vorgebracht, daß das kapitalistische System bisher überlebte und nicht, wie gesetzmäßig vorausgesagt,

zusammenbrach; weiterhin, daß Marx und Engels die Ursachen der Wirtschaftskrisen nicht eingehend analysiert, sondern fast naturgesetzlich vorausgesagt haben. Umstritten ist der Begriff des Mehrwertes.
Der ökonomische Prozeß hat eine Polarisierung der Gesellschaft in die Klasse der *Kapitaleigentümer* und die der *Proletarier* zur Folge, d. h. in die Klassen derjenigen, die ausbeuten und die ausgebeutet werden. Die Ausgebeuteten haben nichts als ihre Arbeitskraft, die als Ware angeboten und außerdem noch schlecht entlohnt wird. Der Prozeß von Kapitalakkumulation und periodisch auftretenden Wirtschaftskrisen führt zur Verschärfung der Lebens- und Arbeitsbedingungen des Proletariats. Das Proletariat vergrößert sich von Krise zu Krise um die Gruppen der Bauern, Handwerker, Kleingewerbetreibenden und auch der Besitzer kleiner Industriebetriebe, die dem kapitalistischen Prozeß zum Opfer fallen. Am Ende dieses Prozesses stehen nur noch zwei Klassen: das Industrieproletariat und die Kapitalisten. Nur die Kapitalisten haben Anteil an den sich vermehrenden wirtschaftlichen Produktivkräften, während das Proletariat verelendet.
Die *Verelendung* ist eine Folge der Ausbeutung und *Entfremdung* des Proletariers vom Produkt seiner Arbeit. Diese Entfremdung ist nicht nur materiell faßbar, sondern auch psychisch erfahrbar; der Proletarier internalisiert diese Entfremdung. Weil er keinen Ausweg sieht, setzt er diese Erfahrungen mit seinem Schicksal gleich, macht sie zur Norm seines Lebens und bestätigt dadurch, ohne daß er dies bewußt will, die Entfremdung.
Offensichtlich ist das kapitalistische System nicht in der Lage, die materiellen, emotionalen und normativen Bedürfnisse des Proletariats in der Weise zufriedenzustellen, daß der Proletarier als entfremdetes, verelendetes, ausgebeutetes Wesen aufhört zu existieren und in eine neue Existenz überführt wird, in der er sich als menschliches Wesen voll entfalten kann. An diesem Menschwerdungsprozeß kann der Kapitalist nicht interessiert sein, weil eine solche Entwicklung zum Zusammenbruch des Systems führt.
Nach den Gesetzen des dialektischen Materialismus entsteht im Schoß des kapitalistischen Systems aufgrund der in diesem System wirkenden Bewegungsgesetze die neue Gesellschaftsform, die durch die *proletarische Revolution* zum Durchbruch gelangt. Voraussetzung für die proletarische Revolution ist die äußerste Zuspitzung der Klassenlage des Proletariats. Die Aneignung der Staatsmacht geschieht gewaltsam und in den wirtschaftlich fortgeschrittenen Ländern. Der revolutionäre Prozeß ist nicht nur auf ein Land beschränkt. Die Herrschaft wird nach der Revolution zunächst durch eine *Diktatur des Proletariats* ausgeübt, die auf der Aufhebung der Gewaltenteilung basiert.
Die Diktatur des Proletariats unterscheidet sich von anderen Diktaturen durch folgende Punkte: Herrschaft der Mehrheit der Gesellschaft (zum ersten Male in der Geschichte) über die Minderheit, Herrschaft

der arbeitenden Klasse über die Klasse der ehemaligen Ausbeuter (Ausbeutung wird damit unmöglich gemacht), Herrschaft auf Zeit (bis zur Lösung der geschichtlichen Aufgabe der Überführung in das sozialistische System). Von diesen Punkten her lassen sich folgende wichtigen Funktionen der Diktatur des Proletariats ableiten: Niederhaltung der alten Ausbeuterklasse und Schutz der neuen Ordnung vor Restaurationsversuchen, Sicherung des Gemeinwesens nach außen und Selbsterziehung des Proletariats für seine neuen Aufgaben. Aus dieser Aufgabenbestimmung der Diktatur des Proletariats wird deutlich, daß diese in der Hauptsache Funktionen im Inneren des Systems ausüben soll. Abschließend läßt sich feststellen, daß die revolutionäre Strategie der Überwindung der alten Klassengesellschaft wie auch die Vorstellungen über die Zukunftsgesellschaft in den Schriften von Marx und Engels nur angedeutet und nicht genau ausgeführt sind.

Literatur: Fetscher, I. (Hrsg.): Der Marxismus, München 1968.

2.23.2 Wirkung

Marxistisches Denken ist in seinen Ausprägungen und Bezügen nicht schematisch von den gesellschaftlichen Bedingungen des 19. Jahrhunderts abzulösen und als ein Satz formalisierter Regeln beliebig jeder gesellschaftlichen Situation überzustülpen. Damit werden die Gesetze der Dialektik und des historischen Materialismus verletzt. Die Weiterentwicklung des Marxismus ist durch Kontroversen gekennzeichnet, die in der sich als marxistisch verstehenden Arbeiterbewegung entstanden. Diese Kontroversen entfalteten sich über die geforderte Realisierung des Verhältnisses von Theorie und Praxis. Sie kamen zum Ausbruch in der Reformismusdebatte in der deutschen Sozialdemokratie seit Ende des 19. Jahrhunderts. Neben dem *Reformismus* (Revisionismus) stellt der *Marxismus-Leninismus* eine Weiterentwicklung dar, die eng verbunden ist mit der russischen Revolution von 1917.

2.23.21 Marxismus-Leninismus

Der ML., eine Weiterentwicklung des ursprünglichen Marxismus durch Lenin (1870–1924), umfaßt die Theorie und Praxis der russischen Revolution. Die Idee der Revolution ist in allen Schriften Lenins enthalten. Da Lenin praktischer Revolutionär war, entstand alles, was er schrieb, aus dem Anstoß des praktischen politischen Kampfes.
Die Entwicklung des ML. und der bolschewistischen Partei sind nur auf dem Hintergrund der gesellschaftlichen Verhältnisse im zaristischen Rußland zu verstehen. Das Land hatte einen geringen Industrialisierungsgrad und basierte auf der Landwirtschaft. Das zaristische Regime war absolutistisch-feudal, unter dem jeder Versuch zur Organisierung des Bürgertums und der zahlenmäßig geringen Arbeiterschaft

unterdrückt wurde. Rußland war politisch, gesellschaftlich und wirtschaftlich rückständig, und es fehlten liberale und parlamentarische Traditionen. Auf diesem Hintergrund ist die Übernahme des Marxismus in Rußland anzusiedeln, und nur von hier aus können die Veränderungen eingeschätzt und gewürdigt werden, die von Lenin und den russischen Intellektuellen im Marxismus vorgenommen wurden.
Die Marx-Rezeption von Lenin war durch ein mechanistisches Verständnis des historischen Materialismus geprägt, wonach der Kapitalismus zwangsläufig vom Sozialismus abgelöst werde, wenn bestimmte objektive Bedingungen erfüllt wären, so daß für menschliches Zutun kein Spielraum blieb. Da nach marxistischem Verständnis das Proletariat Träger der sozialistischen Revolution war, in Rußland aber kein nennenswertes Proletariat existierte, teilte auch Lenin zunächst die Ansicht, daß Rußland vor einer bürgerlichen Revolution, nicht einer proletarisch-sozialistischen stehe. In diesem Zusammenhang wird nun die Rolle von Lenins Konzeption der *revolutionären Partei*, der Partei neuen Typs, verständlich, die er nach der Spaltung der sozialdemokratischen Partei Rußlands in Menschewiki und Bolschewiki 1903 entwickelte.
Nach Lenins Vorstellung konnte die Arbeiterbewegung nur ein gewerkschaftliches, d. h. ein bloß auf die Verbesserung der materiellen Verhältnisse gerichtetes Bewußtsein entfalten, kein revolutionäres. In diese Annahme ging seine Kenntnis über die Entwicklung der westeuropäischen Arbeiterbewegung ein, die er bewunderte, aber dennoch als reformistisch ablehnte. Um nun Arbeiterbewegung und marxistische Theorie zu vermitteln, entfaltete er die Idee der *Partei neuen Typs*. Diese Partei sollte nicht die Massen vereinigen, sondern sie im Kampf anleiten als Partei der Berufsrevolutionäre, der Kader, als disziplinierte und zentralistisch geleitete Kampfpartei. Die Entwicklung dieses Parteityps gewinnt ihre Berechtigung auf dem Hintergrund der innenpolitischen Situation im zaristischen Rußland mit der ständigen Unterdrückung aller demokratischen und sozialistischen Tendenzen.
Da Lenin glaubte, daß die russische Revolution eine Volkserhebung sein würde hielt er es für verfehlt, eine Partei zu schaffen, die nur mit einer Klasse identisch war; er benötigte in der Revolution eine Elitepartei, die in der Lage war, sowohl eine zentrale Rolle in der Phase der Revolution selbst zu spielen als auch Bündnisse mit revoltierenden Kräften der Bauern, der Arbeiter und der Intelligenz zu schließen. Freiheit der Kritik, Wählbarkeit und Dezentralisation lehnte Lenin ab, wobei er – zum Teil zu Recht – auf die innenpolitischen Verhältnisse in Rußland verwies, die durch strenge Disziplin, Gehorsam und Unterordnung geprägt waren. Bedenklich erscheint heute die Übernahme dieser Vorstellungen für die Partei, die sich auf marxistisches Gedankengut berief und verbal mit dem Ziel der Emanzipation der ausgebeuteten Menschen aktiv geworden war. Die Partei, militärisch

geordnet, war ein Organisationsinstrument zur Zerschlagung der zaristischen Herrschaft.
Die Oktoberrevolution 1917 wurde mit Hilfe dieser Partei neuen Typs durchgeführt, wobei die Diktatur des Proletariats auf der Basis der Räte (*Sowjets*) errichtet wurde, die sich als spontane Organisationen unter Soldaten, Bauern und Fabrikarbeitern gebildet hatten und zum Teil sozialistische Prinzipien, wie Beteiligung der Betroffenen, zu verwirklichen suchten.
Unmittelbar nach dem Sieg der Bolschewiki traten wirtschaftliche Probleme in den Vordergrund. Die Wirtschaft war fast völlig zusammengebrochen, in den Städten traten Versorgungsengpässe auf, die Aufteilung des Landes führte zum Zusammenbruch der Produktion in der Landwirtschaft; die Aufteilung des Landes hatte nicht nur das ländliche, sondern auch das städtische Proletariat angelockt. Die Bauern hatten die Bolschewiki nur deshalb unterstützt, weil sie eigenes Land haben wollten, das ihnen die Partei Lenins versprochen hatte. Die neuen Landeigentümer waren nach der Landverteilung zunächst nicht an der Versorgung der Städte interessiert, denn sie hatten ihr Ziel des Landbesitzes erreicht. Das Proletariat als Klasse löste sich auf, so daß tatsächlich nur die bolschewistischen Kader übrigblieben; sie waren eine Partei ohne Basis in der organisierten Arbeiterbewegung. Diese Tendenz hat sich bis heute in den kommunistischen Parteien hartnäckig gehalten, die sich eng an die Kommunistische Partei der Sowjetunion (KPdSU) anlehnen. Der Gedanke der Kaderpartei ist – unter Umständen – in der Phase vor, während und unmittelbar nach einer Revolution zu vertreten.
Der Bürgerkrieg, der nach der Machtübernahme der Bolschewiki ausbrach, führte zu einer neuen Wirtschaftspolitik, die unter dem Namen Kriegskommunismus bekannt ist. Das bäuerliche Mehrprodukt wurde zwangsweise abgeschöpft. Weiterhin wurde die Kriegswirtschaft eingeführt, um die Rote Armee mit Waffen, Munition und militärischem Gerät zu versorgen. Diese wirtschaftlichen Maßnahmen führten zur Aufhebung der demokratischen Beteiligungsrechte der Fabrikkomitees und der Räte auf dem Lande. In der Phase des Kriegskommunismus (1917/18–1920) wurden die vielbeschworenen sozialistischen Prinzipien, mit deren Propagierung die Bolschewiki die Massen gewonnen hatten, zugunsten mehr diktatorischer und auch traditioneller Herrschaftsmechanismen aufgehoben.
Nach dem Ende des Bürgerkriegs 1920 hielten die Bolschewiki an den ›absolutistischen‹ Herrschaftsmethoden fest; ebensowenig zeigten sich Veränderungen in der Organisationsform der Partei. Die Niederschlagung der Aufstände, Demonstrationen, insbesondere die Zerschlagung des Aufstandes der Kronstädter Matrosen (1921) – sie hatten die Bolschewiki 1917 zur Macht geführt –, die von sozialistischen Gruppierungen ausgegangen waren, zeigte, daß das neue Regime

sich weit von den sozialistischen Prinzipien entfernt hatte; andererseits gab die Partei dem Druck der Unzufriedenen nach und propagierte eine neue Wirtschaftspolitik, die mehr auf kapitalistischen Vorstellungen als auf planwirtschaftlichen beruhte (Neue Ökonomische Politik = NEP). Diese liberalisierte Wirtschaftspolitik seit 1921/22 ging Hand in Hand mit einer Zentralisierung und Bürokratisierung der Partei, die dadurch Momente der Diktatur des Proletariats verlängerte, die nicht zur Anleitung der Massen auf ein sozialistisches Leben, sondern zur Unterdrückung dienten; die Entwicklung des Geheimdienstes und die Ausschaltung des innenpolitischen Gegners sind Beispiele dafür. Die Bolschewiki korrumpierten den Marxismus und rechtfertigten eine Diktatur mit sozialistischen Prinzipien.

Als Lenin starb, war das Land in einem Zustand, den man als Übergang von bürgerlicher zu proletarischer Revolution bezeichnen kann. *Stalin* (1879–1953), der sich im Nachfolgestreit mit Hilfe des von ihm beherrschten verbürokratisierten Parteiapparates durchsetzte, vervollkommnete das ›absolutistische‹ Regime. Die kommunistischen Parteien der anderen Länder, die sich an der KPdSU orientierten, übernahmen zwangsläufig viele der bolschewistischen Organisationsprinzipien, ohne zu prüfen, ob die jeweilige historische Situation des eigenen Landes das erforderte. Sozialistische Prinzipien – nach sowjetischer Lesart – waren ein Satz von formalisierten Regeln und nicht das Ergebnis eines dialektischen Prozesses, und sie waren auch nicht mehr die Ergebnisse der Bewegungsgesetze der Gesellschaft.

Seit der Differenzierung in den sozialistischen Gruppierungen herrscht eine ideologische Auseinandersetzung um die ›richtige‹ Auslegung des Marxismus, an der sich nicht nur die KPdSU und die sie unterstützenden Parteien, sondern auch die Kommunistische Partei Chinas (KPCh) und die westlichen kommunistischen Parteien Frankreichs (KPF) und Italiens (KPI) beteiligen.

Literatur: Fetscher, I.: Von Marx zur Sowjetideologie, Frankfurt [13]1968; Leonhard, W.: Die Dreispaltung des Marxismus. Ursprung und Entwicklung des Sowjetmarxismus, Maoismus und Reformkommunismus, Düsseldorf/Wien 1970.

2.23.22 Reformismus

Der Begriff R. bezeichnet eine praktische Position und weniger eine theoretische, d. h. er sagt etwas aus über den Weg, der einzuschlagen ist, um sozialistische Prinzipien zu verwirklichen, und damit auch über das Ziel. Allgemein kann der R. als die Zielvorstellung angesehen werden, die den Klassenkampf ablehnt und damit auch eine Umwälzung der gesellschaftlichen Verhältnisse durch eine Diktatur des Proletariats. Die Reformisten machen den Versuch, fortschrittliche, auf mehr Gleichheit bezogene Tendenzen, die in der Gesellschaft angelegt sind, im Rahmen der Gesellschaft weiterzuentwickeln. Dies kann durch

Reformen geschehen. Der Revisionismus ist eine Richtung des R., die theoretisch – nach eigenem Selbstverständnis – den Marxismus weiterzuentwickeln trachtet. In Deutschland ist der Revisionismus mit dem Namen *Eduard Bernstein* (1850–1932) verbunden, der lange in England gelebt hatte. Der deutsche Revisionismus veränderte den Marxismus vollständig, wie er bis zu diesem Zeitpunkt in der Sozialdemokratischen Partei verstanden worden war. Der Revisionismus rechtfertigte theoretisch die tatsächliche Politik der Partei und der Gewerkschaften. Bernstein geht in seinen Vorstellungen von der Idee ab, daß die kapitalistische Gesellschaftsordnung von der Katastrophe des Zusammenbruchs bedroht ist. Der Revisionismus nimmt an, daß der Weg zur Zukunftsgesellschaft länger ist, als bisher nach sozialistischem Verständnis angenommen worden war. Marx selbst hatte eigentlich nur das Bewegungsgesetz der kapitalistischen Gesellschaft, das den Untergang erkannte, erarbeitet und keine mittel- oder längerfristigen Zeitangaben damit verbunden, wann die Krise auftreten würde.

Wenn der Zusammenbruch der kapitalistischen Wirtschaft nicht unmittelbar bevorsteht, rückt für die Revisionisten das sozialistische Ziel auch in weitere Ferne. Die gegenwärtigen Verhältnisse müssen geändert werden. Die Situation des Proletariats muß konkret verbessert werden. Von daher ergibt sich auch ein verändertes Verhältnis zur Tagespolitik; die täglichen Probleme bestimmen die politische Arbeit mehr als die langfristigen Maßnahmen, die dem Kampf um die Schaffung revolutionärer Verhältnisse vorausgehen, damit sich der Übergang zum Sozialismus beschleunige.

Das veränderte Verhältnis zur Tagespolitik wirkte auf die Vorstellungen von der künftigen Gesellschaftsordnung ein; der Kampf um den Sozialismus trat zugunsten der Erweiterung der politischen Rechte des Proletariats im bestehenden System zurück. Weitere Ideen Bernsteins waren: Erweiterung der Selbstverwaltung der Städte und Kommunen; Träger der gemeinwirtschaftlichen Unternehmen sollten die Kommunen werden; das Genossenschaftswesen sollte auch in der Produktion Eingang finden; Vergesellschaftung rückte in den Rang der Zweckmäßigkeitsentscheidungen und wurde damit seines prinzipiellen Charakters entkleidet. Der Revisionismus blieb nicht ohne Widerspruch in der Sozialdemokratie; er setzte sich jedoch in der Partei durch und wirkt auch heute noch in der SPD der BRD weiter.

Literatur: Miller, S.: Das Problem der Freiheit im Sozialismus. Freiheit, Staat und Revolution in der Sozialdemokratie von Lassalle bis zum Revisionismus-Streit, Frankfurt ³1967; Steinberg, H. J.: Sozialismus und deutsche Sozialdemokratie. Zur Ideologie der Partei vor dem I. Weltkrieg, Bonn-Bad Godesberg ³1972.

2.24 Anarchismus

Der A. wird häufig nicht vom Sozialismus bzw. Marxismus unterschieden. Gemeinsam war beiden der Kampf gegen die staatliche und gesellschaftliche Unterdrückung und für die Befreiung des Menschen. Beide Ideologien trennten sich im 19. Jahrhundert, weil sie eigene Ziele und Methoden entwickelten.

2.24.1 Grundelemente

Der Anarchismus entwickelte Theorien und Utopien freiheitlicher Gesellschaften, in denen es keine Herrschaft von Menschen über Menschen geben wird. Die Freiheit des Menschen ist die höchste Norm, über die keine Regierung und keine Gewalt gesetzt werden kann. Folglich wird jede Form von Regierung abgelehnt, auch eine demokratische, weil auch diese Unterdrückungsmechanismen anwendet. Die Anarchisten bekämpfen neben dem Staat das Eigentum, das Herrschaft über Menschen konstituiert.

Die Anarchisten einen sich unter den Zielen Freiheit, Gleichheit, Gerechtigkeit und Menschlichkeit. Diese Ziele teilen sie mit den Marxisten und Sozialisten. Eine der wichtigsten Strömungen ist der *Kollektive Anarchismus*, dessen Begründer und Theoretiker der Russe *Michail Bakunin* (1814–1876) ist. Bakunin legte keine geschlossene und systematische Theorie vor; da er ein Mann der revolutionären Tat war, entwickelte er seine Vorstellungen von Fall zu Fall. Er konzentrierte sich auf das spontane Aufbegehren, die Gründung von Geheimorganisationen und auf die Agitation. Für ihn sind Revolutionen spontane Volkserhebungen, die von selbst entstehen. Die revolutionären Gruppen können nur eingebettet in die Massenbewegung wirksam werden. Von daher läßt sich seine Absage an das kommunistische Parteiprinzip, an Vorstellungen wie die der Diktatur des Proletariats und der Kaderpartei erklären.

Die Trennlinie zwischen Bakunin und Marx wurde auf dem Kongreß der I. Internationale 1872 u. a. in der Parteifrage gezogen. Die Gruppe um Marx setzte durch, daß die politische Tätigkeit der Arbeiterklasse von einer besonderen politischen Partei angeleitet und getragen werden müsse.

Wenn – nach Ansicht von Bakunin – Revolutionen spontan ausbrechen, so können revolutionäre Bünde die Eruptionen vorbereiten helfen. Diese Bünde müssen aus konspirativen Gründen klein bleiben; sie stehen nebeneinander und wirken in das Volk hinein. Unter den Begriffen Masse, Volk, Proletariat versteht Bakunin nicht nur das Industrieproletariat. Er bezieht vor allem die Bauern mit ein, verarmte Intellektuelle und das sog. ›Lumpenproletariat‹, d. h. die Gruppe der verarmten Kleinbürger, die nicht zum Industrieproletariat stießen. Marx und Engels konnten mit dem Lumpenproletariat in ihrer Theo-

rie nicht viel anfangen; Bakunin glaubte, daß in ihm eine große revolutionäre Kraft schlummere.
Er befürwortete leidenschaftlich den Terror; Terror war ein legitimes Mittel, um den Staat zu zerstören; erst dann kann die Menschheit befreit werden. Die Revolution heiligt alle Mittel, auch den Terror. In diesem Zusammenhang wird eine weitere Trennlinie zwischen Marx und Bakunin sichtbar. Beide unterscheiden sich in ihrer Einschätzung der Rolle des Staates während und nach der Revolution. Das Grundprinzip der anarchistischen Theorie ist für Bakunin die Freiheit des Menschen; deshalb lehnt er jegliche Autorität und damit auch die des Staates ab. Das Ende des Staates ist bei ihm der Anfang des revolutionären Prozesses. Marx und Engels sehen die Abschaffung des Staates am Ende eines langen Weges. Für Bakunin ist die nachrevolutionäre Gesellschaft dadurch gekennzeichnet, daß Kapital, Produktionsmittel sowie Grund und Boden Eigentum der landwirtschaftlichen und Arbeiterassoziationen und Kommunen sind. Sie können sich in Föderationen untereinander verbinden. Wenn Föderationen gebildet werden, dann kooperieren sie auf der Grundlage eines Rätesystems.

Literatur: Lenk, K.: Theorien der Revolution, München 1973; Oberländer, E. (Hrsg.): Der Anarchismus, Olten 1972.

2.24.2 Wirkung

Bakunin hatte bis zum Ausschluß seiner Anhänger aus der I. Internationale Einfluß auf die Arbeiterbewegung in Westeuropa. Seine Ideen fanden jedoch besonderen Anklang in Rußland. Die Bolschewiki mußten sich sowohl in ihren eigenen Reihen als auch außerhalb mit dem Anarchismus auseinandersetzen.
Politisch wirksam war der Anarchismus in gewerkschaftlichen Organisationen in Spanien. Die 1910 gegründete Confederacion Nacional del Trabajo (CNT) hatte z. Z. des spanischen Bürgerkrieges (1936 bis 1939) etwa eine halbe Million Mitglieder. Die CNT war stark von den Ideen Bakunins beeinflußt und proklamierte einen freiheitlichen Kommunismus ohne Staat und Privateigentum, der auf Syndikaten und Kommunen gegründet war. Versuche zur Organisierung dieser Modellvorstellungen wurden in den dreißiger Jahren unternommen. Der Sieg der Franco-Faschisten im Jahre 1939 hat den Anarchismus um eine große Chance der praktisch-politischen Bewährung gebracht. Anarchistische Gruppen bestehen nach wie vor; sie haben jedoch keine große Breitenwirkung. Die studentischen Unruhen in Nordamerika sowie in West- und Mitteleuropa in den sechziger Jahren führten nicht zu einer Neubelebung des Anarchismus, wie fälschlicherweise oft angenommen wird.

2.25 Konservatismus

Der K. umfaßt ein breites Spektrum von Einstellungen, Meinungen und Verhaltensmustern, die über den eigentlichen ideengeschichtlichen Begriff hinausgehen. In der politischen Auseinandersetzung ist der K. als Gegenbegriff zum *Liberalismus* eingeführt worden: negativ als Sammelbezeichnung für alles Rückwärtsgewandte, positiv als Aufforderung, das Bestehende zu begreifen und zu verteidigen gegenüber unberechtigten Forderungen nach weiterer Demokratisierung von Staat und Gesellschaft. Der Begriff K. ist also schillernd geworden und scheint seine Aussagekraft verloren zu haben; allerdings wird im Rahmen der Konservatismusdiskussion der ideologische Gehalt allmählich wieder sichtbar.

2.25.1 Grundelemente

Konservatismus versteht sich aus seiner geschichtlichen Herkunft und nimmt in jeder historischen Epoche eine andere Form und einen anderen Inhalt an. Er versteht sich als eine Antiposition, die gegenüber fortschrittlichen Bewegungen Bisheriges verteidigt. Dabei bedient sich der Konservative in seinem Kampf gegen den Fortschritt der Inhalte zur Verteidigung, die er in der vorherigen Epoche noch bekämpft hat. Diese eigentümliche ›Dialektik‹ charakterisiert die konservative Ideologie.
Konservativ sein heißt also, Werte zu betonen und Werte zu bewahren, die von Fortschrittsvorstellungen angegriffen werden. Der Mechanismus, der mit der konservativen ›Dialektik‹ umschrieben wurde, bestimmte die Geschichte des konservativen Denkens im 19. und im 20. Jahrhundert. Die *konservative Dialektik* kollidiert mit den Vorstellungen im Konservatismus, daß konservative Werte wie Volk, Freiheit, Vaterland für immer vorgegeben und eindeutig inhaltlich bestimmt sind. Tatsächlich wechselt der Bedeutungsgehalt von Epoche zu Epoche. Die Konservativen setzen sich – bei Anwendung der Dialektik – dem Verdacht aus, nur leere Worthülsen zu verwenden.
Die bisher erörterten Vorstellungen haben gezeigt, daß Konservatismus eine bewahrende und damit tendenziell hemmende Funktion im gesellschaftlichen Prozeß hat. Neben die bisher diskutierte geschichtliche Dimension konservativer Ideologie tritt eine anthropologische. Der konservative Mensch ist mißtrauisch gegenüber Neuerungen, anhänglich an das Gegebene, hält am Bestehenden fest. Dieser Mensch zieht die Erfahrungen des Lebens den Konstruktionen des Geistes vor, bejaht Dauer, Beständigkeit und Tradition und ist skeptisch gegenüber Utopien. Weiterhin geht der Konservative stets vom Konkreten aus und unterschätzt eher die Möglichkeiten, die der Mensch hat, als daß er sie überschätzt. Nach dieser anthropologischen Definition kann es Konservatismus als Lehre nicht geben. Konservativ ist demnach zentral

bestimmt von der jeweiligen geschichtlichen Lage und den nationalen Bedingungen. Ein tendenziell pessimistischer Grundzug ist in diesem Menschenbild vorhanden.
Konservative Denker erweitern diesen Ansatz um die Vorstellung, daß Konservatismus auch die Bedingungen eines nicht-katastrophischen Wandels möglich machen will. Hier wird auf das Problem des Wandels abgehoben; allzu oft wird nämlich dem Konservatismus unterstellt, daß nur das Bewahrende im Vordergrund der eigenen Argumentation stehe.
Nach den bisherigen Ausführungen läßt sich Konservatismus nicht eindeutig bestimmen. Die konservative Ideologie setzt sich dem Verdacht aus, ungeschichtlich und unprogrammatisch zu sein. Weil Konservatismus so unpräzise ist, besteht die Gefahr der mißbräuchlichen Deutung. Die Versuche, Konservatismus zu definieren, beinhalten die Frage nach den Erscheinungsformen konservativen Denkens und konservativer Politik.

Literatur: Kaltenbrunner, G.-K. (Hrsg.): Rekonstruktion des Konservatismus, Freiburg ²1973; Greiffenhagen, M.: Das Dilemma des Konservatismus in Deutschland, München 1971.

2.25.2 Wirkung

Die Wirkungsgeschichte des Konservatismus erstreckt sich über das 19. und 20. Jahrhundert. Aus der Fülle der Beispiele sollen konservative Ansätze in der BRD behandelt werden.
Als konservativ können in der Bundesrepublik alle Vorstellungen eingestuft werden, die die Bemühungen um weitere Demokratisierung in Staat und Gesellschaft unterbinden wollen und unterbinden, wenn sie in Organisationen wirksam sind, die antiliberale und antiemanzipatorische Ziele verfolgen. Im Mittelpunkt konservativen Denkens in der BRD stehen die gleichen Begriffe und Werte wie vor 1945: Autorität, Ordnung, Eigentum und dann mit unterschiedlichen Akzenten Volk, Freiheit, Familie. Diese Begriffe und Werte werden als überzeitliche angesehen; tatsächlich werden sie in einem konkreten historischen Vollzug gefüllt.
Die Konservativen akzeptieren Demokratie z. Z. als politisches Funktionsprinzip, wehren sich jedoch leidenschaftlich dagegen, sie auch zum gesellschaftlichen Strukturprinzip zu machen. Von daher ist es verständlich, daß sich in der BRD Ende der sechziger Jahre eine konservative Diskussion an den Demokratisierungsforderungen liberaler und sozialdemokratischer Politiker für Staat und Gesellschaft entzündete. Die Frage nach den Möglichkeiten der Verwirklichung dieser Perspektiven wurde gestellt; die Antwort steht noch aus.
In Westdeutschland gibt es nach 1945 eine Kontinuität im konservativen Denken, das für eine weitere Demokratisierung hinderlich war.

Teile der westdeutschen Gesellschaft fühlten sich durch die Demokratisierungsforderungen bedroht; sie organisierten Gegenwehr auf dem Hintergrund eines konservativen Verständnisses von Gesellschaft. Gleichzeitig stabilisierte sich der Konservatismus als Gegenbewegung zur Fortschrittsgläubigkeit. Diese Entwicklung kann positive Ansätze enthalten, wenn sie eine Diskussion über die Existenzmöglichkeiten der Menschen in der entfalteten Industriegesellschaft auslöst.

Literatur: Grebing, H.: Konservative gegen die Demokratie. Konservative Kritik an der Demokratie in der Bundesrepublik, Frankfurt 1971.

2.26 Faschismus

Mit dem Begriff F. sind verschiedene Bedeutungen und Erscheinungsweisen verbunden. Zum einen ist es die Bezeichnung für die Epoche zwischen den beiden Weltkriegen. In ganz Europa entstanden Organisationen, die als antidemokratische Bewegungen das Ziel verfolgten, einen nationalen und autoritären Einparteienstaat zu errichten. Sie verstanden sich als Gegenbewegungen gegen kommunistische, sozialistische und liberale Staats- und Gesellschaftsordnungen. Beispiele dafür sind der italienische F. und der deutsche Nationalsozialismus. Zum anderen wird F. als eine gesellschaftliche Erscheinung begriffen, die eine Grundposition gesellschaftlicher Herrschaft darstellt.

2.26.1 Grundelemente

Der Faschismus als Grundposition gesellschaftlicher Herrschaft nimmt je nach veränderten gesellschaftlichen Bedingungen auch ein verändertes Aussehen an. In dieser Form ist Faschismus eine Reaktion auf den sozialen Wandel der Gesellschaft. Die Faschisten wollen diesen sozialen Wandel stoppen und wenn möglich umkehren. Denn der soziale Wandel verursacht in der Folge eine weitere Demokratisierung von Staat und Gesellschaft; folglich kann der Faschismus die Demokratisierung nur stoppen, wenn er den sozialen Wandel stoppt.
Diese Dialektik prägt die Erscheinungsweisen des Faschismus. Wie schon erwähnt wurde, ist der Faschismus eine Gegenbewegung zu Demokratie, Sozialismus und Liberalismus, kurzum: zu allen Ideologien, die sich dem Ziel der Demokratie verschrieben haben und auf Beteiligung der Bürger am politischen und gesellschaftlichen Prozeß abzielen. Die faschistischen Alternativen gegenüber diesen Absichten sind vielfältig: Sie reichen vom autoritären Führerstaat über das Einparteienregime bis zur Militärdiktatur.
Die faschistischen Bewegungen haben eine ausgefeilte Technik des Machterwerbs entwickelt. Das gilt auch für die Stabilisierung der Macht, wenn sie sie einmal erlangt haben. Bei der Machtstabilisierung be-

dienen sie sich der Hilfe einer Massenpartei oder großer Organisationen. Als eine Art ›Ersatzreligion‹ propagieren sie oft einen fast mythisch anmutenden Führerkult. Von besonderer Bedeutung ist das Mittel der Propaganda, um die Massen zu manipulieren und auf diese Weise zu lenken und für die faschistischen Ziele gefügig zu machen. Bei der Herrschaftsausübung scheuen faschistische Machthaber auch nicht vor Gewalt, Unterdrückung und Mord zurück, wie sehr anschaulich das deutsche Beispiel zeigt.

Der Faschismus ist restaurativ und rückwärtsgewandt, was die gesellschaftspolitischen Zielvorstellungen angeht; er ist oft agrarisch orientiert und fortschrittsfeindlich. In vielen Detailfragen zeigt er eine Verwandtschaft zum Konservatismus; allerdings unterscheiden sich beide durch die humanen Grundsätze, die im Konservatismus enthalten sind.

Die Schichten, die vom gesellschaftlichen Wandel bedroht sind, wollen den Wandel aufhalten. Dabei dient ihnen der Faschismus als Bündnispartner, wobei diese Schichten oft nicht wissen, mit welcher aggressiven und zerstörerischen Ideologie sie sich verbunden haben.

In den Staaten, in denen der Faschismus die Macht erringen konnte, wurde – trotz entsprechender ideologischer Programmatik – kein agrarisches System errichtet. Das faschistische Regime bediente sich nach der Machtübernahme i. a. der industriellen Machtmittel sehr wirkungsvoll. Die industriellen Machtmittel wurden – gemäß faschistischer Dialektik – so eingesetzt, um mit ihrer Hilfe die industrielle Gesellschaft und ihre Grundlagen zu zerstören. An die Stelle der industriellen Gesellschaft sollte eine Ordnung treten, in der der Mensch seine mitmenschlichen Beziehungen unmittelbar gestalten kann; diese unmittelbare Gestaltung der Beziehung kann eigentlich nur in einer archaischen und fast mythischen Ordnung vollzogen werden. Der rückwärtsgewandte, restaurative Ansatz – fern jeder industriegesellschaftlichen Wirklichkeit – liegt auf der Hand. Nach faschistischer Ideologie tritt an die Stelle einer komplexen eine überschaubare und geordnete Gesellschaft. Diese Gesellschaftsvorstellungen stehen in einem scharfen Kontrast zu den Mitteln, die zu ihrer Durchsetzung angewandt werden.

Literatur: Bracher, K. D.: Zeitgeschichtliche Kontroversen. Um Faschismus, Totalitarismus, Demokratie, München 1976; Nolte, E.: Der Faschismus in seiner Epoche. Die Action Française. Der italienische Faschismus. Der Nationalsozialismus, München 1963; Nolte, E. (Hrsg.): Theorien über den Faschismus, Köln/Berlin 1967.

2.26.2 Wirkung

Im italienischen Faschismus und im deutschen Nationalsozialismus nahm die faschistische Ideologie die bekanntesten konkreten Erscheinungsformen an. Vor allem der Nationalsozialismus schuf ein diktatorisches Ordnungssystem, das mit Terror und Unterdrückung im Innern und einem aggressiven Krieg nach außen einen nachhaltigen Einfluß auf das politische und gesellschaftliche System Europas ausübte. An dieser Stelle kann auf die Erscheinungsformen des deutschen Nationalsozialismus und des italienischen Faschismus indes nicht näher eingegangen werden.

Mit dem Ende der nationalsozialistischen Herrschaft 1945 begann in Westdeutschland keine tiefgreifende politische und gesellschaftliche Auseinandersetzung über Erscheinungsweisen, Entstehung und Folgen des Nationalsozialismus. Probleme des wirtschaftlichen Aufbaus, der persönlichen Existenzsicherung und eine antagonistische Frontstellung gegenüber der Sowjetunion und ihrem Herrschaftsbereich überlagerten die Ansätze zur Analyse des Faschismus, die nach 1945 festzustellen waren.

Der Rechtsextremismus, der zunächst auch verdeckt war, zeigte in der BRD in der Gestalt der NPD Erscheinungsformen und Aspekte, die ihn durchaus in die Nähe zu nationalistischen, rassistischen und faschistischen Bewegungen in anderen Ländern rücken. Die besondere Problematik liegt darin, daß die Parallelen zum Nationalsozialismus sichtbar werden – ein Umstand, der das Augenmerk auf alle Nachfolgebewegungen lenkt und die politischen Kräfte in Deutschland zu besonderer Aufmerksamkeit zwingt und sie zu schnellen Abwehrmaßnahmen veranlaßt. Trotz zeitweiligen Wahlerfolgen der NPD zwischen 1966 und 1968 bei Landtagswahlen läßt sich in der BRD kein großer Einfluß des Rechtsextremismus feststellen.

In Italien gibt es im Movimento Sociale Italiano (MSI) eine faschistische Nachfolgeorganisation, die parlamentarisch vertreten ist. Der MSI spielt zugleich eine Hauptrolle in den rechtsradikalen Nachkriegsbewegungen Europas. Diese Bewegungen pflegen einen engen publizistischen und organisatorischen Kontakt. Seit dem Sturz der faschistischen Herrschaft in Portugal 1974 und dem Tode Francos 1975 verliert der Faschismus als Ordnungssystem in Europa an Einfluß.

Literatur: Bracher, K. D.: Die deutsche Diktatur. Entstehung, Struktur, Folgen des Nationalsozialismus, Köln/Berlin 1969.

2.3 Vertiefung

Im Rahmen der politischen Bewegungen und Ideologien haben sich einige zentrale Kategorien herausgebildet, die im Verlauf der ideengeschichtlichen Entwicklung unterschiedliche Inhalte und teilweise auch verschiedene Namen angenommen haben, die aber gleichermaßen grundlegende politische Gestaltungsprinzipien für die Ordnung innerhalb und zwischen Staaten umschreiben. Aus der abweichenden ideologischen Akzentuierung solcher Grundkategorien ergeben sich in der gegenwärtigen Auseinandersetzung häufig Verständnisschwierigkeiten über ihren Stellenwert innerhalb einer politischen Bewegung. Umstritten ist zumal die Bedeutung des → Gemeinwohls als einheitliche Zielbestimmung gesellschaftlichen Handelns, die Bedeutung von → *Legalität* und *Legitimität* als orientierende Normen politischer Ordnung sowie die Bedeutung von → *Revolution* und *Reform* als konträre Weisen geschichtlicher Veränderung.

Die folgenden Ausführungen wollen die genannten Begriffe klären und darauf hinweisen, in welchen politischen und gesellschaftlichen Kontexten sie verwandt werden.

2.31 Gemeinwohl

Der Begriff G. spielt in der politischen Theorie des → Liberalismus und des → Pluralismus eine wichtige Rolle; er ist Bestandteil der gegenwärtigen politischen Auseinandersetzungen. Da sein Inhalt je nach Standort wechselt und die Mehrdeutigkeit nicht zugunsten einer Eindeutigkeit aufgelöst werden kann, ist G. zur Leerformel erklärt worden. In diesem Zusammenhang wird argumentiert, daß der Begriff – auch als Leerformel – eine negative Funktion ausübe. Er verschleiere die Herrschaft einer Minderheit, die die ökonomische, gesellschaftliche und politische Verfügungsgewalt in der Hand halte, über eine ohnmächtige Mehrheit.

Die Geschichte der politischen Ideen macht deutlich, daß G. und der damit verbundene Staatszweck ständig umstritten waren. Der Staatszweck wurde in den monarchistischen Herrschaftsformen des → Absolutismus in der Weise verstanden, daß eine überlegene Einsicht in die Bedürfnisse der Menschen das G. erkennt; der Herrscher ist zu dieser Einsicht fähig; dieses erkannte G. wird durch eine fürstliche Staatskunst realisiert. Dieser elitäre Ansatz wurde von den liberalen und demokratischen Bewegungen verworfen. Der individualistische Ansatz der Liberalen, nach dem Freiheit und Privateigentum ›natürliche‹ Grundlagen der einzelmenschlichen Existenz sind, mußte den Widerspruch zwischen dem Eigeninteresse der Einzelnen und dem Wohl aller Gesellschaftsmitglieder auflösen. Der Konflikt, der sich am schärfsten im ökonomischen Bereich abzeichnet, ist nach Vorstellungen des liberalen Wirtschaftstheoretikers Adam Smith (1723–1790) einfach zu lösen. Nach dem Wettbewerbsmodell der kapitalistischen Wirtschaftslehre wird das G. mit der bestmöglichen Befriedigung der individuellen Konsumbedürfnisse gleichgesetzt. Diese Lösung des Widerspruchs ist

nur auf der Voraussetzung gleicher Wettbewerbsbedingungen und damit auf der Grundlage gleicher Klassenverhältnisse möglich.
Die liberale G.-Konzeption vernachlässigte das sozialpsychologisch feststellbare Bedürfnis der Einzelnen oder von Gruppen nach Bindung an das und nach Identifikation mit dem übergeordneten Ganzen, gleichsam mit der eine Norm garantierenden ›Überperson Staat‹, um Sinn und auch Zwecke des Handelns ableiten zu können.
Die liberale Konzeption wurde von Marx als falsch bezeichnet. Die bürgerliche Gesellschaft ist für ihn durch Ausbeutung der Menschen, Klassenkonflikte und Ungleichheit gekennzeichnet. Die Eigentümer an Produktionsmitteln bemühen sich darum, die Ausgebeuteten und das Proletariat an die bestehende staatliche und gesellschaftliche Ordnung zu binden, damit sie das kapitalistische Ziel des G. als legitim anerkennen. G. ist für Marx erst im → Sozialismus zu realisieren, wenn eine Gesellschaftsordnung ohne Widersprüche entstanden ist, in der der Einzelne und alle Mitglieder der Gesellschaft frei und emanzipiert zur Befriedigung ihrer eigenen und der kollektiven Bedürfnisse aktiv tätig sind.
Die liberale Konzeption wird in der pluralistischen weiterentwickelt. Die Gruppentheorie basierte auf den Erfahrungen mit den um die Durchsetzung ihrer Interessen konkurrierenden → Verbänden. Der Prozeß der ›gerechten‹ Vertretung der Interessen und der des Ausgleichs lenkte den Blick auf das Verfahren, mit dessen Hilfe man die Probleme zu lösen hoffte. Keinesfalls durfte die Instabilität des Systems das Ergebnis des Ringens der Gruppen um ihre Anteile sein. In dieser Vorstellung ist Systemstabilität der höchste Wert. Der jeweilige Kompromiß, der als Ergebnis am Ende der Auseinandersetzung der Verbände steht, wird als der jeweilige konkrete Ausdruck des G. angesehen.
Diese G.-Definition beschreibt die tatsächlichen gesellschaftlichen Prozesse und deren Ergebnis. Die ökonomisch und damit politisch mächtigen Gruppen können sich erfolgreich an diesem Prozeß beteiligen. Die Bevölkerungsteile, die nicht oder nur in schwachen Verbänden vertreten sind, werden bei der Interessenartikulation und bei der Interessendurchsetzung vernachlässigt. Eine einheitliche G.-Konzeption als eindeutige Bestimmung des Staatszweckes wird angesichts der unterschiedlichen Gesellschaftsvorstellungen, die im demokratisch-parlamentarischen System der BRD miteinander konkurrieren, nicht entwickelt.

Literatur: Beyme, K. v.: Interessengruppen in der Demokratie, München [4]1974; Messner, J.: Das Gemeinwohl, Osnabrück [2]1968.

2.32 Legalität und Legitimität

Die Frage nach L. und L. der Herrschaft zielt auf die Übereinstimmung der grundlegenden Vorstellungen in einer politischen und gesellschaftlichen Ordnung mit den Handlungen, die im Rahmen dieses Systems vorgenommen werden. Die grundlegenden gesellschaftlichen Wertvorstellungen müssen – nach der Legitimitätsvorstellung – in Einklang mit den Maßnahmen der Herrschenden stehen, wenn diese eine Herrschaft von Dauer errichten wollen.
Die Begriffe L. und L. – Begriffe der Rechtswissenschaft – wurden erst im 19. Jahrhundert als getrennte Vorstellungen entwickelt. Die Trennung von allgemeinen, die grundlegenden Bewegungsgesetze der Gesellschaft begründenden Normen und von konkreten Einzelmaßnahmen (Gesetze) liegt dieser Unterscheidung zugrunde. Die Rechtswissenschaft konzentrierte sich im 19. Jahrhundert auf die Auslegung und auf die Systematisierung des gesetzten Rechtes (Gesetze, Verordnungen) und verzichtete auf eine Diskussion über die Grundlagen dieser positiven Setzungen, d. h. der grundlegenden gesellschaftlichen Normen. Diese kritische Gesetzesdiskussion wurde nach Bekundungen von deren Vertretern deshalb unterlassen, weil ihrer Meinung nach die allgemeinen Normen zu unbestimmt seien, als daß man aus ihnen kritische Maßstäbe zur Beurteilung der konkreten Normen (Gesetze) gewinnen könne. Diese rechtswissenschaftliche Auffassung orientierte sich am naturwissenschaftlichen Denken (Rechtspositivismus). Die rechtswissenschaftliche Diskussion beschränkte sich folglich auf die Prüfung der Verfahrensnormen der Verfassung, die bei der Beschlußfassung über die Gesetze befolgt werden. Weiterhin wurde auf eine eindeutige Gesetzesbindung der Verwaltung und der Justizorgane geachtet. In diesem Sinne fielen L. und L. zusammen; legal und legitim war die Herrschaft, wenn sie an Gesetze gebunden war. Gesetztes, nach formalisierten Regeln entwickeltes Recht bildete fast ausschließlich die einzige Grundlage politischen und gesellschaftlichen Handelns in Deutschland. Die Anfälligkeit dieses Rechtssystems für die Rechtfertigung der Machtübernahme durch die Nationalsozialisten war augenfällig; nach der Beseitigung einer unabhängigen Justiz akzeptierte man – auf der Basis eines Rechtspositivismus – die nationalsozialistische Herrschaft in all ihren Äußerungsformen und Bezügen als legal. Der Rückzug auf ausschließlich positives Recht ermöglichte die Grenzüberschreitung zwischen Recht und Unrecht; damit war der Willkür gegen Menschen kein Halt mehr geboten.
Im Bonner → Grundgesetz wurden diese Erfahrungen in der Weise wirksam, daß zwischen L. und L., d. h. zwischen gesetztem und begründendem Recht unterschieden wurde. Die Grundrechte wurden unmittelbar geltendes Verfassungsrecht und sind damit allem Rechtsgeschehen vorgelagert; die Gesetze müssen mit den normativen Positionen der

Grundrechte übereinstimmen. Das Bundesverfassungsgericht hat ein Prüfungsrecht und kann alle mit der Verfassung nicht übereinstimmenden Gesetze für nichtig erklären. Die Gesetze sind also an verfassungsmäßige, d. h. inhaltliche Kriterien gebunden. Andererseits sind die Begriffe, die in den Grundrechten enthalten sind, nicht immer eindeutig definiert. Die Legitimitätsdiskussion erlebte in der Phase der Rezession 1966/67 eine Neuauflage, wobei sich eine Verschiebung in der Diskussion ergab. Die Verschiebung des Inhaltes der Legitimitätsdiskussion auf die gesellschaftlichen Grundlagen zeigt einen neuen Entwicklungsgrad unserer parlamentarischen Demokratie an; es gab Stimmen, die in dieser Diskussion Anzeichen für eine Auflösung des Systems zu erkennen glaubten. In der Rezession sah sich der Staat nicht mehr in der Lage, die garantierte Daseinsvorsorge in Form von Sozialgesetzen zu garantieren. Mit der Grenze des wirtschaftlichen Wachstums wurden auch Grenzen des Sozialstaates sichtbar. Damit war deutlich geworden, daß gesellschaftliche Grundkonflikte unter der dünnen Decke der Prosperität schlummerten. Das ›Krisenbewußtsein‹ verstärkte die Suche nach Möglichkeiten der besseren Verwirklichung von grundgesetzlichen Normen, wie die erneut aufbrechende Diskussion über die Grenzen des Sozialstaates, über die Mitbestimmung oder über die Verstaatlichung zeigte.

Zwischen den Parteien, den Gruppierungen und der Bevölkerung entwickelte sich eine Krise, da die Legitimation politischer Maßnahmen nicht mehr gegeben schien: Die wirtschaftliche Krise wurde von einer politischen begleitet, die sich nur mit Hilfe einer Koalition der beiden großen Parteien bei Lähmung des parlamentarischen Mechanismus von Regierung und Opposition mildern, jedoch nicht beenden ließ.

Die Legitimationskrise der späten sechziger Jahre entlud sich in Unruhen und in Forderungen nach Reformen. Das Ziel der Reformen konnte nach der Sachlogik des Systems nur darin liegen, das wirtschaftliche und politische System an die veränderten Verhältnisse anzupassen, damit die Bedürfnisse der Bevölkerung nach Daseinsvorsorge befriedigt werden konnten. Diese wohlfahrtsstaatlich-sozialstaatliche Tendenz beeinflußte eine Reihe politischer Maßnahmen. Die einsetzende Rezession 1973 stoppte diesen Prozeß; im Gegensatz zu 1966/67 äußerte sich die Bedrohung jedoch nicht in einer erneuten Legitimationskrise. Außerdem tritt ein weiterer Unterschied zutage: In der Rezession 1966/67 produzierte die Krise politisches Bewußtsein, erweckte den Drang nach intensiver politischer Betätigung; die Krise des Jahres 1973 produzierte eher Apathie, Gleichgültigkeit und neue Formen von Verantwortungsscheu. Die Ursachen dafür können hier nicht untersucht werden.

Literatur: Dux, G.: Strukturwandel der Legitimation, Freiburg 1976; Habermas, J.: Legitimationsprobleme im Spätkapitalismus, Frankfurt 1973; Geismann, G.: Politik und Ethik, Tübingen 1974.

2.33 Revolution und Reform

Die beiden Begriffe R. und R. beziehen sich auf Prozesse des Wandels ökonomischer, gesellschaftlicher und politischer Verhältnisse. Kennzeichen einer Revolution sind neben dem plötzlichen Umbruch ein Bruch in der Kontinuität der Entwicklung. Die revolutionären Prozesse sind i. a. von Gewalt begleitet. Revolutionen stellen außerdem Auseinandersetzungen zwischen den Klassen dar. Die Französische Revolution (1789–1794) war die gewaltsame Ablösung der Herrschaft des Adels, des Königs und der hohen Geistlichkeit durch das Bürgertum, das seinerseits darauf achtete, daß die Unterschichten nur geringfügig an der Herrschaft partizipierten. Die Französische Revolution wird nach der Klasse, die sie getragen hat, als bürgerliche bezeichnet. Die Russische Revolution (1917) ist deshalb als proletarische zu bezeichnen, weil die Partei, die sie durchführte, sich z. Z. der Revolution auf die Bauern und Arbeiter Rußlands stützte. In beiden Revolutionen war der Klassenkonflikt von Bedeutung; es wurde Gewalt angewendet; die alte Führungsschicht wurde abgesetzt und zum Teil ausgerottet. In Frankreich konnte nach dem Sturz von Robespierre (1794) die alte Ordnung teilweise wiederhergestellt werden. Dieses Phänomen wird als Restauration bezeichnet. Der Begriff Restauration ist ebenso wie der Begriff Revolution historisch wie systematisch zu sehen. Er bedeutet nicht einfach die Wiederherstellung der alten Ordnung, wie sie vor der Revolution war. Das ist oft gar nicht mehr möglich und wird auch oft nicht gewollt, da mit der Zerschlagung der alten Verhältnisse Veränderungen eingeleitet werden, die sich auch im Laufe eines reformerischen Wandels eingestellt hätten. Alle Schritte, die hinter die Phase zurückführen, in der die gesellschaftlichen Verhältnisse den weitesten Grad an Gleichheit erreicht hatten, können als restaurative bezeichnet werden. In der Französischen Revolution ist es der Umschlag, der 1794 nach der Hinrichtung von Robespierre stattfindet. Die Übernahme der Macht durch die Girondisten beendet die Revolution und leitet die Restauration ein.

Eine Revolution bedeutet nicht unbedingt eine Veränderung der Staatsform. In der vorrevolutionären Phase hat sich eine Produktionsweise so weit entfaltet, daß sie eine Veränderung des gesellschaftlichen Rahmens herbeizuführen sucht. Wenn die intendierte Veränderung langfristig angelegt wird, kann es zu einer schrittweisen Reform kommen, sei es aus Einsicht der Eliten, sei es auf Druck von innen oder von außen. Wenn der Wandel nicht eingeleitet wird, kommt es zur gewaltsamen Sprengung des gesellschaftlichen Rahmens. In der Französischen Revolution zerbrach das frühkapitalistische System das merkantilistische Wirtschaftssystem. Diese Tatsache verweist auf die gesellschaftlichen Bedingungen, die den revolutionären Umbruch hervorrufen. Die Revolution unterscheidet sich vom Putsch dadurch, daß sie

eine langfristige Veränderung einer historischen Epoche bewirkt bzw. ihr den Namen gibt; die Französische Revolution als bürgerliche leitete das bürgerliche Zeitalter ein.
Der Wandel, der ohne Kontinuitätsbruch und nicht gewaltsam vollzogen wird, sucht Veränderungen durch langfristige und gezielte systemimmanente Maßnahmen. Ein solcher Wandel – als Reform bezeichnet – kann durch seine Maßnahmen zur Verschiebung der Klassenverhältnisse führen. Die Maßnahmen erleichtern die Kooperation und führen auch zur partiellen Integration der Klassen. Im ökonomischen Bereich können Reformen ein Mittel zur stetigen Anpassung des Wirtschaftssystems an die jeweiligen Verhältnisse sein. Das kapitalistische System hat große Anpassungsfähigkeiten bewiesen, die auch zu einer qualitativen Veränderung führten. Die sich verändernden Produktionsverhältnisse haben die Beziehungen zwischen Bürgertum und Proletariat verändert. Den veränderten Beziehungen haben sich die sozialistischen Parteien als die Vertretungen des Proletariats angepaßt. Diese Anpassung spaltete die Arbeiterbewegung über die Begriffe R. und R. in einen kommunistisch-revolutionären und in einen sozialdemokratisch/sozialistisch-reformerischen Flügel.
Reform und Reformpolitik sind heute Chiffren für kontinuierliche Veränderung, wie sie von allen Parteien und politischen Strömungen in der BRD gefordert wird. Wenn der Begriff Reform als nichteruptive Veränderung der gesellschaftlichen Verhältnisse seine innere Beziehung zu dem Begriff Revolution behalten soll, dann können nur die Maßnahmen als reformerisch bezeichnet werden, die auf mehr gesellschaftliche Gleichheit der Menschen in einem veränderten gesellschaftlichen System hinzielen.

Literatur: Beyme, K. v. (Hrsg): Empirische Revolutionsforschung, Opladen 1973; Griewank, K.: Der neuzeitliche Revolutionsbegriff, Frankfurt 1969; Krockow, Ch. Graf v.: Reform als politisches Prinzip, München 1976.

3 Modelle politischer Ordnung

3.1 Einführung

Eine Beschäftigung mit Staatsformen, Verfassungsordnungen und Regierungssystemen scheint zunächst ausschließlich eine Auseinandersetzung mit den Problemen der *Demokratie* sein zu müssen. Denn erstens erheben heute wohl alle Träger politischer Macht den Anspruch, wenn schon nicht auf der Grundlage des konkreten Volkswillens, so doch für das Volk oder in dessen ›höherem Interesse‹ zu handeln; zweitens gilt für eine zeitgemäße Politikwissenschaft das demokratische Prinzip als das einzige, das politische Organisation und staatliche Herrschaft zu legitimieren vermag; drittens wird auf dieser Basis die Debatte über das ›richtige‹ Verständnis der Demokratie und deren Strukturen in immer neuen Aktualisierungen geführt: Auf der rechten wie auf der linken Seite des politischen Spektrums besteht die Neigung, ein demokratisches Selbstverständnis zu präsentieren und dieses zugleich dem jeweiligen Gegner abzusprechen.
Bei näherem Hinsehen zeigt sich aber, daß die Probleme mit einer Konzentration auf die Demokratie nicht vollständig erfaßt sind. Denn erstens wird in bestimmten Verfassungsordnungen das Etikett ›demokratisch‹ nur zur Selbstrechtfertigung und zur Verschleierung der in Wirklichkeit diktatorischen Machtverhältnisse in Anspruch genommen; zweitens führt die Auseinandersetzung um die sinnvollste Form staatlicher Organisation und Willensbildung, auch wenn sie sich auf einen allgemeinen Konsens hinsichtlich der Notwendigkeit demokratischer Herrschaftskonstitution bezieht, zu höchst unterschiedlichen konkreten Ergebnissen; drittens bleibt selbst bei einer universalen Übereinstimmung über die Erfordernisse moderner Verfassungsgestaltung ein Blick auf die historische Dimension notwendig, der gleichsam eine Selbstvergewisserung des heutigen Bewußtseins angesichts des komplexen Prozesses der Evolution vordemokratischer Regierungsformen wie auch angesichts der ständigen Gefährdungen des erreichten Demokratisierungsstandes ermöglicht.
Die Behandlung von Modellen politischer Ordnung muß deshalb *historisch* und *systematisch* ausgerichtet sein. Einerseits hat sie sich nämlich mit der geschichtlichen Gewordenheit und Bedingtheit der heutigen Strukturen zu befassen; andererseits hat sie allgemeine Kriterien für die Einordnung und Bewertung politischer Systeme zu entwickeln. Dabei haben die systematischen Fragestellungen selbst eine historische Dimension, denn auch die Prinzipien der Demokratie sind seit den Anfängen der Politikwissenschaft in der Antike mit vollem

Geltungsanspruch und Problembewußtsein erörtert worden, obwohl die historischen politischen Systeme bis hin zum 20. Jahrhundert noch keineswegs als demokratisch anzusehen sind. Insofern ergibt sich ein doppeltes Bild politischer Praxis: einerseits das einer historisch wirksamen Emanzipationsbewegung, in der sich das demokratische Potential auf immer höhere Stufen entwickelt, andererseits das einer ständigen Versuchung der Realpolitik, die demokratischen Postulate außer acht zu lassen und hinter das bereits Erreichte zurückzufallen.
Seit ihren Anfängen hat die Politikwissenschaft als *vergleichende Regierungslehre* versucht, mittels weniger Grundbegriffe bestimmte ›typische‹ Strukturen staatlicher Herrschaft modellhaft zu erfassen, und sie hat als *Staatsformenlehre* etwa diese Begriffsreihen entwickelt: (a) Monarchie – Aristokratie – Demokratie (antike Theorie); (b) Monarchie – Republik (Machiavelli); (c) Republik (= Demokratie) – Despotie (Rousseau); (d) Republik (= Repräsentativsystem) – Demokratie (= direkte Demokratie) (Kant, »The Federalist«); (e) Demokratie – Autoritarismus – Totalitarismus (liberale, pluralistische Theorie); (f) Polykratie (oder Polyarchie = System der Machtverteilung) – Monokratie (oder Autokratie = System der Machtkonzentration) (K. Loewenstein). Von anfangs eindimensionalen Klassifizierungen (z. B. nach der Zahl der Herrschaftsträger) werden diese Reihen zu Typologien ausgebaut, die verschiedene Faktoren berücksichtigen und differenzierte Beziehungen herzustellen erlauben. Bereits die antike Theorie stellt ihren drei ›positiven‹ Staatsformen ›Entartungsformen‹ (Tyrannis, Oligarchie, Ochlokratie) gegenüber und beschreibt innerhalb der einzelnen Formen Abstufungen, wie es auch später etwa bei der Monarchie mit den Begriffen ›absolute – konstitutionelle – parlamentarische Monarchie‹ versucht wird. Dadurch werden historische Zuordnungen möglich wie überhaupt Annäherungen der Modelle an die vielfältigen Erscheinungsbilder institutionalisierter Macht. Solche Annäherungen sind unbedingt erforderlich, denn es wäre natürlich nur verwirrend, wenn Staaten wie Großbritannien und der Iran, Luxemburg und Saudi-Arabien, Schweden und Spanien einfach gleichermaßen als ›Monarchie‹ bezeichnet würden, und die Verwirrung würde gesteigert, wenn dasselbe mit historischen Ordnungen wie dem Reich Alexanders des Großen, dem System Napoleons und dem wilhelminischen Deutschen Reich geschähe.
Selbst weitgehende Abstufungen allerdings genügen nicht immer, da sie zuweilen ›qualitative Sprünge‹ innerhalb der geschichtlichen Entwicklung verdecken. So ist etwa das heutige Großbritannien auch mit dem Terminus ›parlamentarische Monarchie‹ kaum angemessen zu erfassen, handelt es sich doch grundsätzlich gar nicht um eine Monarchie, sondern um ein parlamentarisch-demokratisch regiertes Land, in dem nur traditionell ein ›Monarch‹ die symbolische Spitze des Staates darstellt. Der Parlamentarismus-Begriff kann hier weiterführen, und er

läßt sich wiederum differenzieren, etwa in ›bürgerlich-liberalen Honoratioren-Parlamentarismus‹ und ›demokratisch-parteienstaatlichen Parlamentarismus‹. Aber auch Systeme der letztgenannten Art wie Großbritannien oder die Bundesrepublik Deutschland wären weiter detailliert zu untersuchen, etwa hinsichtlich des Wahl- und Parteiensystems, des Verhältnisses von Parlament und Regierung, der unitarischen oder föderativen Struktur, der Organisation der Justiz usw. Und um die politische Ordnung eines Landes zu erfassen, reicht es insgesamt nicht aus, in dieser Weise den *institutionellen Rahmen* zu beleuchten; denn zur gesamten *politischen Kultur* gehören geographische, ökonomische, ethnische, religiöse, historische und andere soziokulturelle Komponenten, die in ihrer jeweiligen besonderen Verknüpfung das Gesicht eines Systems prägen. Eine angemessene Modellbildung muß deshalb über den bloß staatsrechtlich-verfassungspolitischen Rahmen hinausgreifen. In diesem Sinne werden politisch-gesellschaftliche Zustände und Tendenzen durch erweiterte Begriffsreihen zu deuten versucht, so in der marxistischen Gesellschaftsanalyse und politischen Ökonomie mit dem Schema ›bürgerlich-kapitalistische Klassenherrschaft – Sozialismus – Kommunismus‹ oder in der liberalen Theorie mit Gegenüberstellungen wie ›offene – geschlossene Gesellschaft‹ (Popper) und ›freiheitlich-demokratische Ordnung (= rechtsstaatlich-parlamentarisch-pluralistische Demokratie) – autoritäre oder totalitäre Diktatur‹.

Das Bemühen, Modelle politischer Ordnung begrifflich voneinander abzugrenzen, zeigt die Möglichkeiten, aber auch die Grenzen idealtypischer Schemata. Zwar muß die Analyse konkreter Staats- und Gesellschaftssysteme über plakative Begriffe hinaus in differenzierter Detailbetrachtung die ›Individualität‹ vergangener und bestehender Ordnungen in ihrem historischen und sozialen Kontext zu erfassen suchen; diese Analyse muß sich aber, soll sie sich nicht einfach in einer Anhäufung empirischer Daten erschöpfen, von Begriffen leiten lassen, die in modellhafter Generalisierung die Vielfalt der Tatbestände ordnen und so erst vergleichende Betrachtungen ermöglichen. Deshalb bleibt die Suche nach ›reinen‹ *Modellen politischer Ordnung* unumgänglich und auch unbedenklich, wenn klar ist, daß konkrete Regierungssysteme nicht einfach mit einem idealen Modell identifiziert werden dürfen. Eine Gegenüberstellung wie ›freiheitlicher – totalitärer Staat‹ z. B. kann nie völlig mit einer Gegenüberstellung ›entsprechender‹ Staaten gleichgesetzt werden; vielmehr ist jedes System (und zwar sowohl im Blick auf seine ›normative Verfassung‹, d. h. auf die Ebene des *Verfassungsrechts*, als auch hinsichtlich der ›Realverfassung‹, also der *Verfassungswirklichkeit*, daraufhin zu befragen, welche seiner Elemente welchen Idealtypen entsprechen und wo ggf. innere Widersprüche, Kontraste und gegenläufige Tendenzen auftreten. Nicht zuletzt unter diesem Aspekt erweist sich die Verwendung der Termini einer allgemeinen Verfassungstheorie im ›aktuellen politischen Tageskampf‹ als außerordentlich fragwürdig.

Literatur: Imboden, M.: Politische Systeme, Staatsformen, Neudruck Basel/Stuttgart 1964; Küchenhoff, E.: Möglichkeiten und Grenzen begrifflicher Klarheit in der Staatsformenlehre, 2 Bde., Berlin 1967; Loewenstein, K.: Verfassungslehre, Tübingen ²1969; Stammen, Th.: Regierungssysteme der Gegenwart, Stuttgart ³1972.

3.2 Darstellung

Im folgenden werden diejenigen Modelle politischer Ordnung behandelt, die von besonderer historischer oder aktueller Bedeutung sind. Da sich einerseits eine geschichtliche Linie der Demokratisierung erkennen läßt, andererseits aber Demokratie nicht eine gesicherte Errungenschaft, sondern ein labiles, ständig gefährdetes und immer neuer Aktualisierung bedürftiges System ist, werden zuerst die *vordemokratischen Ordnungsmodelle* (→ Feudalismus, → Ständestaat, → Absolutismus, → Konstitutionalismus und → Bürgerlicher Parlamentarismus) behandelt, dann die *demokratischen Ordnungsmodelle* (→ Prinzipien der Volksherrschaft, → Repräsentative Demokratie und → Direkte Demokratie), die vor allem aufgrund der Weiterentwicklung des Parlamentarismus zum Teil in einem Zusammenhang mit dem Vorhergehenden stehen, und schließlich die *nichtdemokratischen Ordnungsmodelle* (→ Autoritäre und → Totalitäre Diktatur), mit denen teilweise an althergebrachte vordemokratische Systeme angeknüpft wird.

3.21 *Vordemokratische Ordnungsmodelle*

Weil weder von den altgriechischen Polis-Ordnungen noch vom antiken Römischen Reich aus ungebrochene staatlich-politische Entwicklungslinien zur Neuzeit überleiten (denn z. B. mit den Verwerfungen der Völkerwanderungszeit und mit der gesellschaftlichen Wirkung des Christentums sind neue Ausgangspunkte gegeben), soll die Betrachtung hier mit dem *Mittelalter* beginnen, von dem aus Tendenzen der sozialökonomischen Dynamik und der politischen *Emanzipation* zu verfolgen sind, die es erlauben, auf verschiedenen Ebenen gleichsam durchgängige Abläufe zu konstatieren: etwa die Selbstkonstitution des bürgerlichen ›Dritten Standes‹ zur staatstragenden Schicht, die demokratische Transformation der ursprünglich absolutistischen Souveränitätsdoktrin, die Weiterentwicklung liberaler und rechtsstaatlicher Praxis über klassenspezifische bürgerliche Intentionen hinaus, der Übergang vom repräsentativen Honoratiorensystem zum parteienstaatlichen Parlamentarismus, die Demokratisierung aller politischen und rechtlichen Gebiete unter dem Druck sozialreformerischer und -revolutionärer Strömungen und anderes mehr. Modellhaft zu beschreibende Kristallisationspunkte dieses Entwicklungsfeldes sind der *Feudalismus*, der *Ständestaat*, der *Absolutismus*, der *Konstitutionalismus* und der *bürgerliche Parlamentarismus*.

3.21.1 Feudalismus

Unter F. wird zum einen ein *politisch-herrschaftliches Prinzip*, zum anderen eine bestimmte *sozialökonomische Organisationsform* verstanden. Im mittelalterlichen *Feudalstaat* treffen beide Momente zusammen, aber auch nach dessen Untergang bleiben Formen des gesellschaftlich-wirtschaftlichen F. bis ins 19., ja ins 20. Jahrhundert hinein bestehen. Der F. des Mittelalters ist vor allem durch drei Elemente gekennzeichnet: durch die *Personalität* der Herrschaftsausübung, d. h. durch ein privatrechtliches Verhältnis zwischen den Angehörigen der Adelsschicht und der abhängigen Bevölkerung, durch das *Lehnswesen* und durch die *Grundherrschaft*, auf der jener das Mittelalter überlebende sozialökonomische F. beruht. In Zentraleuropa erreicht der F. zwischen dem 10. und dem 13. Jahrhundert seine Blüte; parallele Erscheinungen finden sich u. a. in Rußland, China, Japan und den islamischen Ländern.

Der europäische F. bildet sich nach dem Niedergang des spätantiken Römischen Reiches heraus, als Franken und Karolinger in West- und Mitteleuropa ein Großreich aufzubauen versuchen, das an die römische Amtstradition und an die Kaiseridee anknüpfen soll, aber unmittelbar auf die Gebietsherrschaften und partikularen Gefolgschaftsverhältnisse der germanischen Stammeskönigtümer aufbauen muß. In diesem Reich ist die Aufgabe zu bewältigen, einen territorial ausgedehnten sowie Stammes- und Sippenverbände übergreifenden Bereich politisch zu strukturieren, ohne die sachlichen Mittel für zentralstaatliche Herrschaft und Verwaltung zur Verfügung zu haben, über die das Römische Reich mit seinem Beamtenwesen, seinem Militär-, Finanz- und Steuersystem sowie seinem kodifizierten Recht verfügt hatte. Zum entscheidenden Instrument der Reichsherrschaft wird deshalb das vor allem auf der Grundherrschaft beruhende Lehnswesen mit seinem pyramidenförmigen Aufbau patriarchalischer Verbindungen von Lehnsherren und Lehnsmännern (Vasallen).

Im *Lehnswesen* verbinden sich drei Traditionen: (a) eine antike, aus dem römischen Gedanken eines ›unfreien‹ Dienst- und Abhängigkeitsverhältnisses stammende, (b) eine germanische, die mit der Idee freier Gefolgschaft und gegenseitiger Treue verbunden ist, (c) eine spezielle Eigentumskonstruktion, nach der dem Lehnsmann vom Lehnsherrn ein ›beneficium‹ oder ›feudum‹ (Grund und Boden, Ämter) zur Nutzung übertragen wird, das ›Obereigentum‹ indessen beim Herrn bleibt.

Somit ist ein *personenrechtliches* mit einem *sachenrechtlichen* Verhältnis verknüpft: Ein persönliches Verhältnis klarer Über- und Unterordnung, aber auch gegenseitiger Treue erhält durch das Lehen eine materielle Grundlage und eine Absicherung.

Anfangs ist das (namentlich zur Sicherstellung militärischer Unterstützung verliehene) Lehen nicht erblich, sondern an konkrete Personen gebunden, mit deren Tod die bestehende Relation aufgelöst wird. Später wird es übertragbar und erblich, womit eine Verselbständigung des Feudaladels gegenüber dem obersten Lehnsherrn eintritt. Darin zeigt sich der *Doppelcharakter* der Feudalherrschaft: Sie stellt sich zwar in privatrechtlichen Formen und personenrechtlichen Beziehungen dar, aber ihre Unterordnungsverhältnisse werden zunehmend entpersonalisiert, versachlicht und damit stabilisiert. Einerseits sind die abgestuften Machtpositionen jeweils Privatbesitz der adligen Herren, die über ihre Untertanen und Gefolgsleute Macht im Sinne persönlicher Dominanz ausüben; andererseits werden mittels der privatrechtlichen Beziehungen staatliche Funktionen wahrgenommen, für die öffentlich-rechtliche Institutionen und Instrumente nicht zur Verfügung stehen. Das Lehnsprinzip substituiert somit ›Staatlichkeit‹ im modernen Sinne; der Ersatz öffentlich-rechtlicher durch privatrechtliche Organisationsformen kann als prägendes Merkmal des F. angesehen werden.

Charakteristisch ist auch die *Zersplitterung* des feudalen Herrschafts- und Gesellschaftssystems. Zwar ist der ›Monarch‹, dem der Hochadel (Herzöge, Fürsten) lehnsrechtlich verbunden ist, die Spitze der ›Pyramide‹; er verkörpert prinzipiell die Staats- und Rechtseinheit und gilt zudem als theokratisch legitimiert. Aber die tatsächliche Qualität des sozialen und staatlichen Verbandes hängt davon ab, wie ausgeprägt die Loyalitäten innerhalb der Pyramide sind, und ist dadurch gekennzeichnet, daß es (wegen des in der Gegenseitigkeit des Treueverhältnisses begründeten Widerstandsrechts der adligen Vasallen) keine durchgängig wirksame Zentralgewalt gibt und daß die hohen Adligen zu Konkurrenten des Monarchen werden, weil sie in ihrem Herrschaftsbereich eine wesentlich gleiche Position beanspruchen. Das gilt sogar für die unteren Stufen der Hierarchie, auf denen die lokalen Herren eine außerordentlich starke Stellung besitzen, da die übergeordneten Machtträger ihre Ansprüche oft kaum bis zur Basis durchsetzen können. Gerade im *lokalen Personenverband* zeigen sich unmittelbar die feudalen Abhängigkeitsverhältnisse mit der konzentrierten, alle ›staatlichen‹ Funktionen umfassenden Macht der Grundherren einerseits und der völligen Unterordnung und Unfreiheit der Gefolgsleute andererseits, und es zeigt sich, daß ›staatliche‹ Herrschaft unvermittelte ›Verlängerung‹ gesellschaftlicher Macht ist.

Die Dynamik der ökonomischen Entwicklung mit dem Freiheitsstreben der Bürger und der Bauern, der Zwang zur Versachlichung und

Entpersonalisierung des Herrschaftsgefüges und die Notwendigkeit der Strukturierung großräumiger Einheiten (mit zentraler Verwaltung, einheitlicher Rechts- und Wirtschaftsordnung usw.) führen seit dem 13./14. Jahrhundert über den F. hinaus; entsprechend dessen unterschiedlicher Fähigkeit zur Integration der partikularistischen Kräfte bilden sich entweder flächenstaatliche Monarchien (England, Frankreich), in deren Machtgefüge der Adel eingebunden wird, oder – wie in Deutschland – monarchische Kleinstaaten, Landesherrschaften und Territorialfürstentümer.

Literatur: Brunner, O.: Feudalismus. Ein Beitrag zur Begriffsgeschichte, Mainz 1958; Hintze, O.: Wesen und Verbreitung des Feudalismus, in: ders.: Feudalismus – Kapitalismus, Göttingen 1970; Kammler, H.: Die Feudalmonarchien, Köln 1974; Mitteis, H.: Der Staat des hohen Mittelalters, ³1948, unveränd. Nachdruck, Weimar 1962.

3.21.2 Ständestaat

Die ständestaatliche Ordnung war in Europa vom Mittelalter bis zur Französischen Revolution tragendes Verfassungsprinzip, aber auch danach und bis heute gab und gibt es in der Verfassungswirklichkeit wie in der politischen Theorie am Ständegedanken orientierte Strömungen. Im S. des späten Mittelalters und der frühen Neuzeit sind Adel, Geistlichkeit, Bürger und Bauern als weitgehend exklusive Gesellschaftsgruppen organisiert, die im Rahmen eines hierarchischen Systems sozialer Differenzierung dem Landesherrn unterstehen, zum Teil aber auch politisch mit ihm konkurrieren. Sie bilden geschlossene Verbände und Genossenschaften, mit denen an ursprünglich feudalistische Verhältnisse angeknüpft wird. Kennzeichnend dafür ist eine abgestufte, mit Privilegierungen verbundene Ordnung von Rechten und Pflichten (z. B. bezüglich der Steuerleistungen), die als naturgegeben und gottgewollt gilt.

Rechtliche und politische Beziehungen bestehen im S. zwischen Gruppen und Klassen; die soziale und die staatliche Position der Individuen ist durch deren ständische Einordnung bestimmt (wofür der Zunftzwang der Handwerker und das Verbot wirtschaftlicher Tätigkeit der Adligen Kennzeichen sind). Zugrunde liegt der *korporative Gedanke,* nach dem der Mensch von vornherein in ein Geflecht von Bindungen und Verpflichtungen gestellt ist, in dem er erst seine volle Identität und Personalität erlangt. Die staatlich-gesellschaftliche Gesamtheit erscheint als ein organisch ausdifferenziertes System, in dem jeder seinen vorgegebenen ›natürlichen‹ Platz findet, und im politischen Prozeß geht es lediglich darum, daß die sozialen Korporationen (von der Familie über die Berufsorganisation bis zur Kirche) integrativ den ihnen ›zustehenden‹ und angemessenen Einfluß geltend machen.

Historisch steht das Ständewesen zwischen → Feudalismus und → Absolutismus; es lebt in den absoluten Monarchien der frühen Neuzeit namentlich in der Sozialstruktur fort, während es politisch-verfassungsrechtlich abgelöst wird. Wo (wie in England) der Absolutismus nicht voll durchgesetzt ist, läßt sich von einer ständestaatlichen Monarchie mit einem Dualismus von königlicher und korporativer Macht sprechen: Der Monarch besitzt formell die Souveränität, muß aber de facto die ständischen Interessen berücksichtigen. Auch im »Heiligen Römischen Reich deutscher Nation« wirken die im Reichstag vertretenen Reichsstände – ähnlich wie die Landstände in einigen deutschen Einzelstaaten – z. B. bei der Rechtsetzung und der Steuererhebung mit.

In der Gegenwart werden Prinzipien des S. in der Theorie des *Korporativismus* aufgenommen, die in konservativ-katholischen und antiparlamentarisch-antiliberalen Konzepten (vom Gildensozialismus und Syndikalismus über die katholische Soziallehre und den Universalismus O. Spanns bis zum Autoritarismus und → Faschismus) eine Rolle spielen. Der Korporativismus will die ›egalitäre Massendemokratie‹ mit ihren sozialen und politischen Konflikten überwinden, indem er die Gesellschaft als eine in Zünften, Gilden, Berufsständen usw. organisierte Solidargemeinschaft versteht, die zumal die Wirtschafts- und Sozialpolitik in eigener, sittlich fundierter Gesamtverantwortung soll gestalten können. Ständische Vertretungen (wie die Cortes in Spanien) sollen die mit dem modernen Parteiwesen verbundene ›Zersplitterung‹ zugunsten einheitlicher gesellschaftlicher Ordnung und staatlicher Macht aufheben. Die historischen Beispiele (wie die Regime Francos und Salazars in Spanien bzw. Portugal, der ›christliche Ständestaat‹ in Österreich nach 1934, Mussolinis italienischer ›stato corporativo‹) zeigen aber, daß nicht nur das Prinzip der → Volkssouveränität verletzt wird, sondern die politische Praxis auch den Ansprüchen der korporativistischen Theorie insofern nicht gerecht wird, als tradierte Privilegien und *hierarchische Strukturen* erhalten, die sozialen Gruppen durch die politische Führung in autoritärer Weise diszipliniert und reale Konflikte verschleiert oder unterdrückt werden.

Literatur: Mayer-Tasch, P. C.: Korporativismus und Autoritarismus, Frankfurt 1971; Rausch, H. (Hrsg.): Reichsstände und Landstände, Darmstadt 1974; Schwer, W.: Stand und Ständeordnung im Weltbild des Mittelalters, Paderborn 1970.

3.21.3 Absolutismus

Beim A. handelt es sich um ein Regierungssystem, in dem der oder die Inhaber der Staatsgewalt unkontrolliert und ohne jede positivrechtliche Einschränkung Macht ausüben können und den Untertanen keinerlei verbürgte Grundrechte und -freiheiten zustehen. Zwar findet sich in der Theorie des A. das Postulat, die göttlich-natürlichen Gesetze und Regeln verpflichteten auch den Herrscher (*Bodin*: Sechs Bücher über die Republik, 1576), aber das hat realpolitisch wenig Bedeutung und wird sogar in der Theorie durch die These relativiert, die konkrete Auslegung dieser übergeordneten Gebote stehe allein dem Monarchen zu (*Hobbes*: Leviathan, 1651). In der Form der *absoluten Monarchie*, der Autokratie einer Einzelperson, ist der A. im 17./18. Jahrhundert in West- und Mitteleuropa (die Schweiz, die Niederlande und im großen und ganzen auch England sind Ausnahmen) die vorherrschende politische Ordnungsform. Sie entwickelt sich mit dem Niedergang des → Feudalismus, dessen Herrschafts-Partikularismus unfähig war, Handel, Gewerbe und Verkehr beim Übergang von der agrarischen zur bürgerlich-kapitalistischen Wirtschaftsweise großräumig (innerhalb nationaler Territorialstaaten) zu organisieren. Durch die Ausschaltung feudaler Elemente aus der Politik schuf der A. eine zentralstaatliche Struktur mit einem *stehenden Heer* unter einheitlicher Führung (als Basis der außen- und innenpolitischen Macht des Monarchen), mit staatlicher *Einheitsverwaltung* (zumal im Finanzwesen) und spezialisierter *Beamtenschaft*. Insgesamt wurden die herrschaftlichen Funktionen nunmehr aufgrund ›amtlicher Beauftragung‹ durch den Herrscher, nicht mehr aus eigener feudaler Machtvollkommenheit, ausgeübt, wenn sich auch das Personal für den höheren Staatsdienst vorwiegend aus dem Feudaladel rekrutierte.

Im A. kommt das neuzeitliche Verständnis der staatlichen *Souveränität* voll zum Durchbruch: Es wird der Begriff der einen unteilbaren Staatsgewalt formuliert, die dem monarchischen Souverän zugeordnet wird, so daß keiner anderen Person oder Gruppe originäre politische Rechte zustehen. A. ist damit die Negation der → Gewaltenteilung: Konzentration aller staatlichen Kompetenzen bei dem einen Träger der Macht, der demgemäß sakrosankt, unabsetzbar und niemandem verantwortlich ist. Der schon früher erhobene theokratische Anspruch verdichtet sich zur Idee der unmittelbaren Legitimation des Herrschers durch Gott; mit dem Anspruch auf *Gottesgnadentum* ist die der Doktrin der → Volkssouveränität entgegengesetzte Position bezogen.

Ihre idealtypische Ausprägung findet die absolute Monarchie im französischen *Ancien Régime* etwa ab 1640 (Richelieu): Es existieren eine straff gelenkte Fachverwaltung mit nachgeordneten Provinz- und Lokalbehörden sowie ein zentral organisierter Polizei- und Militärapparat; die Stände und die sozialen Eliten sind – wie die traditionellen ›Parlamente‹ – politisch nahezu bedeutungslos. Die Entscheidungen werden vom König getroffen, dem die Minister zuarbeiten; die Gesellschaft bleibt, wiewohl politisch entmündigt, hierarchisch strukturiert (Privilegierung der beiden ersten Stände: Adel und Klerus; besitzende Bürger können Vorrechte käuflich erwerben). Die Konservierung einer funktionslosen Privilegienordnung ist ein wesentlicher Grund für die Revolution gegen den französischen A.

In Deutschland etabliert sich der A. in unterschiedlichen Formen, da die landeshoheitlichen Befugnisse der Fürsten abgestuft sind und die

Stände teilweise politisch noch mitwirken. Namentlich Preußen entwickelt mit dem sog. *aufgeklärten Absolutismus* eine gemäßigtere und rationalere Form der Autokratie, in der sich der Herrscher seinem Amtsverständnis nach dem Wohl des Ganzen verpflichtet fühlt. Im Rahmen eines obrigkeitlichen Militär- und Verwaltungsstaates mit seiner sozialen und ökonomischen Dominanz des alten Feudaladels gibt es immerhin Tendenzen einer Versachlichung der Herrschaft, die dem bürgerlichen Emanzipationsstreben entgegenkommen, so die Voraussetzung fachlicher Qualifikation für die Träger politischer Funktionen, Ansätze zur Rechtsstaatlichkeit durch Trennung von Justiz und Verwaltung und durch Kodifizierung auch individueller Rechte, Orientierung der Staatstätigkeit an der allgemeinen bürgerlichen Wohlfahrt usw.

Literatur: Aretin, K. O. v.: Der Aufgeklärte Absolutismus, Köln 1974; Hubatsch, W. (Hrsg.): Absolutismus, Darmstadt 1973; Kopitzsch, F. (Hrsg.): Aufklärung, Absolutismus und Bürgertum in Deutschland, München 1976; Wagner, F.: Europa im Zeitalter des Absolutismus 1648–1789, München [2]1959.

3.21.4 Konstitutionalismus

Als konstitutionell wird zunächst jedes politische System bezeichnet, das eine geschriebene *Verfassung* besitzt (›Verfassungsstaat‹) oder in dem der Machtprozeß durch verfassungsähnliche Parlamentsakte (wie in England) geregelt ist. Dem entspricht die Verwendung des Begriffs für die *konstitutionelle Monarchie*, die sich im Übergang von der absoluten Monarchie zu bürgerlich-demokratischen Systemen herausbildet (England seit 1689, bereits mit Tendenzen zur parlamentarischen Monarchie; Frankreich nach 1814; Preußen und Österreich nach 1848 und bis 1918). In ihr steht der Monarch zwar (noch) an der Spitze des Staates und führt die Regierungsgeschäfte mit Hilfe des Kabinetts, ist aber bei der → Gesetzgebung und insbesondere bei der Haushaltsplangestaltung auf das → Parlament als die Vertretung des wirtschaftlich mächtigen Bürgertums angewiesen. Wenn auch die monarchische Macht realpolitisch bedeutsam bleibt, da ihr zumal das Militär zu Gebote steht, sind doch die politischen Kompetenzen schon so verteilt, daß das Prinzip der → Gewaltenteilung als verwirklicht gilt: Das Haushaltsrecht des Parlaments, die Gesetzmäßigkeit der Verwaltung und die Unabhängigkeit der Justiz sind Faktoren der Beschränkung monarchischer Macht. Die Eingrenzung autokratischer Befugnisse zeigt sich am deutlichsten in der konstitutionellen Entwicklung *Englands* von der Magna Charta (1215) über die Petition of Rights (1628), den Habeas Corpus Act (1679) und die Bill of Rights (1689) bis zum Act of Settlement (1701); die Stellung des Parlaments wird ausgebaut und gesichert, Grundfreiheiten der Bürger werden festgelegt, die Unabhängigkeit der Rechtsprechung und die Unabsetzbarkeit der Richter werden verankert. Daran schließt sich fast nahtlos eine *Parlamentari-*

sierung und *Demokratisierung* an, die im übrigen Europa lange auf erhebliche Widerstände stößt.
In einer weitergefaßten Bedeutung meint K. (über die historische konstitutionelle Monarchie hinaus und in genereller Abgrenzung von der Mono- oder Autokratie und vom Totalitarismus) ein politisches System, in dem die Macht verteilt, kontrolliert und ›gemäßigt‹ ist, in dem also die oberste Staatsgewalt, die Souveränität, in ein Netz fixierter Regeln und ›Vorbehalte‹ eingebunden ist. Dazu gehören (a) die grundlegende *Relativierung aller Staatstätigkeit* durch die Unterscheidung des positiven, staatlich gesetzten Rechts von einem vorstaatlich-allgemeinen (göttlichen, natürlichen oder Vernunft-) Recht, wodurch z. B. ein prinzipielles *Widerstandsrecht* begründet wird; (b) die Absicherung von aus der *Würde des Menschen* stammenden *Grundrechten und -freiheiten*, die einen Raum ›staatsfreier‹ Entfaltung abstecken; (c) das Gebot der *Verfassungsmäßigkeit* des politischen Prozesses, das die Machtausübung an Werte und Zielvorstellungen und an Verfahrensregeln bindet, die nicht oder nur unter erschwerten Bedingungen (qualifizierte Mehrheiten) zu ändern oder aufzuheben sind; (d) die → *Gewaltenteilung* als ein Prinzip, das Machtmißbrauch verhindern und die Limitierung der Staatsgewalt institutionell absichern soll; (e) die *Öffentlichkeit* (Transparenz) der → politischen Willensbildung und Entscheidungsfindung; (f) die ›Entzerrung‹ staatlicher Macht durch *föderative Strukturen* und *Selbstverwaltungsrechte*.

Literatur: Böckenförde, E.-W. (Hrsg.): Probleme des Konstitutionalismus im 19. Jahrhundert, Berlin 1975; Grosser, D.: Vom monarchischen Konstitutionalismus zur parlamentarischen Demokratie, Den Haag 1970; McIlwain, C. H.: Constitutionalism Ancient and Modern, Ithaca/N. Y. 1947.

3.21.5 Bürgerlicher Parlamentarismus
Ursprünglich bezeichnet das englische Wort ›parliament‹ Zusammenkünfte des Monarchen mit hohen Feudalherren; seine spätere Bedeutung erhält es, als mit ihm Konvente von Geistlichen, Adligen und Bürgern benannt werden, die die Position der Stände gegenüber der Krone zur Geltung bringen sollen. Anfangs sprechen die im Parlament Versammelten nur für sich selbst; später wird entsprechend dem Prinzip der → Repräsentation von einer ›fiktiven‹ Darstellung zunächst der Stände, dann des gesamten Staatsvolks ausgegangen. Seine moderne Bedeutung erhält der Parlamentarismus vor allem durch die seit dem 17. Jahrhundert zu beobachtende politische Emanzipation des *Bürgertums*, das sich als durch Besitz und Bildung gekennzeichnete Gesellschaftsschicht und als dritter Stand neben Klerus und Adel Geltung verschafft und sich schließlich selbst als Legitimationsbasis staatlicher Herrschaft (so in der Französischen Revolution als Verfassunggebende Nationalversammlung) konstituiert.
Mit der Entwicklung des b. P. wird ein wesentlicher Schritt in Rich-

tung *Demokratie* getan: Vom Bürgertum werden die Prinzipien freiheitlicher Gesellschafts- und Staatsordnung formuliert, politisch gegen den Absolutismus, ökonomisch gegen das feudale und ständische Erbe. Die bürgerliche Wirtschaftsaktivität durchbricht die hierarchisch-stabile Verfassung des alten Systems und begründet Mobilität und Leistung des Individuums als neue gesellschaftliche Wertvorstellungen, ohne daß allerdings Chancengleichheit auch für den ›Vierten Stand‹ hergestellt würde; vielmehr verfestigt sich die bürgerliche Herrschaft in einer neuartigen Privilegienstruktur. Gleichermaßen bleibt auch in der politischen Entwicklung vom Absolutismus zum liberalen *Rechtsstaat* die Bevölkerungsmehrheit zunächst infolge weitreichender Wahlrechtsbeschränkungen von der parlamentarischen Mitwirkung ausgeschlossen. Aber der Allgemeinheitsanspruch der liberalen und aufklärerischen Bewegungen (mit den Prinzipien Menschenwürde, Selbstbestimmung, Grundrechte, Freiheit, Gleichheit und Solidarität) weist doch von Anfang an über die bürgerlichen Restriktionen hinaus und führt so später zur *Demokratisierung des Parlamentarismus* und zur Weiterentwicklung des ›bloßen Verfassungsstaates‹ zum *sozialen Rechtsstaat*.

Das *Parlament* wird im 18./19. Jahrhundert aus dem exklusiven Sprachrohr einer kleinen Oberschicht nach und nach zum Forum politischer Öffentlichkeit, in dem soziale und politische Differenzierungen abgebildet werden, zunächst allerdings nicht durch wirkliche Volksvertreter, sondern durch *Honoratioren*: gebildete, finanziell unabhängige Einzelpersönlichkeiten mit Einfluß und Prestige, bürgerliche Standesvertreter, die weniger als Anhänger bestimmter politischer Richtungen gewählt werden denn als Individuen, denen die wählende Oberschicht die Wahrnehmung ihrer Interessen zutraut. Das Ideal parlamentarischer → Repräsentation ist ursprünglich die freie, unvoreingenommene Diskussion und Urteilsbildung dieser Einzelpersönlichkeiten, die die Belange der Gesellschaft gegenüber der vorhandenen Staatsleitung wahrnehmen und die Verwaltung kontrollieren sollen.

Mit der Bildung parlamentarischer *Fraktionen* mit unterschiedlichen grundsätzlichen Zielen beginnt die Entwicklung der modernen *politischen → Parteien*: Um die Fraktionen gruppieren sich *Wahlvereine* von Gleichgesinnten zur langfristigen und programmatisch fixierten Unterstützung bestimmter Parlamentarier, und aus diesen werden die sog. *Honoratiorenparteien*. Erst unter dem Druck der Arbeiterbewegung (→ Sozialismus) und ihrer gut organisierten *Massenparteien*, die dann auch im Parlament die politische und soziale Gleichberechtigung gegen den konservativen Teil der bürgerlichen Schichten durchzusetzen versuchen, vollzieht sich in der zweiten Hälfte des 19. Jahrhunderts (England, Frankreich) und zum Teil erst danach (Deutschland) die Überwindung bürgerlich-klassenherrschaftlicher Ordnungen zugunsten demokratischer Repräsentativsysteme.

Literatur: Friedrich, C. J.: Der Verfassungsstaat der Neuzeit, Berlin 1953; Kofler, L.: Zur Geschichte der bürgerlichen Gesellschaft, Neuwied/Berlin 1966; Kohn, H.: Wege und Irrwege. Vom Geist des deutschen Bürgertums, Düsseldorf 1962; Schlangen, W.: Demokratie und bürgerliche Gesellschaft. Einführung in die Grundlagen der bürgerlichen Demokratie, Stuttgart 1973.

3.22 *Demokratische Ordnungsmodelle*

Die Darstellung d. O. kann historisch am → Bürgerlichen Parlamentarismus anknüpfen; systematisch hat sie darüber hinaus Aspekte sowohl der antiken Staatsformenlehre als auch der in der Neuzeit entwickelten normativen Theorie der demokratischen Legitimation politischer Herrschaft aufzugreifen. Das demokratische Grundproblem der Vermittlung von Freiheit und Herrschaft, von Selbstbestimmung und gesamtheitlicher Ordnung wird hier vor allem im Blick auf die → *Prinzipien der Volksherrschaft* sowie durch eine Behandlung der miteinander konkurrierenden Modelle der → *Repräsentativen* und der → *Direkten Demokratie* erörtert.

3.22.1 Prinzipien der Volksherrschaft

Demokratie (von griech. demos = Volk, kratos = Herrschaft) bedeutet *Selbstregierung* der Bürger; die Staatsgewalt ist vom Volke abgeleitet und legitimiert und wird zum Wohle und im Interesse des Volkes ausgeübt. Nach dem Prinzip der → Volkssouveränität soll die Willensbildung ›von unten nach oben‹ verlaufen, und es soll eine Legitimationskette von der gesamten Staatsbürgerschaft bis hin zu den einzelnen staatlichen Ämtern existieren. In diesem Sinne bedeutet ›Selbstregierung‹ nicht unbedingt die konkrete ›Identität von Regierenden und Regierten‹, sondern läßt die Bildung von Institutionen zu, durch die staatliche Herrschaft (nicht als ›Herrschaft von Menschen über Menschen‹, sondern als durch Menschen vermittelte *Herrschaft der Gesetze*) realisiert wird.

Volksherrschaft setzt rechtlich-politische *Gleichheit* der Bürger voraus (Gleichheit vor dem Gesetz, Gleichberechtigung bei der Teilnahme an der politischen Willensbildung) und setzt dementsprechend das *Mehrheitsprinzip* als Instrument der Entscheidungsfindung ein. Die Ausübung konkreter politischer Macht ist zeitlich begrenzt und kontrolliert, was in periodischen allgemeinen, gleichen, freien, geheimen und (mindestens teilweise) direkten *Wahlen* zum Ausdruck kommt. Neben der → *Partizipation* der Bürger und der permanenten öffentlichen Überwachung der Machtausübung hat das politische System aber auch die *Stabilität* der rechtlichen Ordnung und die Effizienz des staatlichen Handelns sicherzustellen; in einer freiheitlichen und vernünftigen Vermittlung beider Momente besteht ein zentrales Problem demokratischer Verfassungsgestaltung.

Demokratische Politik bedarf zur Verhinderung des Mißbrauchs und der Verselbständigung der Macht einer *Konstitutionalisierung*, einer Begrenzung des Anspruchs des staatlichen Wirkens sowie einer Verteilung von Funktionen und Machtpositionen und einer rechtsstaatlich geregelten Machtanwendung. Die demokratische Wahl von Herrschaftsträgern muß eine Auswahl zwischen Alternativen beinhalten, was sich in einer politischen *Pluralität* (insbesondere in Parteienkonkurrenz) zeigt. Wesentlich für die Verwirklichung der politischen Selbstbestimmung ist ein Klima *freier öffentlicher Meinung* und unbehinderter Information; notwendig sind ferner Mechanismen des *Minderheitenschutzes* und Möglichkeiten der Entfaltung von Kritik und → *Opposition*.

Hiernach kann nur ein *Freiheitsstaat* demokratisch sein. Doch ist der demokratische Staat mehr als ›nur freiheitlich‹; denn jede politische Organisation, die dauerhaft und handlungsfähig sein will, hat neben die Freiheit (als ungebundene individuelle Entfaltung, Eigenverantwortung und Initiative, Differenzierung und Pluralität) die politische *Koordination* (rechtliche Gleichheit, staatliche Leitung und Planung, soziale Verantwortung und Solidarität) zu stellen, und die Demokratie als Modell politischer Ordnung läßt sich geradezu definieren als der Versuch, hier einen sinnvollen Ausgleich zu finden. Demokratische *Integration*, die sich zwischen den Extremen der anarchistischen Selbstauflösung und der diktatorischen Reglementierung bewegt, verlangt insoweit eine Konstituierung der Herrschaft auf der Basis der Einsicht freier Bürger in die Notwendigkeit allgemeiner und verbindlicher Regeln.

Literatur: Fraenkel, E.: Die repräsentative und die plebiszitäre Komponente im demokratischen Verfassungsstaat, Tübingen 1958; Friedrich, C. J.: Demokratie als Herrschafts- und Lebensform, Heidelberg 1959; Matz, U. (Hrsg.): Grundprobleme der Demokratie, Darmstadt 1973; Probleme der Demokratie heute, Sonderheft 2/1970 der PVS.

3.22.2 Repräsentative Demokratie

In der r. D. ist das Volk Inhaber der prinzipiellen Staatsgewalt, überträgt aber die Wahrnehmung der politischen Macht auf freie Vertreter und danach auf Ämter und Instanzen: Die Staatsgewalt geht vom Volke aus und wird dann durch besondere Organe ausgeübt (vgl. Art. 20 GG). Zumal das → *Parlament* gilt dabei als Volksvertretung, die den Bürger von vollständiger politischer Inanspruchnahme entlastet und die von den → *Parteien* angebotene politische Kompetenz zur Qualifikation der politischen Willensbildung nutzt.

Demokratischer *Parlamentarismus* geht über den → Bürgerlichen Parlamentarismus insofern hinaus, als er auf einem demokratisierten aktiven und passiven Wahlrecht beruht und nicht nur gewisse legislative und haushaltsrechtliche Parlamentsbefugnisse kennt, sondern auch (a) die parlamentarische *Souveränität* (mit rechtlicher Unterordnung der Regierung), (b) die volle Durchsetzung und umfassende Wahrnehmung der möglichen parlamentarischen *Funktionen* und (c) ein demokratisches Parteiwesen.

Zu a: Wenn die repräsentative Körperschaft stellvertretend für das Volk handelt und somit oberste konkrete Staatsgewalt ist, wenn also die → Regierung aus ihr hervorgeht oder zumindest rechtlich von ihr abhängt, ist von einem *parlamentarischen Regierungssystem* zu sprechen. Dem Parlament als dem durch Volkswahl unmittelbar legitimierten Organ sind hier die abgeleiteten Staatsgewalten untergeordnet (Subordination), worin *Demokratisierung* liegt, aber auch Machtkonzentration, d. h. Relativierung der → Gewaltenteilung, und dies vor allem im *Parteienstaat*, in dem die jeweils dominierende Partei (enkoalition) sowohl als Parlaments- wie auch als Regierungsmehrheit in Erscheinung tritt und eine Verklammerung zumal des exekutiven mit dem legislativen Bereich bewirkt: Die gesamtstaatliche Willensbildung ist Ergebnis eines Zusammenwirkens von gesetzgebenden und ausführenden Institutionen. (Die Beteiligung einer föderativen zweiten Kammer an der Legislative bedeutet in einem derartigen System eine gewisse Re-Institutionalisierung von Gewaltenteilung.)

Im parlamentarischen System handelt der *Regierungschef* auf der Grundlage des Vertrauens der (Mehrheit der) Repräsentanten. Das Parlament hat die Befugnis, durch *Mißtrauensvotum* die Ablösung der Regierung bzw. eine Parlamentsauflösung und Neuwahlen zu erreichen. Minderheitenkabinette sind Ausnahmefälle. Im *exekutiven Parlamentarismus* ist die rechtliche Position der Regierung dadurch gestärkt, daß der Regierungschef das Parlament auflösen kann (England) oder nur durch die parlamentarische Wahl eines Nachfolgers (konstruktives statt einfaches Mißtrauensvotum) abgelöst zu werden vermag (Bundesrepublik Deutschland).

Grundsätzlich anders ist das Verhältnis von Parlament und Regierung im *Präsidialsystem*: Weil der durch Volkswahl eigens legitimierte Staats- und Regierungschef rechtlich unabhängig ist, steht dieses Modell der Demokratie gewissermaßen in der Tradition des klassischen → Konstitutionalismus und ist insoweit stärker vom Grundsatz der → Gewaltenteilung geprägt, was sich z. B. in der *Inkompatibilität* (Unvereinbarkeit) von parlamentarischem Mandat und exekutivem Amt zeigt. Es gibt weder eine parlamentarische Verantwortlichkeit der Minister und das Mißtrauensvotum einerseits noch das Recht zur Parlamentsauflösung andererseits. Die staatliche Willensbildung steht unter dem Zwang zum Arrangement zwischen Legislative und Exekutive, die in einem System der ›checks and balances‹ laufend kooperieren müssen und sich gegenseitig beaufsichtigen und kontrollieren. Die Handlungsfähigkeit dieses Systems ist gefährdet, wenn die Regierung gegen eine Parlamentsmehrheit operieren muß oder der ›Gefolgschaft‹

einer ›eigenen‹ Mehrheit nicht sicher sein kann, was etwa in den USA wegen des nur lockeren Zusammenhalts der Parlamentsfraktionen recht häufig der Fall ist. Dem steht gegenüber, daß die ›administrative Stabilität‹ in der Präsidialdemokratie weitgehend sichergestellt ist, weil sich etwaige Verschiebungen der parlamentarischen Kräfteverhältnisse nicht unmittelbar auszuwirken brauchen.
Ein Sonderfall repräsentativer Regierungsweise ist die *Proporzdemokratie*. Im schweizerischen *Direktorialsystem* z. B. wählt die Bundesversammlung als Regierung ein Kollegialorgan (den Bundesrat), in dem die parlamentarischen Gruppen anteilig vertreten sind und das dem Parlament (Nationalrat und Ständerat) für die Dauer seiner Amtsperiode (4 Jahre) nicht verantwortlich ist. Basis dieses Modells ist ein hochentwickelter politischer Konsens; Ziel ist die politische Integration einer sprachlich und kulturell differenzierten Einwohnerschaft.
Zu b: Die in der r. D. realisierten Parlamentsfunktionen sind nach *Bagehot:* (1) *Wahl* und Unterstützung des Regierungschefs (›elective function‹); (2) *Formulierung des Volkswillens* (›expressive function‹); (3) *Aufklärung* und ›Belehrung‹ des Volkes (›teaching function‹); (4) *Information* durch Debatte (›informing function‹) und (5) *Gesetzgebung* (›legislative function‹), also der neben der Festsetzung des Haushaltsplans traditionelle Kernbereich parlamentarischer Arbeit. Ergänzend müßten genannt werden: (6) die *Kontrolle* (der Regierung und der Verwaltung) und (7) die eigentliche → *Repräsentation*, d. h. die Darstellung und (›spiegelbildliche‹) Abbildung der virulenten politischen Strömungen und Richtungen.
Zu c: Kaum eine dieser Aufgaben ist in der modernen Massendemokratie ohne die Integrations- und Artikulationstätigkeit *politischer* → *Parteien* zu erfüllen. Im parlamentarischen *Parteienstaat* herrscht Demokratie in einer neuartig vermittelten Form: Die → Volkssouveränität äußert sich durch die Parteien, die gleichsam Verfassungsrang erlangen, indem sie politische Tendenzen ›kanalisieren‹, Überzeugungen und Interessen auf eine kleine Zahl von alternativen Hauptrichtungen konzentrieren und damit eine *Integration* der ›isolierten Wähler‹ in die staatliche Gemeinschaft bewirken. Die Formulierung verbindlichen politischen Willens wird so nicht erst vom Parlament, sondern (auch) bereits durch die Parteien geleistet. Das führt – so Leibholz – zu einer Spannung zwischen klassischer → Repräsentation und ›plebiszitär‹ ausgerichteter Parteienherrschaft. Der Parteienstaat ist nämlich insofern an der → Direkten Demokratie orientiert, als die Parteien bei den Wahlen Führungsmannschaften und auf Sachprogramme ausgerichtete Listen von Kandidaten präsentieren, die sich als Abgeordnete an eine ›Beauftragung‹ durch die Wähler gebunden fühlen sollen. Die politischen Entscheidungen vollziehen sich in der Parteiendemokratie demgemäß kaum mehr nach dem idealen Modell der → Repräsentation: Die öffentliche Plenarversammlung des Parlaments

hat keine eigentliche Willensbildungsfunktion mehr, sondern ist in erster Linie Stätte der Deklamationen und der Präsentierung des Führungspersonals; die Sacharbeit verlagert sich in die Ausschüsse, ja im wesentlichen darüber hinaus in die Fraktionen und ihre Arbeitskreise sowie schließlich in den halb- oder außerparlamentarischen Raum der Tätigkeit der Parteien, der → Verbände und der Bürokratie. Ein Teil der Parlamentarismuskritik beruht auf diesem Tatbestand, der die öffentlich nachvollziehbare Tätigkeit der Repräsentanten häufig so fruchtlos und ermüdend werden läßt.

Repräsentativ bleibt der parteienstaatliche Parlamentarismus bei all seinen plebiszitären Zügen insofern, als aufgrund der Dynamik des politischen Prozesses immer wieder über Fragen zu befinden ist, die nicht Gegenstand der durch Wahlen und Parteien vermittelten ›Beauftragung‹ waren, und insofern, als im Vielparteiensystem der Zwang zur Bildung von *Koalitionen* die Selbständigkeit der Parlamentsfraktionen gegenüber den Parteizentralen stärkt.

Die im parlamentarischen System gegebene *Suprematie des Parlaments* kann ausgeglichen, ja u. U. überlagert werden durch eine realpolitische *Dominanz der Regierung*. Das liegt im wesentlichen daran, daß das Handeln des Wohlfahrts- und Dienstleistungsstaates in der Industriegesellschaft vornehmlich exekutiv-administratives Handeln ist, daß der exekutiven Kompetenz der Außenvertretung bei größer werdender internationaler Politikverflechtung (→ Weltpolitik) zunehmende Bedeutung zukommt und daß selbst im Kernbereich legislativer Arbeit die Ministerialbürokratie seit langem eine wichtige Rolle spielt. Hinzu kommt, daß eine langfristige politische *Planung*, die für ein kontinuierliches staatliches Handeln unerläßlich ist, kaum an Legislaturperioden gebunden werden kann. Der repräsentativen Körperschaft verbleibt zwar die Aufgabe, die Richtlinien der Politik durch Wahl des Regierungschefs vorzubestimmen und die Regierungstätigkeit zu kontrollieren; fraglich ist aber, ob das Parlament dabei nicht auf eine mehr notarielle Aufgabe beschränkt wird, weil die moderne Parlamentswahl starke Elemente einer ›Volkswahl der Regierung‹ enthält, und ob es die von ihm selbst gebildete und unterstützte Regierung überhaupt wirksam kontrollieren will und kann. (Hieraus folgt die Notwendigkeit einer Stärkung der Rechte der → Opposition.) Bei der Wahrnehmung der legislativen und Haushaltskompetenzen schließlich verbleibt dem Parlament häufig nur ein aufgrund bestehender ›Sachzwänge‹ und festliegender Verpflichtungen relativ kleiner Spielraum zur Veränderung von Regierungsvorlagen. Zunehmend wichtig wird daher möglicherweise die Funktion des Parlaments, ›politisches Forum der Nation‹ zu sein, d. h. eine Instanz, die *Evidenz* und *Transparenz* der politischen Prozesse zu gewährleisten bemüht ist, die eine kritische öffentliche Diskussion, vor allem eine Auseinandersetzung mit der

Regierungspolitik, ermöglicht und die das Engagement der Bürger weckt und damit zur → Politischen Bildung beiträgt.

Literatur: Beyme, K. v.: Die parlamentarischen Regierungssysteme in Europa, München 1970; Kluxen, K. (Hrsg.): Parlamentarismus, Köln/Berlin ²1969; Loewenberg, G.: Parlamentarismus im politischen System der Bundesrepublik Deutschland, Tübingen 1969; Röhring/Sontheimer (Hrsg.): Handbuch des deutschen Parlamentarismus, München 1970; Thaysen, U.: Parlamentarisches Regierungssystem in der Bundesrepublik Deutschland, Opladen 1976.

3.22.3 Direkte Demokratie

Das Modell der d. D. geht von einer *Identität von Regierenden und Regierten* aus: Möglichst alle wichtigen politischen Angelegenheiten werden vom Volk entweder auf einer Volksversammlung oder durch Abstimmung und Volksentscheid (Plebiszit, Referendum) selbst geregelt; nur soweit aus technischen Gründen Gremien gebildet werden müssen, kommt eine Beauftragung von Delegierten bzw. von Räten oder Kommissionen in Frage. Das System der aktuellen *Volksversammlung* geht auf die antike Polis-Demokratie zurück und findet sich in der schweizerischen ›Landsgemeinde‹ wieder: Die Versammlung der stimmberechtigten Bürger wählt die Regierung und beschließt über Gesetzesvorlagen und Verwaltungsmaßnahmen. Weil eine solche Volksherrschaft offenbar nur in kleinräumig-überschaubaren Verhältnissen praktizierbar ist, können in Massendemokratien *Volksbegehren* und *Volksentscheid* als Substitute auftreten. Dann existieren (wie in der Weimarer Republik oder in der Schweiz) zwar repräsentative Gremien, aber bestimmte Entscheidungen (vor allem legislativer Art) bleiben dem Volk als ganzem vorbehalten bzw. können ihm überantwortet werden. Direktdemokratische Ergänzungen repräsentativer Systeme sind auch dadurch denkbar, daß neben dem Parlament auch das formelle Staatsoberhaupt einer parlamentarischen Demokratie oder auf lokaler bzw. regionaler Ebene bestimmte Träger exekutiver und judikativer Funktionen in einer allgemeinen *Volkswahl* bestimmt werden. Ebenso stellen die US-amerikanischen *Vorwahlen* (bei der Kandidatennominierung der Parteien) eine Möglichkeit der Ausdehnung unmittelbarer → *Partizipation* dar.

Die Herrschaft von *Volksbeauftragten* ist eine ›Konzession‹ der d. D. angesichts der Unmöglichkeit einer ständigen Realisierung der ›Generalkompetenz der Gesamtheit‹. Um eine Verwirklichung des Gedankens, daß trotz der Notwendigkeit, politische Instanzen zu bilden, die Souveränität nicht übertragen werden darf, sondern sich unmittelbar bei der Gesamtbevölkerung aktualisieren muß, bemühen sich in diesem Sinne vor allem die *Versammlungsregierung* (Frankreich 1793) und die *Rätedemokratie*. Die Propagierung des Rätegedankens steht historisch im Zusammenhang mit Versuchen, politisch minderberechtigten Teilen der Bevölkerung ein Instrument idealer Selbstorganisation

und voller Selbstbestimmung zu verschaffen. Sie bezieht deswegen ihre entscheidenden Impulse bis heute aus der *Pariser Kommune* von 1871 (und deren Interpretation durch Marx) sowie aus radikaldemokratischen Tendenzen in Deutschland 1918/19 und im Zusammenhang mit der Russischen Revolution. Eine dauerhafte Institutionalisierung des Räte-Konzepts gibt es bislang nicht; infolge der Demokratisierung des Parlamentarismus hat der Rätegedanke die ihn ursprünglich antreibende Protest- und Emanzipationsfunktion auch weitgehend verloren.
Hauptkennzeichen des *Rätesystems* sind: (a) die Organisation des Volkes in überschaubaren Basis-Einheiten (Wohnbezirken, Betrieben usw.); (b) die Artikulation des ›allgemeinen Willens‹ in Basisgruppen-Versammlungen, bei denen alle politischen Kompetenzen liegen (fundamentale *Gewaltenkonzentration*); (c) eine Delegation ›von unten nach oben‹ durch ein System direkter und indirekter Wahlen (die Basis-Versammlung wählt einen Rat, dem ausführende Beauftragte zugeordnet sind; die vielen Basisräte wählen die Räte der nächsthöheren Ebene; die Spitze der Pyramide stellt der wiederum gewaltenmonistische Zentralrat dar); (d) die Verantwortlichkeit, Weisungsgebundenheit (*imperatives Mandat*) und Abberufbarkeit (›recall‹) aller Delegierten und Exekutivbeauftragten; (e) die möglichst ehrenamtliche Tätigkeit der Funktionsträger und die Ämterrotation (zwecks Vermeidung einer Verselbständigung der Machthaber und zur Verhinderung der Bildung einer ›Kaste von Funktionären‹); (f) die Aufhebung der (liberalen) Unterscheidung von staatlichem und gesellschaftlichem Bereich (das Räteprinzip durchdringt alle Sozialsphären, und der Mensch wird in allen seinen Lebensäußerungen ganz ›Gattungswesen‹).
Diesen Vorstellungen wird u. a. entgegengehalten: Die permanente Basisherrschaft ist nicht realisierbar. Die Räte werden de facto gerade wegen ihrer Machtfülle zu Instrumenten einer *autoritären Herrschaft* von Aktivistengruppen. Die Ämterrotation und die ehrenamtlichen Tätigkeiten werden dem Bedarf an politisch-gesellschaftlicher Arbeitsteilung und Spezialisierung nicht gerecht. In der Rätepyramide bilden sich informelle Herrschaftsstrukturen. Die politischen Prozesse sind dann kaum überschaubar und kontrollierbar. Es fehlt eine direkte gesamtheitliche (= zentralstaatliche) Legitimation, weil das Volk nur partikularisiert, nur in kleinen Einheiten wirklich in Erscheinung tritt. Entweder wird der Zentralrat autoritär agieren, oder eine zentrale Koordination unterbleibt angesichts der idealisierten Autonomie der Basis-Verbände. Insgesamt löst das Konzept der politischen *und* sozialen Räteorganisation das Problem der Konstituierung demokratischer Herrschaft nicht, sondern verschiebt es nur: Da jeder Rat für sich ›demokratisch‹ ist, wird fraglich, welchen Verpflichtungsanspruch eine ›gesamtpolitische‹ Instanz auf der jeweiligen Ebene gegenüber sozialen Teilorganisationen haben kann (z. B. der lokale Rat gegen-

über dem Rat der gemeindlichen Bediensteten). Zudem wäre zu untersuchen, ob es sinnvoll ist, von *dem* einheitlichen Volks- oder Gesamtwillen auszugehen und anzunehmen, dieser werde sich in allen Basisgruppen auch durchsetzen. Pluralistische Vorstellungen der Demokratie gehen davon aus, daß eine integrative und kompromißhafte Willensbildung gerechter sein kann als die ›identitäre Herrschaft‹, die letztlich doch die eines Teils, nämlich einer Mehrheit ist, und nehmen weiter an, daß sich der Volkswille erst aus einem Prozeß ergibt, der durch Heterogenität, Differenzierung und Konkurrenz – mithin gerade nicht durch ›Identifikation‹ – gekennzeichnet ist.

Mindestens teilweise berufen sich auch die *Volksdemokratien* auf direktdemokratisches Gedankengut; sie ersetzen allerdings den Partikularismus des Rätesystems durch den *demokratischen Zentralismus,* aber gerade dieser bleibt dem Modell gewaltenkonzentrativer Machtausübung verpflichtet und verleiht dem jeweiligen System autoritärscheindemokratische Züge. Der Begriff ›Volksdemokratie‹ ist im Grunde tautologisch (weil ›Demokratie‹ bereits ›Volksherrschaft‹ heißt) und gewinnt nur als politischer Kampfbegriff Sinn: Er soll sozialistische Länder bezeichnen, die davon ausgehen, sie hätten über die bürgerlich-kapitalistische ›Formaldemokratie‹ hinaus die wirkliche, fortschrittliche Herrschaft des Volkes (bzw. seiner führenden Klasse) durchgesetzt. Dem Terminus liegt also ein marxistisches Entwicklungsverständnis zugrunde, das ihn auch mit der Vorstellung von der *Diktatur des Proletariats* in Verbindung bringt. In ihr sollen gegen die vormals privilegierten Schichten → *Sozialismus* und *Demokratie* erzwungen werden, wobei die folgenden Faktoren eine wesentliche Rolle spielen: (a) die (weitgehende) *Verstaatlichung* der Produktionsmittel; (b) ein System der *Zentralverwaltungs-* oder *Planwirtschaft*; (c) die *Monopolherrschaft* einer sozialistischen, kommunistischen oder Arbeiterpartei (bzw. einer ›Einheitsfront‹ unter deren Führung); (d) die *Abschaffung der Machtdistribution und* → *Gewaltenteilung* zugunsten der in allen Bereichen staatlichen und sozialen Lebens präsenten Einheitsbewegung (mit der Folge des Verlusts der Rechtsstaatlichkeit). Der durch diese und andere Maßnahmen forcierte Umwandlungsprozeß gilt als geschichtlich notwendig und unumkehrbar; entsprechend werden revisionistische Abweichungen und ›konterrevolutionäre Verirrungen‹ bürgerlicher Art (wie → Liberalismus, → Pluralismus, ›Sozialdemokratismus‹) unterdrückt, ggf. gewaltsam (CSSR 1968) oder durch permanente ›innere Revolutionierung‹ (China). Wegen der damit verbundenen Mißachtung individualistisch fundierter Grundrechte und wegen der ständigen autoritären Einschränkungen freiheitlicher Tendenzen kann hier auf die → Nichtdemokratischen Ordnungsmodelle verwiesen werden.

Literatur: Bermbach, U. (Hrsg.): Theorie und Praxis der direkten Demokratie. Texte und Materialien zur Räte-Diskussion, Opladen 1973; Graf, H.: Rätesystem und parlamentarische Demokratie, Bonn 1972; Kevenhörster, P.: Das imperative Mandat. Seine gesellschaftspolitische Bedeutung, Frankfurt a. M. 1975; Schmitt, C.: Volksentscheid und Volksbegehren, Berlin/Leipzig 1927.

3.23 Nichtdemokratische Ordnungsmodelle

Diktatur ist der historisch wie systematisch umfassende Begriff für alle weder demokratischen noch freiheitlichen Herrschaftssysteme: für Tyrannis, Despotie und → Absolutismus, für Plutokratie und Oligarchie, für Klassen- und Elitenherrschaft. Das Spektrum reicht von extremen Formen grenzenloser Willkürherrschaft bis zu ›milderen‹ Ausprägungen, die z. B. deshalb schwieriger zu beurteilen sind, weil die vorhandene Monokratie (wie im Cäsarismus oder Bonapartismus) durch plebiszitäre Akklamation tatsächlich oder vermeintlich unterstützt wird. Die modernen Begriffe *Autoritarismus* und *Totalitarismus* versuchen, auch in diesem Sinne eine Abstufung zu bieten.

3.23.1 Autoritäre Diktatur

Die Frage, inwieweit eine konkrete Ausübung demokratisch nicht legitimierter Macht auf das Ziel fixiert ist, sich selbst zu erhalten und die bestehenden Verhältnisse zu stabilisieren, statt zu deren Überwindung beizutragen, führt zunächst zu der folgenden verfassungstheoretischen Differenzierung: (a) Im Rahmen eines prinzipiell weiterbestehenden rechtsstaatlich-konstitutionellen Systems ist im Notstandsfall, im Ausnahmezustand und zur Bewältigung krisenhafter Situationen (Krieg, innere Unruhen, Katastrophen) eine *funktionale Diktatur* denkbar, die sich insofern als systemimmanent erweist, als sie zeitlich begrenzt ist, der Wiederherstellung des normalen Funktionierens der verfassungsmäßigen Institutionen dient und keine totalitären Züge aufweist. Die Staatsmacht wird unter bestimmten vorher festgelegten Bedingungen, in einem bestimmten Verfahren und mit bestimmten Auflagen kommissarisch an Instanzen übertragen, die für ein *Krisenmanagement* besonders gut geeignet sein sollen. Historisches Vorbild ist das Institut der auf sechs Monate begrenzten Diktatur in der antiken römischen Republik. Eine solche *Notstandsdiktatur*, mit der regelmäßig eine Einschränkung der Freiheitsrechte, eine Stärkung der Exekutive und eine Betonung der polizeilichen und militärischen Gewalt verbunden sind, ist der Versuch, auch die unvorhersehbaren Momente der politisch-sozialen Dynamik noch weitestgehend unter das Gebot der Verfassungsmäßigkeit zu stellen, also zu erreichen, daß auch auf existentielle Herausforderungen und Systemkrisen nicht sofort mit willkürlichen, unkontrollierten Praktiken reagiert wird. Auch eine ›verfassungsmäßige Diktatur‹ allerdings stellt einen kritischen Punkt staatlicher Entwicklung dar und kann bei einem Versagen der konstitutionellen Sicherungen leicht in die andere Form umschlagen: (b) die *souveräne Diktatur*, die eine unbeschränkte Ausübung der Macht einschließt, eine Aufhebung des geltenden Rechtssystems mit sich bringt und eigene Ordnungsvorstellungen durchsetzen will. Geht sie in restaurativer oder reaktionärer Weise vor, kann von einer *Beharrungsdiktatur*, handelt sie revolutionär, kann von einer *Erziehungs-* oder *Entwicklungsdiktatur* gesprochen werden.

Ausgangspunkt für Diktaturen sind häufig soziale Konflikte, Spannungen und Unruhen, hinter die der das System tragende politische Konsens zurücktritt, so daß, z. B. durch einen *Putsch* oder *Staatsstreich*, eine Machtübernahme durch einen ›Führer‹, eine Militärjunta oder eine politische Bewegung erfolgt, die Ruhe und Ordnung, Sicherheit und staatliche Autorität wiederherstellen will (oder das vorgibt). Wird die diktatorische Position dieser Person oder Gruppe nachträglich verfassungsmäßig legalisiert (nicht: legitimiert) und positiv-rechtlich abgesichert, tritt also – und sei es durch Rechtsbeugung – ein Verfassungswandel ein, ist von der Metamorphose eines zunächst nur vorübergehend in den Ausnahmezustand versetzten Systems zu einer etablierten autoritären (oder totalitären) Ordnung zu sprechen. (Ein Beispiel dafür ist Mussolinis italienischer Faschismus, während in Deutschland das Dritte Reich seine konstitutionelle Grundlage, die Weimarer Reichsverfassung, formell nicht beseitigte.)

Daß nicht jede Form diktatorischer Herrschaft von vornherein als unhaltbar verworfen werden muß, zeigt ein Blick auf Entwicklungs- und *Militärdiktaturen*, deren Entstehung beweist, daß die freiheitlich-rechtsstaatliche Demokratie auf bestimmte soziale und kulturelle Bedingungen angewiesen, also nicht beliebig ›exportierbar‹ ist (siehe neuestens Indien). Die Herrschaft des Militärs oder der einen (evtl. aus einer *Befreiungsbewegung* hervorgegangenen) Staatspartei erweist sich in *Entwicklungsländern* häufig als einzige stabile Form staatlicher Organisation, weil eine politische Kultur, die eine pluralistisch-demokratische Willensbildung tragen könnte, nicht existiert: Es fehlen tradierte und akzeptierte Wertvorstellungen, der soziale Zusammenhang und die politische Geschlossenheit, die einen ›demokratischen Souverän‹ erst handlungsfähig werden lassen. So ergibt sich oft gerade dann, wenn der Versuch, eine demokratische Struktur aufzubauen, zu früh und unvorbereitet unternommen wird, ein mehr oder weniger gewaltsamer Rückfall in diktatorische Praktiken (oder, wie neuerdings im Libanon, ein Zerfall des Systems überhaupt). Offenbar stellen Polizei und Militär in zahlreichen (vor allem jungen) Staaten die einzige soziale und politische Einheit dar, die eine Infrastruktur aufbauen, ökonomische Reformen in die Wege leiten und eine geregelte Verwaltungstätigkeit vollziehen kann. Eine auf Disziplin und leistungsfähige Organisation zielende *Modernisierungsdiktatur* scheint oft die einzige realistische Alternative zum hergebrachten Quasi-Feudalismus oder zu korrupten, eigensüchtigen und ineffektiven Verhaltensweisen ziviler Führungen und Cliquen zu sein. Zweifellos geraten solche autoritären Ordnungen leicht in die Gefahr, zu tyrannischen oder totalitären Systemen (sozialistischer oder nationalistischer Ausrichtung) zu werden. Jedoch muß eine Militär- oder Parteidiktatur keineswegs in diesem Sinne zum Selbstzweck erstarren; sie kann sich auch in rationaler Weise auf die Erreichung bestimmter Ziele beschränken, um dann einer freiheitlicheren Form politischer Lenkung Platz zu machen. So können sich Ansätze einer Pluralisierung (wie z. Z. in der ägyptischen Einheitspartei) ergeben, die möglicherweise in ein Mehrparteiensystem münden; oder die herrschenden Gruppen lassen (wie derzeit in Spanien) in einem gesteuerten Aufbauprozeß die Bildung politischer Parteien zu, die dann nach und nach staatliche Funktionen übernehmen. Das zeigt die Notwendigkeit, jedes politische System so detailliert zu untersuchen, daß Tendenzen, Nuancen und Aspekte demokratischer bzw. autoritär-diktatorischer Evolution im einzelnen erkannt (und daraufhin gefördert bzw. verhindert) werden können.

Von der → Totalitären Diktatur unterscheidet sich die a. D. vor allem durch die Begrenztheit ihrer Zielsetzung: Der herrschaftliche Anspruch wird nur auf die staatlich-politische Sphäre erstreckt, in der ein reibungsloses Funktionieren der Institutionen und eine wirkungsvolle Durchsetzung der Führungsentscheidungen verlangt werden, äußert sich aber nicht in einer völligen Gleichschaltung und einer totalen Inanspruchnahme aller sozialen Sachverhalte und Lebensäußerungen. Autoritäre Regime lassen gesellschaftlichen Kräften Spielraum, solange diese dem politischen Apparat nicht gefährlich werden, und arbeiten weniger mit direktem Zwang und Terror als mit ›unauffälligeren‹ Maßnahmen der Formierung und Manipulation. Der Autoritarismus begnügt sich damit, von der Bevölkerung geduldet zu werden, also passiven Gehorsam vorzufinden; er hat nicht das Bedürfnis, ständig zumindest den Anschein massenhafter Unterstützung und breiter Zustimmung zu erwecken; ihm fehlt das bis zum Äußersten gesteigerte Bestreben totalitärer Führungen, anerkannt, ja verehrt und geliebt zu werden, zu dessen Befriedigung ›Wahlen‹ mit 99%igem Ergebnis durchgeführt, Begeisterung organisiert, Hingabe, Opferbereitschaft und Pflichtbewußtsein immer neu zur Schau gestellt werden. Dieser relativen Zurückhaltung entspricht der Verzicht auf die weitestgehende geheimpolizeiliche Überwachung der Gesellschaft und auf den Versuch, einen ›neuen Menschen‹ zu kreieren und eine ›gesamtgesellschaftliche Wende‹ zu erzwingen, mit der ein ›neues Zeitalter‹ eröffnet, ein neuartiges System von Werten, Sitten und Konventionen geschaffen und die traditionellen Strukturen und Einstellungen vollständig überwunden werden sollen.

In ihrer gemäßigt-autoritären Form ist die Diktatur auch für etablierte demokratische Verfassungen mit freiheitlicher Tradition eine ständige Bedrohung. Eine Atmosphäre der a. D. wird geschaffen, wenn – etwa durch Aktivitäten rechter oder linker *Extremisten* (oder aber durch deren Bekämpfung, wenn ein Rechtsstaat in einem Klima der Angst seinen eigenen Charakter verleugnet) – Praktiken obrigkeitsstaatlicher Reglementierung Platz greifen und das demokratische Freiheits- und Selbstbewußtsein den getroffenen Disziplinierungsmaßnahmen nicht standhält.

Literatur: Duverger, M.: Über die Diktatur, Wien u. a. 1961; Hallgarten, G. W. F.: Dämonen oder Retter. Eine kurze Geschichte der Diktatur seit 600 v. Chr., Frankfurt a. M. 1957; Klein, J. K.: Demokratien und Diktaturen. Zur Geschichte und Politik im 20. Jahrhundert, Köln 1970; Neumann, F.: Demokratischer und autoritärer Staat, Frankfurt/Wien 1967; Sterling, E.: Der unvollkommene Staat. Studien über Diktatur und Demokratie, Frankfurt a. M. 1965.

3.23.2 Totalitäre Diktatur

Aufgrund der Erfahrungen mit dem *Bolschewismus*, insbesondere dem stalinistischen Regime, und dem → *Faschismus*, insbesondere dem deutschen Nationalsozialismus, ist seit den vierziger Jahren von einer liberaldemokratisch orientierten Regierungslehre (vor allem von *H. Arendt* und *C. J. Friedrich*) der Begriff *Totalitarismus* entwickelt worden. Er soll in prinzipieller Abgrenzung zur pluralistisch-parlamentarischen Demokratie, aber auch zu den traditionellen Spielarten der → Autoritären Diktatur die historisch neuartige Form kollektivistischer Parteiherrschaft bezeichnen, die durch den Absolutheitsanspruch einer Ideologie und durch die revolutionär-terroristische Durchsetzung der Ziele der ›Bewegung‹ charakterisiert ist. Anknüpfungspunkt war das Selbstverständnis rechter Politiker und Autoren, das zwischen den Weltkriegen zu einer Propagierung des *totalen Staates* geführt hatte. Die kritische Analyse faschistischer Ordnungen wurde später vergleichend auch auf den *Stalinismus* bezogen.

Nach der traditionellen Beschreibung des ›totalitären Syndroms‹ stellt die t. D. die extreme Form der Unfreiheit und der autokratischen Machtanwendung dar. Ihre Merkmale sind eine Staat und Gesellschaft prägende *Ideologie*, die Herrschaft einer nicht-demokratisch strukturierten *Partei*, die Kontrolle und Überwachung durch eine terroristische *Geheimpolizei*, ein *Nachrichtenmonopol*, das der totalen Agitation und Propaganda dient, die *zentrale Wirtschaftslenkung* und eine vollständige *Gleichschaltung*. Zusätzlich gilt als ›totalitäres Primärphänomen‹ der Versuch, in der Gesellschaft ein neuartiges Wertsystem durchzusetzen, einen ›neuen Menschen‹ zu schaffen und eine *revolutionäre Umgestaltung der politischen Kultur* zu bewirken (M. Drath). Z. K. Brzezinski hat definiert: »Der Totalitarismus ist ein System, in

dem technologisch moderne Instrumente politischer Macht von der zentralisierten Führerschaft einer Elite-Bewegung ohne Beschränkung zu dem Zweck gehandhabt werden, auf der Grundlage bestimmter, von der Führerschaft verkündeter willkürlicher ideologischer Vorstellungen in einer Atmosphäre erzwungener Einmütigkeit der gesamten Bevölkerung eine totale gesellschaftliche Revolution herbeizuführen, einschließlich der Manipulierbarkeit des Menschen« (in: Seidel/Jenkner [Hrsg.]: Wege der Totalitarismus-Forschung, Darmstadt 1968, S. 273).
Der Totalitarismus ist extrem *kollektivistisch*, indem er die absolute Unterordnung des Einzelnen unter die Zwecke verlangt, die für die Gesamtheit formuliert worden sind. So ist das Individuum dem politischen Machtapparat völlig ausgeliefert: Verlangt werden grenzenlose Ergebenheit, unbedingter Gehorsam, blinde Gläubigkeit und totale Opferbereitschaft. Hinzu kommen die staatlicherseits institutionalisierte *Willkür* und rechtliche Unkalkulierbarkeit, die einen Zustand der Angst, Furcht und Unsicherheit schaffen. Die t. D. versucht, den Menschen in seinem gesamten Lebensablauf uneingeschränkt für sich zu ›vereinnahmen‹, zu überwachen und zu kontrollieren. (Symptomatisch sind Kinder- und Jugendorganisationen, die das Bewußtsein der Heranwachsenden von vornherein auf die von den Herrschenden vorgezeichneten Bahnen zu lenken haben; die Prinzipien sind *Manipulation* statt Erziehung zur Kritikfähigkeit und Determination statt Hinführung zur Selbstbestimmung; Nebeneffekt ist ein ständig von Mißtrauen geprägtes Verhältnis zwischen Staat und Bürgern.)
Über die Praktiken älterer Diktaturen, z. B. des → Absolutismus, geht die t. D. insofern hinaus, als sie keine der vorhandenen sozialen Strukturen und Haltungen unangetastet lassen will: Sie fordert *Konformität*, reglementiert das Geschehen auf sämtlichen Ebenen und paßt – nötigenfalls mit Gewalt – tendenziell alle Lebensäußerungen der herrschenden Weltanschauung und Staatsräson an. In diesem Bestreben macht sie sich systematisch die modernen ›Techniken der Massenbeherrschung‹ zunutze und wird so zu einem für das 20. Jahrhundert typischen Produkt, zur äußersten Form undemokratischer Verfassung unter den Bedingungen der Industriegesellschaft. Die Monopolisierung der Kommunikationsmedien im Sinne der Agitation und Manipulation gehört ebenso hierzu wie die geheimdienstlichen und -polizeilichen Überwachungsmethoden.
Pseudodemokratisch ist die t. D. insofern, als sich die regierende Elite mit der Behauptung, im eigentlichen Interesse des Volkes zu handeln, selbst absichern und legitimieren will. An die Stelle politisch-rechtlicher Gleichheit und allgemeiner Partizipationschancen treten *Privilegierungen* einerseits, *Entrechtungen* – von entwürdigender Behandlung über Folterungen bis zur physischen Vernichtung – andererseits. Rekrutierung und Kontrolle des Führungspersonals vollziehen sich nicht öffentlich, sondern in exklusiver Form innerhalb des Staats- und Partei-

apparats, zum Teil durch Intrigen, Kaltstellungen und ›Säuberungen‹. Der Selbstherrlichkeit der Führer (der u. U. ein pompöser *Personenkult* entspricht) stehen keinerlei konstitutionelle Beschränkungen gegenüber. Die politische Elite beansprucht Gefolgschaft bis in die Gewissenssphäre hinein, erzwingt Uniformität, nimmt die Menschen als Mittel zum kollektiven Zweck in Dienst, verfolgt Dissidenten, arbeitet mit Unterdrückungsmaßnahmen und Terroraktionen und zementiert die ›Geschlossenheit‹ des Systems durch den Aufbau verbindlicher ›Feindbilder‹ sowie durch den Anspruch auf Unfehlbarkeit.

Der u. U. wichtigste Aspekt ist die Herrschaft der einen *Partei* oder Bewegung, die durch ihre Präsenz in allen Bereichen die liberale Trennung von Staat und Gesellschaft aufhebt und so den Totalitätsanspruch der Macht dokumentiert. Es gibt eine undurchsichtige Verquickung von ›eigentlicher‹ Staatsmacht und gesellschaftlich-politischem Einfluß und damit eine eigentümliche *Doppelstruktur* der Herrschaft, die sich im Neben- und Ineinander von Partei- und Staatsapparat zeigt. Damit erreicht die *Gewaltenkonzentration* ihre höchste Steigerung: Bei aller öffentlichen Aktivität trifft der Bürger auf die eine Organisation, die sich jeweils nur in einem anderen ›Aggregatzustand‹ befindet. Daß es nirgendwo Kontrollinstanzen und Schutzmechanismen gibt, liegt auch daran, daß die Unabhängigkeit der Rechtsprechung durch die *Gleichschaltung der Justiz* ersetzt ist: Die richterliche Tätigkeit ist politisch instrumentalisiert; zumal politisch relevante Prozesse werden zu inszenierten Tribunalen mit dem Ergebnis der Bestätigung des offiziellen Feindbildes. Manipulationen, erzwungene Geständnisse, falsche Zeugenaussagen u. a. m. dokumentieren den Verlust an Rechtsstaatlichkeit.

Der ›Totalitarismus von rechts‹ ist in reaktionärer Weise revolutionär; er will als ›starker Staat‹ die Resultate liberaler und parlamentarischer Entwicklungen zurücknehmen. Die Menschen im vorgefundenen System betrachtet er als ›entwurzelt‹, und er will mittels rassischer, völkischer, nationaler, religiöser und anderer ›Gemeinschaftstraditionen‹ die postulierte ›Geborgenheit‹ wiedergewinnen. Es soll – in Anknüpfung an vorindustrielle Sozialstrukturen – zu einer statischen, hierarchischen Ordnung zurückgefunden werden. Der ›Totalitarismus von links‹ will in revolutionärer Umgestaltung die sozialökonomische ›Basis‹ und den staatlich-politischen ›Überbau‹ der bürgerlich-kapitalistischen Gesellschaften (bzw. die feudalistischen und absolutistischen Relikte) vernichten und die ›wahre Demokratie‹ aufbauen, und zwar weitgehend unabhängig vom aktuellen Bewußtseinsstand der Bevölkerung. Zur Beseitigung der Klassen- und Privilegienstruktur hält er eine Phase der Diktatur einer ›Avantgarde-Partei‹ für erforderlich, die aber nur vorübergehend sei und das Ziel habe, ein System ohne Herrschaft von Menschen über Menschen zu errichten. Letztlich müsse sozialen Antagonismen und bürgerlichen Verhaltensweisen durch Schaffung eines ›neuen Menschen‹ mit ›sozialistischer Moral‹ der Boden entzogen werden. Wegen der unterschiedlichen Zielsetzungen bezweifelt zumal eine linke Kritik die Tragfähigkeit des Totalitarismus-Begriffs und spricht bei dessen Anwendung auf Faschismus und Bolschewismus von einer ›falschen Gleichung‹. Sie geht nicht von der (liberalen) Trennung der Regierungssysteme in freiheitlich-demokratische einerseits und diktatorische (ob faschistisch oder kommunistisch, autoritär oder totalitär) andererseits aus, sondern spricht von (a) Formen kapitalistischer Herrschaft (bürgerliche ›Formaldemokratien‹, autoritäre, faschistische Ordnungen) und (b) sozialistischen Demokratien und kommunistischen Gesellschaften, die einen historischen Zielpunkt darstellten und ggf. durch Phasen der Erziehungsdiktatur vorbereitet werden müßten, weshalb selbst der Terror der Stalinschen Säuberungen als zumindest ›verständlich‹ hingenommen, jedes Element ›rechter‹ Diktatur und autoritärer Entwicklung in kapitalistischen Verfassungen aber aufs schärfste bekämpft werden müsse.

Allgemein akzeptiert ist, daß *Differenzierungen* des Totalitarismus-Begriffs über die im Zeichen des ›klassischen Syndroms‹ vorgenommenen Gleichsetzungen hinaus erforderlich sind und daß vor allem die unreflektierte oder demogogische Verwendung des Terminus in der politischen Auseinandersetzung die Analyse konkreter Ordnungen behindern kann. Z. B. wird bezweifelt, daß der Faschismus letztendlich totalitär gewesen sei, habe ihm doch jenes ›Primärphänomen‹ (die völlige Umwandlung der Gesellschaft) gefehlt. Weil er – auch als deutscher Nationalsozialismus – sozialökonomisch konservativ gewesen, nämlich kapitalistisch geblieben sei und kein System zentraler Wirtschaftslenkung aufgebaut habe, könne von Totalitarismus im Grunde nur im Blick auf die Sowjetunion in der Ära Stalin gesprochen werden. So kommt es aufgrund der Einsicht, daß eine einfache Subsumierung verschiedener Herrschaftsformen mit ihrer je eigenen Dynamik unter den ›statischen‹ Begriff der t. D. nicht statthaft ist, zu präzisierenden Abstufungen: Der italienische Faschismus wird gegenüber dem Hitler-Regime als ›weniger totalitär‹ angesehen, und entsprechend wird zwischen dem Stalinismus und den ›entstalinisierten‹ Volksdemokratien unterschieden, womit das Problem der Abgrenzung gegenüber der → Autoritären Diktatur akut wird.

Eine liberaldemokratischen Vorstellungen verpflichtete Regierungslehre besteht in dieser Weise weiterhin darauf, daß die Grundmerkmale der t. D. von Bedeutung sind und Erkenntniswert besitzen. Sie räumt ein, daß die sozialistische Bewegung einen emanzipatorischen Kern habe, betont aber, daß die Opferung von Grundfreiheiten, die Mißachtung des tatsächlichen Willens der Bevölkerung sowie die antiparlamentarischen und antipluralistischen Charakteristika den Tatbestand des

Totalitarismus erfüllten. Sie gibt zu, daß die marxistische Theorie ein anderes Niveau erreiche als die aus dubiosen Ideen-Bruchstücken zusammengewürfelte Weltanschauung z. B. der Nationalsozialisten, weist aber darauf hin, daß die politischen Strukturen und herrschaftlichen Praktiken sowie die Methoden ideologischer Indoktrination rechts und links überaus ähnlich seien. Sie akzeptiert, daß der Faschismus ein Bündnis mit den Mächten des tradierten Obrigkeitsstaates und des Kapitalismus eingegangen sei, stellt aber auch fest, daß seine Illiberalität und Irrationalität jede Form ›bürgerlicher‹ Existenz auf die Dauer doch unmöglich gemacht haben (oder gemacht hätten, wenn den Regimen nicht so schnell ein Ende bereitet worden wäre). In diesem Sinne bleibt die Abgrenzung eines ›Normaltyps‹ monopolistischer Parteiherrschaft (als des häufigsten institutionellen Rahmens undemokratischer Systeme) von einer extremen, vor allem in Krisen- und Übergangsphasen auftretenden Variante ideologisch radikaler, revolutionärer und terroristischer Unterdrückung und Reglementierung durchaus von Gewicht.

Literatur: Friedrich, C. J.: Totalitäre Diktatur, Stuttgart 1957; Greiffenhagen, M., u. a.: Totalitarismus. Zur Problematik eines politischen Begriffs, München 1972; Schlangen, W.: Die Totalitarismus-Theorie. Entwicklung und Probleme, Stuttgart 1976; Seidel/Jenkner (Hrsg.): Wege der Totalitarismus-Forschung, Darmstadt 1968.

3.3 Vertiefung

Es hat sich gezeigt, daß hinsichtlich der historischen Entwicklung politischer Ordnungsmodelle wie auch bezüglich der systematischen Fragen einige zentrale Konstitutionsprinzipien immer wieder in den Vordergrund traten. Einerseits aktuell, andererseits problematisch oder umstritten sind vor allem die Prinzipien der → *Volkssouveränität* (die sich gegen Formen elitärer und diktatorischer Fremdbestimmung wendet), der → *Repräsentation* (die mit radikaldemokratischen Auffassungen konkurriert) und der → *Gewaltenteilung* (die sich von gewaltenkonzentrativen und -monistischen Strukturen abhebt).

3.31 *Volkssouveränität*

Die V. ist im Grunde nicht bloß ein Kernprinzip der Demokratie, sondern mit dieser identisch: Die oberste Staatsgewalt, die höchste politische Macht, die verfassunggestaltende Kompetenz liegt bei der gesamten Staatsbürgerschaft; diese hat das Recht und die Macht, politische und rechtliche Regeln festzulegen, die Leitlinien des staatlichen Handelns zu bestimmen und staatliche Funktionsträger einzusetzen. V. liegt dann vor, wenn die politische Ordnung dadurch von der Basis her legitimiert ist, daß alle Staatsbürger tatsächlich Gelegenheit haben, Selbstbestimmung zu üben; niemand darf von vornherein aufgrund religiöser, ethnischer, biologischer, ökonomischer, kultureller oder ähnlicher Besonderheiten von der politischen Teilnahme ausgeschlossen werden. Dem steht ein Ausschluß von speziellen politischen Rechten unter bestimmten Voraussetzungen (z. B. des Alters beim Wahlrecht) nicht entgegen; wohl aber müssen allgemeine, unveräußerliche Grund- und *Menschenrechte* akzeptiert sein, damit überhaupt unter normalen Umständen jedermann in den Genuß der vollen politischen Rechte gelangen kann.

Mit der V. konkurrieren u. a. die folgenden Prinzipien der Legitimation staatlicher Macht: (a) *theologische Staatslehren*, die die politische Macht auf göttlichen Willen zurückführen (Theokratie, Gottesgnadentum); (b) *Macht-Theorien*, die staatliche Gewalt aus der Position des gesellschaftlich Stärkeren herleiten (Eliten-, Klassenherrschaft); (c) *Vernunft-Lehren*, die politische Kompetenzen an höhere Einsicht binden wollen (Platonismus); (d) *Besitz-Theorien*, die für ökonomisch Exponierte eine politische Sonderstellung beanspruchen (Plutokratie, Klassenstaat); (e) *organische Staatsauffassungen*, die das politische System als Organismus verstehen, zu dessen Funktionieren die sozialen Gruppen das je Ihre beitragen (→ Ständestaat); (f) *Patriarchaltheorien*, die den Staat als Abbild der Familie und die politische Macht als Pendant familienrechtlicher Gewalt begreifen.

Nicht genannt sind hier die Sozial- und *Herrschaftsvertragslehren*, weil gerade sie eine wesentliche Etappe auf dem Wege zur V. markieren. Denn eine Wurzel demokratischen Denkens ist *naturrechtlich-rationalistischer* Art: Der Staat ist Konstruktion seiner Bürger, entspringt der freien Unterordnung unter einen gemeinsamen rechtlichen Rahmen und politischen Willen. Die Kontrakt-Theorien (vor allem des 17./18. Jahrhunderts) gehen mindestens prinzipiell von einer ursprünglichen Gleichberechtigung der Menschen aus, gelangen dann allerdings zu sehr unterschiedlichen konkreten Ergebnissen (Hobbes, Locke, Rousseau).

Eine zweite Wurzel der Doktrin der V. ist das *Christentum* mit seinem Gedanken der Gleichheit aller Menschen vor Gott, der sich bis zu einem urchristlichen Sozialismus zurückverfolgen läßt, aber erst in der Moderne mit dem lutherischen und zumal dem calvinistischen Denken wirkungsmächtig wird.

Drittens sind die *sozialreformerischen und -revolutionären Bewegungen* von Bedeutung, die auf das Scheitern des liberal-kapitalistischen Fortschrittsglaubens reagieren und davon ausgehen, daß die von der bürgerlichen Theorie grundsätzlich erhobenen Forderungen nach Selbst-

bestimmung und Mündigkeit eine entsprechende sozialökonomische Ausstattung auch des ›Vierten Standes‹ zur Grundlage haben müssen. Viertens läßt sich eine aus der *antiken Demokratietheorie* stammende Wurzel ausmachen, die vor allem in der identitären Demokratievariante (Rousseau) aufgenommen wird und möglicherweise im Gedanken demokratischer Unmittelbarkeit (bis hin zur kommunalen Selbstverwaltung und zu Bürgerinitiativen) weiterlebt.
Trotz dieser zum Teil vor-neuzeitlichen Entwicklungslinien ist die Doktrin der V. eine Errungenschaft der Moderne, denn der Rechtsbegriff der *Souveränität* selbst ist relativ jung: Er wurde im Zusammenhang mit dem Aufkommen der modernen Territorialstaaten (→ Absolutismus) vor allem von *Bodin* entwickelt. In der von ihm angenommenen ›Fürstensouveränität‹ konkretisiert sich die eine Seite des Spektrums denkbarer Souveränitätsvorstellungen; andere Varianten sind die echte Teilung der Staatsgewalt im Sinne der antiken Mischverfassungstheorie (so im bürgerlich-monarchischen → Konstitutionalismus) und eben die V., die auch noch durch genossenschaftlich-föderalistische Vorstellungen geprägt wurde (so bei Althusius).
Die mittelalterliche Staatsauffassung ist zunächst insofern ganz undemokratisch, als sie von einer gottgegebenen hierarchischen Ordnung des Kosmos ausgeht, der die (fraglos hingenommene) staatliche Struktur entsprechen soll: Zur friedlichen Gesellschaftsorganisation soll jeder gemäß seinem ›Rang‹ an dem ›ihm zukommenden Platz‹ beitragen. Doch schon bei Marsilius v. Padua und dann bei Wilhelm v. Ockham finden sich Ansätze einer Propagierung politischer Autonomie: Die einzelnen Menschen und die gesamte Gesellschaft sollen die politische Organisation selbst in die Hand nehmen, wobei die allgemeine und gleiche Vernunft-Qualität der Bürger gegenüber der ständisch-hierarchischen Einbindung in den Vordergrund tritt und so in Richtung Gleichberechtigung weist. Aufgenommen werden solche Ansätze durch das individualistische und Freiheitsdenken der bürgerlichen *Aufklärung,* die das – seit Bodin akute – Souveränitätsproblem prinzipiell neu aufwirft: Die Gesellschaft soll ihr staatlich-politisches ›Ordnungsinstrumentarium‹ autonom konstituieren, und die Bürger sollen sich gegenüber der Staatsgewalt nicht (nur) resignativ als gehorsame Untertanen, sondern (auch) affirmativ einstellen, also die staatlichen Instanzen als ihre eigenen Handlungsträger betrachten. Die Beschränkung der monarchischen Macht durch den → Bürgerlichen Parlamentarismus und die spätere *Demokratisierung* der repräsentativen Regierungsweise sind Stationen auf diesem emanzipatorischen Wege. Die *Vertragstheorien* sind die erste ›Handlungsanleitung‹ in diesem Zusammenhang, und die konstitutionellen Stationen sind (neben der englischen Evolution) vor allem die Gründung der USA und die politischen Deklarationen im revolutionären Frankreich. Weil aber mit der bürgerlichen Politiktheorie auch die Vertragslehre im Interesse der regierenden Oligarchie

instrumentalisiert und einseitig interpretiert wird, bleibt es den *sozialen Bewegungen* des 19./20. Jahrhunderts vorbehalten, die Allgemeinheit der politischen Willensbildung und damit die V. verfassungspolitische und staatsrechtliche Realität werden zu lassen. Allerdings soll der Fortschritt zur V. über bürgerliche Restriktionen hinaus nicht eine Abkehr von *Liberalität* und Freiheit einschließen; die historische Verknüpfung der Doktrin mit der Aufklärung bietet die Chance, zu erkennen, daß ›Demokratie‹ als Bezeichnung eines ›kollektiven Guts‹ auf die gesamtheitliche Ebene bezogen ist *und* auch die Freiheiten der vielen einzelnen meint, die sich mit dem Ziel politischer Organisation koordinieren lassen.

Literatur: Kurz, H.: Volkssouveränität und Volksrepräsentation, Köln u. a. 1965; Kurz, H. (Hrsg.): Volkssouveränität und Staatssouveränität, Darmstadt 1970.

3.32 Repräsentation

Wenn die → Volkssouveränität u. a. das Recht und die Macht der gesamten Staatsbürgerschaft bezeichnet, Funktionsträger einzusetzen, die für das Volk handeln sollen, liegt auf ihrer Basis R. dann vor, wenn diese Funktionsträger in einem Akt des Vertrauenserweises berufen werden und bei der Konkretisierung des staatlichen (zumal legislativen) Handelns einen freien Spielraum haben. E. Fraenkel definiert: R. ist die rechtlich autorisierte Ausübung von Herrschaftsfunktionen durch verfassungsmäßig bestellte, im Namen des Volkes, jedoch ohne dessen bindenden Auftrag handelnde Organe eines Staates oder sonstigen Trägers öffentlicher Gewalt, die ihre Autorität unmittelbar vom Volke ableiten und mit dem Anspruch legitimieren, den Gesamtinteressen des Volkes zu dienen und dergestalt dessen wahren Willen zu vollziehen.
Hiernach scheint R. eine völlige Abkehr von der Vorstellung zu sein, das Volk als oberste politische Gewalt könne nicht vertreten werden und die Souveränität sei nicht übertragbar; sie scheint, gemessen am vollen Anspruch der demokratischen Doktrin, unhaltbar zu sein. Doch in der Tat soll es sich bei der R. gar nicht um eine Übertragung der Souveränität selbst, sondern nur um ein ›Anvertrauen‹ konkreter Amtsgewalt auf Zeit und mithin um *eine* bestimmte Form der Aktualisierung demokratischer Herrschaft handeln. Allerdings tritt die repräsentative Regierungsweise keineswegs als demokratisches Institut in die Geschichte ein (wie der → Ständestaat und der → Bürgerliche Parlamentarismus zeigen); wohl aber steht sie in einem emanzipationsgeschichtlichen Zusammenhang, denn zumal über sie, nämlich mit der *Demokratisierung* des *Parlamentarismus,* ließ sich die Volkssouveräni-

tät in das bestehende institutionelle System einfügen. Bedeutende Repräsentativverfassungen sind die der USA von 1787 und die französische von 1791 (im Gegensatz zur direktdemokratischen von 1793); als Theoretiker der R. können Kant in Deutschland, Sieyès in Frankreich, Burke und J. S. Mill in England sowie die Autoren der »Federalist Papers« (Hamilton, Madison, Jay) in den USA genannt werden.
Das Idealbild der freien R. (das schon aufgrund der Verwicklung des Parlamentarismus in geschichtliche Auseinandersetzungen und konstitutionelle Evolutionen in der Realität nie eine volle Entsprechung gefunden hat) besagt, daß unabhängige Volksvertreter – ehrenwerte, gebildete Persönlichkeiten – zusammenkommen, Meinungen austauschen und die von allen befürwortete Lösung der politischen Probleme finden. Eine solche idealistisch-rationalistische Betrachtungsweise geht offenbar davon aus, daß alle politischen Entscheidungen vollständig den Gesetzen vernünftiger Meinungsbildung unterliegen (daß also die begrenzte Einsichtsfähigkeit kein Problem ist und daß nie eine Verzerrung durch Machtinteressen eintritt), daß die Konsensfähigkeit der Beteiligten unbegrenzt ist (daß also nie gravierende Prädispositionen zum Durchbruch kommen) und daß ehrenwerte, vertrauensvoll ausgewählte Persönlichkeiten regelmäßig uneigennützig (am Gemeinwohl orientiert) handeln (daß also nie Standes- oder Klasseninteressen in die Meinungsbildung einfließen). Trotz ihrer Fragwürdigkeit gerade im modernen *Parteien- und Verbändestaat* bleibt die Idealvorstellung der R. allerdings insofern von normativer Bedeutung, als es in den Parlamenten nicht (nur) darum gehen soll, Vertreter von Partikularinteressen nach Kompromissen suchen zu lassen, sondern (auch) darum, eine dem Gemeinwohl verpflichtete politische Einheit zu schaffen. Die diesbezügliche Orientierung des Abgeordneten soll sich darin äußern, daß er nicht allein die Interessen ›seines‹ Wahlkreises (seiner Partei, seines Verbandes) wahrnimmt, sondern seine Aufmerksamkeit auch den gesamtstaatlichen Belangen zuwendet. So soll das Parlament auch für die Bevölkerungsteile mithandeln, die gar keine Gelegenheit hatten, bei der Bestellung der Vertreter mitzuwirken (z. B. Kinder). Mit dieser das Modell der → Direkten Demokratie übersteigenden Aufgabe, über den ›konkreten Basiswillen‹ hinauszugehen, hängt die Auffassung zusammen, durch R. solle der ›ideale Volkswille‹ formuliert und nicht nur eine vorgegebene Position vollstreckt werden. Demnach ist R. mehr als nur unumgängliche ›technische Verkleinerung‹ zwecks Sicherstellung der Arbeitsfähigkeit; sie hat auch den Zweck, die Menschen von politischer Inanspruchnahme teilweise zu entlasten und ein politisches Potential zur Verfügung zu halten, mit dessen Hilfe Entscheidungen getroffen werden, die von der Gesamtbevölkerung kaum sinnvoll getroffen werden könnten. Damit darf keine autoritäre Tendenz der R. verbunden sein; durch eine kritische und kontrollierende öffentliche Meinung und insgesamt durch einen unbehinderten Willens-

bildungsprozeß muß einer eventuellen Verselbständigung der Funktionsträger entgegengewirkt werden; insofern ist es bedenklich, die ›politische Apathie‹ der Bürger geradezu als Voraussetzung aller ›mittelbaren Demokratie‹ zu bezeichnen. Größe und Bevölkerungszahl der meisten modernen Staaten, Differenziertheit und (nicht zuletzt internationale) Verflechtung der politischen Prozesse, Kompliziertheit und Ausdehnung der Problemfelder wie der Tätigkeiten des Versorgungs- und Dienstleistungsstaates machen die Bildung kompetenter Funktionseliten, die die politische Willensbildung mittragen, unumgänglich; eine ›Befehlsausgabe‹ von unten nach oben im Sinne simpler direktdemokratischer Vorstellungen ist illusorisch. Repräsentanten sollen die notwendigen Leitungsgremien legitimieren, kontrollieren, mit ihnen kooperieren und den Kontakt zur Bevölkerung institutionalisieren. Durch eine derartige ständige ›Rückkopplung‹ zwischen den Ebenen des politischen Systems wird Demokratie in Großverbänden augenscheinlich erst praktizierbar. Jedenfalls kann einem (u. U. direktdemokratisch fundierten) Antiparlamentarismus entgegengehalten werden, vieles deute darauf hin, daß freiheitliche Demokratie zumindest *auch* Elemente der R. benötigt und daß alle historischen Versuche, Demokratie ›wirksamer‹ durchzusetzen, zu anderen als den ursprünglich anvisierten Resultaten geführt haben bzw. führen.

Literatur: Leibholz, G.: Das Wesen der Repräsentation und der Gestaltwandel der Demokratie im 20. Jahrhundert, Berlin ³1966, Neuausg. u. d. Titel: Die Repräsentation in der Demokratie, Berlin u. a. 1973; Mantl, W.: Repräsentation und Identität. Demokratie im Konflikt, Wien u. a. 1975; Müller, Chr.: Das imperative und (das) freie Mandat. Überlegungen zur Lehre von der Repräsentation des Volkes, Leiden 1966; Rausch, H. (Hrsg.): Zur Theorie und Geschichte der Repräsentation und der Repräsentativverfassung, Darmstadt 1968.

3.33 *Gewaltenteilung*

G. als faktische ›politische Arbeitsteilung‹, als sachliche und räumliche Distribution von Befugnissen, hat, seit es politische Ordnungen gibt, immer existiert und ist nichts Hervorhebenswertes. Wenn von der speziellen Funktion der G. gesprochen wird und Gewaltenmonismus und -konzentration als Gegenbilder begriffen werden, ist demzufolge ein über technische Zwänge und Sachgesetzlichkeiten hinausführendes Postulat gemeint, zu dem sich Ansätze erstmals in der antiken *Mischverfassungslehre* finden, die die Prinzipien der Monarchie, der Aristokratie und der Demokratie miteinander verbinden, die gemeinsame Beteiligung verschiedener Gesellschaftsschichten an der Politik erreichen und eine Mehrzahl staatlicher Aufgabenfelder und Funktionsbereiche beschreiben will. Ihr geht es im wesentlichen um die Stabilität der Verfassung und zumeist auch um die sittliche, an der praktischen Vernunft orientierte Qualifizierung des politischen Handelns. Fast oder ganz vollständig fehlt ihr die Zielsetzung, die die neuzeitliche Doktrin der G. bestimmt: das gleichsam gegen den Staat gerichtete Bestreben, die Macht zu ›mäßigen‹ und ihren Mißbrauch zu verhindern, um eine Sphäre der bürgerlichen Freiheiten, der individuellen Entfaltung, der privaten Autonomie und der Rechtssicherheit abzustecken.

Das Leitbild des *Rechtsschutzes* und der *Freiheitssicherung* entfaltet sich auf der Basis liberalen, individualistischen Denkens und im Zusammenhang mit der Emanzipation des Bürgertums. In Verbindung mit einer Lehre von der G. wird es wohl erstmals von *Locke* formuliert und dann von *Montesquieu* geradezu dogmatisiert. Dem gesetzten Ziel dient dabei immer die Zuordnung von Staatsfunktionen (bei Montesquieu: Legislative, Exekutive, Judikative) zu separaten, weitgehend voneinander unabhängigen staatlichen Organen und Instanzen. Kerngedanke ist, daß konzentrierte, unbegrenzte Macht notwendig mißbraucht wird und daß daher ein System von ›checks and balances‹ jeden Machtträger von vornherein daran hindern soll, seine Kompetenzen zu überschreiten und willkürlich zu handeln.

Montesquieu stellt (weil es ihm weniger um die monarchische, aristokratische oder demokratische Begründung der Herrschaft geht als um die Unterscheidung ›moderierter‹ von unbeschränkter Macht) der Despotie die ›Freiheitsstaaten‹ gegenüber, die gemäßigt monarchisch oder aber republikanisch sein können, und er entwickelt sein Modell der G. nicht zuletzt im Blick auf England am Beispiel der konstitutionellen Monarchie, in der die drei ›sozialen Mächte‹ König, Adel und Bürgertum bei der Ausübung der Staatsmacht zusammenwirken sollen. Damit ist seine Theorie einerseits überaus zeitgebunden, denn sie steht in ständestaatlicher (und antiker) Tradition, indem sie nicht vom Gedanken der einen ungeteilten *Souveränität* ausgeht, sondern von einer Integration relevanter Sozialgruppen, die mit je eigener Legitimation auftreten; mit dem Modell ›geteilter Souveränität‹ erreicht Montesquieu im Grunde nicht die heutige Problem-Ebene der Diskussionen über die G., nämlich die Frage nach einer Vereinbarkeit von Gewaltendistribution und → Volkssouveränität. Andererseits läßt sich der von Montesquieu entwickelte Gehalt der G.-Lehre, das Postulat der Freiheitssicherung, verallgemeinern und auf die Frage nach notwendigen Strukturmerkmalen freiheitlicher Demokratie beziehen. Die liberale Zielsetzung soll beibehalten, die undemokratische Komponente aber ausgeschaltet werden; die Souveränität selbst soll nicht mehr als teilbar gelten. Das Problem demokratischer G. stellt sich somit – historisch in Verbindung mit der Demokratisierung des Parlamentarismus und dem Aufkommen der politischen → Parteien – als Frage nach einer ›Gewaltentrennung‹ auf der Ebene der ›abgeleiteten‹ Instanzen,

d. h. auf einer Stufe unterhalb der Souveränität des Volkes. Ein Lösungsvorschlag (die Übernahme des konstitutionellen Checks-and-balances-Modells in das System der Präsidialdemokratie) findet sich in den amerikanischen »Federalist Papers« (1787/88), die auch – über die Idee ›horizontaler‹ G. hinaus – den Gedanken der vertikalen Separation durch Verteilung der Macht zwischen Gliedstaaten und Zentralstaat im föderativen System enthalten. Das Motiv der G. ist seither fester Bestandteil der Theorie vom *Bundesstaat*.

Auch *Rousseau* ist zu erwähnen, der – obwohl er die Demokratie in einem identitären, antipluralistischen System Wirklichkeit werden lassen möchte – durchaus erkennt, daß unbegrenzte Macht, vor allem die Vereinigung legislativer und exekutiver Kompetenz, durch Mißbrauch die Grundlagen der Volksherrschaft zu zerstören vermag. So fordert auch er eine Machtverteilung im Bereich der konkreten staatlichen Institutionen, und er trägt dadurch, daß bei ihm trotz der Unveräußerlichkeit der einen Volkssouveränität die in der Machtdistribution liegende Schutzwirkung ihren Rang behält, dazu bei, die aktuelle Debatte über Demokratie und G. einzuleiten.

Der demokratisierte *parteienstaatliche Parlamentarismus* des 20. Jahrhunderts ist – weit stärker als das originär gewaltenteilige Präsidialsystem – dadurch gekennzeichnet, daß die Unabhängigkeit der Instanzen voneinander stark relativiert ist. Sobald das Parlament als rechtlich höchstes, ›volksnächstes‹ Organ die anderen Amtsgewalten von sich abhängig macht, liegt darin auch dann *Gewaltenvereinigung*, wenn den anderen Instanzen eine relative Selbständigkeit des Handelns verbleibt. Auch erreicht die jeweils regierende Partei (enkombination) durch die Präsenz ihrer Mitglieder und Anhänger in nahezu allen staatlichen und öffentlichen Gremien eine quasi ›informelle‹ Außerkraftsetzung etwa vorhandener gewaltenteiliger Mechanismen.

Gegenüber diesen Tendenzen versucht der freiheitlich-demokratische Rechtsstaat soziale Voraussetzungen und institutionelle Möglichkeiten zu schaffen, die die Schutzfunktion der G. unterstützen. Es bleibt trotz rechtlicher Suprematie des Parlaments eine gewisse Eigenständigkeit der Instanzen erhalten (Verbot des Eingriffs legislativer Körperschaften in den Kernbereich exekutiver Tätigkeit und umgekehrt), wobei die Unabhängigkeit der *Rechtsprechung* eine qualitativ neuartige Bedeutung erhält: Demokratisierte G. ist nur im rechtsstaatlichen Rahmen denkbar, und die Funktion der *Verfassungsgerichtsbarkeit* (als politisch wirksamste Form der dritten Gewalt) kann einen beachtlichen Stellenwert erreichen. Allerdings macht die parteienstaatliche Durchdringung der öffentlichen Gremien nicht vor den Gerichten und auch nicht vor den Institutionen der Bildung öffentlicher Meinung halt; ein ›offiziöses‹ gesamtgesellschaftlich-politisches Machtkartell, das relativ unkontrolliert wirken kann, stellt letztendlich die vermutlich stärkste Bedrohung gewaltenteiliger Praxis dar. Dadurch wird es erforderlich, → Parteien, → Verbände, → Medien usw. in ein übergreifendes Konzept *sozialer und politischer Gewaltendistribution* einzubeziehen.

Entsprechend gehen neuere Theorien der G. über die staatlich-politischrechtliche Sphäre hinaus und berücksichtigen die Gesamtheit der ›öffentlichen‹ Beziehungen. Sie tragen damit den vielfältigen Beziehungen Rechnung, die in der modernen Demokratie zwischen *Staat und Gesellschaft* bestehen. Die Lehre von der G. verbindet sich in diesem Sinne mit den Prinzipien des → Konstitutionalismus und des → *Pluralismus* und kommt schließlich dazu, als beachtenswerte Ebenen und Elemente diese zu nennen: (a) die klassische, an die Trias Legislative/Exekutive/Judikative anschließende *horizontale Unterscheidung der Staatsfunktionen* ›Rechtsetzung, Leitung und Ausführung, Streitschlichtung‹ und die Einsetzung je eigener Organe zu ihrer Wahrnehmung, wobei dem Entstehen gewaltenkonzentrativer Personalunionen durch Inkompatibilitätsvorschriften vorgebeugt werden kann (unter [a] kann auch von anderen Aufgabenbereichen ausgegangen werden, z. B. von der Einteilung ›politische Grundentscheidung, Ausführung, Kontrolle‹, und es muß auch nicht unbedingt jeder Funktion ein einziges Staatsorgan zugeordnet sein, sondern es können mehrere Instanzen in verschiedener Weise so an der Wahrnehmung mehrerer Funktionen Anteil haben, daß sich ›Kontrolle durch Kooperation‹ ergibt); (b) die *vertikale Machtverteilung* (vom Föderalismus bis zur lokalen Selbstverwaltung); (c) die *temporale* G. (zeitliche Befristung von Kompetenzzuweisungen); (d) die *dezisive* G. (Zusammenwirken von öffentlicher Meinung, Verbänden, Parteien, Parlament(en) und Regierung(en) bei der Willensbildung und Entscheidungsfindung, wobei die Parteienkonkurrenz einen wichtigen Faktor darstellt, der sich auch parlamentarisch in Kritik- und Kontrollrechten der Oppositionsfraktion(en) niederschlägt); (e) die *soziale* G. (Wahrung der gesellschaftlichen Pluralität, Sicherstellung eines Geflechts von begrenzten Macht- und Einflußsphären).

Durch Nutzbarmachung dieses Instrumentariums kann sich ein politisches System unter Wahrung der → Volkssouveränität in gewaltenteiliger Form konstituieren. Allerdings bleibt eine Spannung zwischen dem tendenziell monokratischen Souveränitätsanspruch und dem Verlangen nach Machtdistribution erhalten. Auf der einen Seite steht als Extrem die illiberal-kollektivistische Radikaldemokratie; auf der anderen Seite besteht die Möglichkeit der Entwicklung zur ›Unregierbarkeit‹. Denn infolge eines übertriebenen Zwanges, stets sämtliche virulenten Interessen, die sich in einem auf Differenzierung angelegten System äußern, zu berücksichtigen und kompromißhaft zu integrieren, kann es zu Handlungsunfähigkeit oder dazu kommen, daß – in schwerfälliger Weise – ein Ergebnis erzielt wird, das letztlich unzulänglich und nicht sachgerecht ist. Bei Vermeidung der Extrempositionen kann die genannte Spannung jedoch durchaus fruchtbar sein, und sie ist in ihrer gemäßigten Form möglicherweise sogar eine Voraussetzung der sinnvollen Vermittlung von Volksherrschaft und Liberalität, also der politischen Durchsetzung freiheitlicher Demokratie.

Literatur: Imboden, M.: Montesquieu und die Lehre der Gewaltentrennung, Berlin 1959; Peters, H.: Die Gewaltentrennung in moderner Sicht, Opladen 1954; Rausch, H. (Hrsg.): Zur heutigen Problematik der Gewaltentrennung, Darmstadt 1969; Rostock, M.: Die Lehre von der Gewaltenteilung in der politischen Theorie von John Locke, Meisenheim am Glan 1974; Tsatsos, Th.: Zur Geschichte und Kritik der Lehre von der Gewaltenteilung, Heidelberg 1968.

4 Politische Strukturen und Prozesse

4.1 Einführung

Jedes politische System ist darauf bedacht, sich selbst zu erhalten. Dies ist unabhängig davon, welcher allgemeine Ordnungsmechanismus dem jeweiligen System zugrunde liegt – seien es die mit Gewalt durchgesetzten Einzelinteressen in der Diktatur oder der durch Wahlen festgestellte Konsensus in der Demokratie. Um funktionieren und dadurch überleben zu können, besitzt jedes politische System *Institutionen* und *Strukturen*, die dazu da sind, die Erreichung des Hauptziels und gleichberechtigter oder nachgeordneter Ziele zu gewährleisten. Wie diese beschaffen sind, hängt selbstverständlich auch umgekehrt von den Zielen ab. Eine Demokratie, die möglichst vielen Menschen möglichst vieles recht machen will, wird also Kanäle und Institutionen demokratischer Willensbildung und Durchsetzungsvermögen besitzen müssen, um überleben zu können. Die Resultate dieses Prozesses haben aber immer wieder einen Einfluß auf die Struktur dieser Institutionen, d. h. diese müssen reformierbar und anpassungsfähig sein. Das ganze ist also kein statisches System, sondern ein sich ständig *selbst regulierendes dynamisches System*.

Ein solches System reagiert auf *Eingaben* von außen, also auf internationale, gesamtgesellschaftliche und ökologische Einflüsse ebenso wie auf Eingaben, die aus dem Subsystem selbst kommen. Zu den ökologischen Einflüssen gehören das Klima und Naturkatastrophen sowie geographische und geologische Gegebenheiten. Auf eine Sturmflut oder ein Erdbeben muß das politische System durch Allokation von Ressourcen wie Geld oder Hilfstrupps reagieren, um die negativen Auswirkungen für die Betroffenen so gering wie möglich zu halten und die Folgen schnellstmöglich zu beseitigen. Das Klima und die natürliche Umwelt im allgemeinen haben einen direkten Einfluß auf das wirtschaftliche System und dadurch mittelbar auf das politische System.

Wie sich ein politisches System verhält, ist auch abhängig von der Existenz anderer politischer Systeme. Wie dies auf der internationalen Ebene intersystemarer Beziehungen vor sich geht, wird im Kapitel über → Außenpolitik und Internationale Beziehungen behandelt.

Die system-internen Eingaben sind in erster Linie die Einzelinteressen der in dem System lebenden Menschen. In demokratischen Massengesellschaften moderner Prägung werden diese Partikularinteressen jedoch nur durch *organisierte Interessengemeinschaften* an das politische System herangetragen. Zu den Organisationsformen gehören politische → Parteien, → Verbände, Kirchen, → Gewerkschaften als Vertreter relativ weitgestreuter Interessen, während sich zur Artikulation von enger begrenzten Interessen spezielle Organisationsformen wie etwa → Bürgerinitiativen gebildet haben. All diese Eingaben müssen durch die vorhandenen Institutionen und Strukturen in einem *Entscheidungs- und Durchführungsprozeß* verarbeitet werden. Das Ergebnis dieses Prozesses geht als politischer Akt wiederum in das politische Subsystem und in die umgebenden Systeme hinein und trägt damit – je nach Qualität – zur Erhaltung der Grundordnung oder zu deren Verunsicherung bei.

Diese *Rückkoppelungsmechanismen* können formaler Art (Wahlen, Volksbegehren, Medien) oder spontaner Art (Demonstrationen) sein; dadurch wird es möglich, die Wirkung des politischen Prozesses auf die Bürger zu ermessen, d. h. es läßt sich der Grad der relativen Bedürfnisbefriedigung daran ablesen, je nachdem, wie stabil oder instabil ein politisches System im gesellschaftlichen System ist. Von zentraler Bedeutung ist also die Fähigkeit des politischen Systems, herangetragene Forderungen umzuwandeln in politische Handlungen, um die Diskrepanz zwischen Erwartungen und Erreichbarem nicht allzu groß werden zu lassen. Zwangsläufig hat jede Herrschaftsform spezifische Strukturen mit entsprechenden Funktionen, jedoch soll hier in erster Linie auf die politischen Prozesse demokratischer Ordnungen eingegangen werden.

Literatur: Almond/Powell: Comparative Politics. A Development Approach, Boston 1966; Dahrendorf, R.: Gesellschaft und Demokratie in Deutschland, München 1968; Deutsch, K. W.: The Nerves of Government, New York ²1966, dt.: Politische Kybernetik, Freiburg ²1970; Easton, D.: The Political System, New York 1971; Ellwein, Th.: Das Regierungssystem der Bundesrepublik Deutschland, Köln/Opladen ³1973.

4.2 Darstellung

Fragt man nach den Rahmenbedingungen, den Akteuren und Beteiligten von *politischen Prozessen* und der Art und Weise ihres Verlaufs innerhalb vorgegebener, sich selbst aber ständig wandelnder *politischer Strukturen*, dann scheint die begriffliche Trennung von politischen Strukturen und politischen Prozessen ebenso willkürlich zu sein wie die hier vorgenommene Auswahl politischer Grundbegriffe. Denn die Darstellung ausgewählter politischer Entscheidungsverfahren, staatlicher Institutionen, gesellschaftlicher Organisationen und Kommunikationskanäle legt den Schluß nahe, daß nur diese die Politik innerhalb eines *Regierungssystems* wesentlich bestimmen. Regierungssystem wird hierbei verstanden im anglo-amerikanischen Sprachgebrauchssinne als ›government‹, also als Gesamtheit aller politischen Strukturen und Prozesse in einem Staat.

Man könnte im Sinne verfassungs- und staatsrechtlicher Institutionenlehre sich des Vorwurfs der willkürlichen Auswahl entziehen und lediglich die im Verfassungs- und Staatsrecht vorfindlichen staatlichen Institutionen und Verfahren beschreiben. Dabei nähme man aber in Kauf, daß die Wertung der Bedeutung der Institutionen in der politischen Struktur und bei den politischen Prozessen nur nach der Verfassungsnorm, nicht jedoch nach ihrem faktischen Stellenwert vorgenommen würde. Das soll hier aber nicht geschehen. Bei der Interdependenz der politischen Institutionen und Prozesse sind auch Einflußfaktoren mit einzubeziehen und zu bewerten, die über den Rahmen staatlicher institutioneller Politik hinausreichen.

Gleichzeitig beziehen sich die Grundbegriffe aber wesentlich auf *parlamentarische Systeme* und hier insbesondere auf das der Bundesrepublik Deutschland. Einflußfaktoren des → *Internationalen Systems*, insbesondere des *Weltwirtschaftssystems*, ebenso wie historische Bedingungen und individuelle Konstitutionen politischer Akteure erhalten hierbei keine gesonderte Darstellung, werden aber stets als Bestimmungsfaktoren für politische Prozesse im Regierungssystem mitgedacht. Die Beschreibungen gesellschaftlicher Organisationen und Kommunikationskanäle ebenso wie staatlicher Institutionen und Entscheidungsverfahren sollen stets auf dem Hintergrund jenes – aus der Informatik übernommenen – Bildes eines Netzes aus Instanzen und Kanälen vorgenommen werden, in dem Struktur und Prozeß in ihrer Wechselwirkung sichtbar sind.

4.21 *Regierung*

R. bezeichnet umfassend sowohl alle mit staatlicher Hoheitsgewalt ausgestatteten Spitzenorgane und zugleich den Prozeß führender und leitender politischer Handlung im Staat. R. meint also mehr als nur den Begriff der *Exekutive* im Sinne der Gewaltenteilungslehre. R. schließt *Verwaltung* mit ein, ist aber nicht in jedem Falle zugleich Verwaltung. Neuerdings wird für alle staatlichen Strukturen und Prozesse außerhalb der Parlamente und der Justiz der umfassende Begriff der *Staatsadministration* verwendet, der sowohl alle Behörden, Anstalten und Ämter aller staatlichen Gliederungen als auch deren Tätigkeit umgreift (Grottian/Murswieck). Im engeren Sinne wird unter R. die Staatsführung verstanden, die entweder zeitlich unbegrenzt (Diktaturen, Feudalstaaten) oder zeitlich begrenzt (parlamentarische Systeme) die Politik des Staates nach außen und innen bestimmen. Dabei ist R. vor allem Planung, Entscheidung, Initiative, Anweisung und Kontrolle (Ellwein).

Die R.en der BRD sind *Kabinettsregierungen* nach dem Muster der englischen R. Sie bestehen aus dem *Regierungschef* und den *Ministern* oder *Senatoren*. Damit unterscheiden sie sich vom Präsidialsystem, in dem das Staatsoberhaupt zugleich die R. darstellt. Seine Berater und Helfer werden als Regierungsmitglieder angesehen, verfügen aber in der Regel nicht wie die *Kabinettsmitglieder* verantwortlich über ein eigenes *Ressort*, d. h. über eine eigene Bürokratie, die auf einem Politikbereich spezialisiert und für diesen zuständig ist. Die völkerrechtliche Anerkennung einer R. durch andere Staaten bezieht sich auf deren Handlungskompetenz und Repräsentation und hängt von der Situation der → Internationalen Beziehungen ab. So kann es zur Anerkennung von *Exilregierungen* kommen, die faktisch nicht die *Regierungsgewalt* in ihrem Staate innehaben.

Im *Präsidialsystem*, wo der Regierungschef vom Volk gewählt wird, ist die Trennung zwischen → Parlament und R. eher sichtbar als im parlamentarischen System, wo die R. durch das Parlament legitimiert und von ihm abhängig ist. Da sich aber vor allem im Zweiparteiensystem (Großbritannien) die Personalunion zwischen Regierungschef (*Premierminister*) und Chef der Regierungspartei durchgesetzt hat, wird eine gewisse Unabhängigkeit der R. vom Parlament hergestellt, die aber zugleich zur Abhängigkeit von der Regierungspartei außerhalb des Parlaments führen kann. In *Koalitionsregierungen* wird die Regierungspolitik nicht autonom vom Kabinett formuliert, sondern durch die Koalitionsvereinbarung. Diese ist das Resultat oft schwieriger und langwieriger Verhandlungen zwischen den Koalitionsparteien, insbesondere dann, wenn mehr als zwei Parteien an der *Regierungsbildung* beteiligt sind.

Die Koalitionsvereinbarung beschreibt die Anzahl, die Zuständigkeit und den Umfang der Ressorts sowie die personelle Besetzung der Posten der Ressortchefs und ihrer Vertreter (beamtete und parlamentarische *Staatssekretäre*). Darüber hinaus können der R. auch Personen angehören, die kein Ressort führen. Neben den klassischen Ressorts der Finanzen, des Innern, des Äußern und des Militärs werden je nach der aktuellen Einschätzung eines Politikbereiches Ressorts zusammengefaßt, aufgespalten oder neu eingerichtet (Beispiel: Umweltministerien). Kommt im Parlament keine Regierungsmehrheit zustande, werden entweder Neuwahlen ausgeschrieben oder es wird eine *Minderheitsregierung* gebildet. Allerdings kann eine solche R. lediglich Routinegesetze im Parlament durchbringen und ist auf das Wohlverhalten oder die Zersplitterung der → Opposition angewiesen.

Literatur: Böckenförde, E.-W.: Die Organisationsgewalt im Bereich der Regierung, Berlin 1964 (= Schriften zum öffentlichen Recht, Bd. 18); Ellwein, Th.: Einführung in die Regierungs- und Verwaltungslehre, Stuttgart 1966; ders.: Regierung und Verwaltung. Teil I: Regierung als politische Führung, Stuttgart 1970; Grottian/Murswieck (Hrsg.): Handlungsspielräume der Staatsadministration, Hamburg 1974; Stammen, Th. (Hrsg.): Strukturwandel der modernen Regierung, Darmstadt 1967.

4.21.1 Verwaltung und Bürokratie

Als Teil der Staatsadministration stellt die ›politische‹, die ›öffentliche‹ Verwaltung, auch *Staatsbürokratie* genannt, das für den modernen Industriestaat unentrinnbar notwendige (Max Weber) *Instrumentarium* und *Verfahren* zur Erledigung *öffentlicher Aufgaben* dar. V. und B. werden hier nur im Rahmen der Staatsadministration und anderer Träger öffentlicher Gewalt (Selbstverwaltungskörperschaften, Anstalten und Stiftungen öffentlichen Rechts) beschrieben, nicht jedoch als Teil der → Parteien, → Verbände oder Wirtschaftsunternehmen. Dort zeichnen sich aber ähnliche Verwaltungsstrukturen und -prozesse ab wie in der Staatsadministration. Einzelne multinationale Konzerne besitzen bürokratische Apparate, die die Leistung der Bürokratien vieler Staaten weit übertreffen. Verwaltung zeichnet sich durch *Zentralisierung* und *Hierarchie* aus. Die Tendenz, immer mehr Bereiche der politischen Struktur zu zentralisieren und zu hierarchisieren, wird als *Bürokratisierung* bezeichnet.

Die Problemkomplexität im modernen politischen System erfordert zunehmend technische und personelle Apparate, die spezialisiert, arbeitsteilig und professionell Aufgaben, die vom politischen System gestellt werden, effektiv, d. h. schnell, gleichförmig und kostengünstig erledigen. Die Zahl und der personelle Umfang der Bürokratien wächst ständig, weil sich zugleich mit der industriellen Entwicklung der ›tertiäre‹, also der nicht produzierende Verwaltungssektor ausweitet und der Aufgabenkatalog des Staates wächst. Neben die herkömmlichen sog. hoheitlichen Aufgaben der *Ordnungsverwaltung* (Polizei, Militär, Strafvollzug, Bildungsverwaltung, Finanzverwaltung) treten im Sozialstaat immer mehr Aufgaben, die von der sog. *Leistungsverwaltung* wahrgenommen werden (›Daseinsvorsorge‹: Sozialleistungen, Verkehr, Umweltschutz, Energie, Post, Freizeiteinrichtungen, Gesundheitssystem).

In Regierungssystemen des Staatssozialismus mit zentraler *Planwirtschaft* ist wegen der Alleinzuständigkeit des Staates für alle Politikbereiche das Ausmaß der Staatsadministration besonders groß. Neben dem ständigen, zum Teil unkontrollierten Wachstum der Verwaltungen (1970 waren in der BRD allein in den Verwaltungsbehörden der Gebietskörperschaften Bund, Länder und Gemeinden ca. 2 Mio. Personen beschäftigt) wird vor allem deren undemokratische Organisation (Naschold) und die Mentalität der Verwaltungsbeamten kritisiert. Darüber hinaus gilt die Arbeitsweise der Verwaltungen als negativ ›bürokratisch‹, und die nach vorgeschriebenen Verfahren ablaufende Aufgabenerledigung wird als schwerfällig und unflexibel empfunden. Verwaltungsfachleute, die aufgrund ihrer Ausbildung und Mentalität glauben, gesellschaftliche Konflikte technisch regeln oder mehr menschliche Lebensqualität durch technische Einrichtungen und Verfahren erreichen zu können, werden als *Technokraten* bezeichnet. Mit Hilfe neuer technischer Mittel, vor allem der *Datenverarbeitung*, soll die Bürokratie effektiver gemacht werden. Gleichzeitig wächst damit aber auch der Informationsvorsprung vor den demokratischen Legitimations- und Kontrollinstanzen und so die Gefahr der Verselbständigung und unkontrollierten Herrschaft der Bürokratie.

Literatur: Buse, M.: Einführung in die Politische Verwaltung, Stuttgart 1975; Grauhan, R.: Strukturwandlungen der planenden Verwaltung, in: Österreichische Zeitschrift für Politikwissenschaft 4/1972, S. 15 ff.; Koch/Senghaas (Hrsg.): Texte zur Technokratiediskussion, Frankfurt a. M. 1970; Mayntz, R. (Hrsg.): Bürokratische Organisation, Köln/Berlin 1968; Morstein Marx, F. (Hrsg.): Verwaltung. Eine einführende Darstellung, Berlin 1965; Schluchter, W.: Aspekte bürokratischer Herrschaft, München 1972.

4.21.2 Politische Planung

Die aktuellen ökonomischen Krisenprobleme der Industrieländer mit kapitalistischer Produktionsweise haben die konservativen Vorbehalte gegen die *Planung* als staatliches Steuerungsinstrument zurückgedrängt. Abgesehen von den *Planwirtschaften* in staatssozialistischen Ländern findet man auch in marktwirtschaftlich orientierten Systemen immer mehr Bereiche, die von der Rationalität des Plans und nicht mehr von den Zufälligkeiten des Marktes bestimmt werden (Beispiele: Agrarbereich der Europäischen Gemeinschaften, regionale und sektorale Strukturpolitik, Rohstoffabkommen, Energiepläne, Rüstungswirtschaft).
P. P. wird als die am weitesten entwickelte Strategie zur rationalen *Steuerung* der komplexen, dynamischen und krisenanfälligen politischen Systeme der entwickelten Industriegesellschaften verstanden (Lompe). P. P. erscheint damit als ein neuer Typ von Politik, die nicht mehr nach den herkömmlichen Mustern der → Gesetzgebung verläuft. Planung weist sich gegenüber der Politik der Konfliktregelung, des Interessenausgleichs und des Krisenmanagements als umfassende *Zukunftsgestaltung* aus.
Die seit 1969 auch im → Grundgesetz der BRD verankerten Bestimmungen zur *Finanzplanung*, *Bildungsplanung* und *Raumplanung* machen die veränderte Einstellung zur p. P. deutlich und zeigen den Kritikern der Planungspraxis der → Regierung, daß Planung nicht notwendig zu Planwirtschaft und Unfreiheit führt, sondern die Grundlagen für rationales Handeln der politischen Führung schafft und damit Freiheit und soziale Stabilität sichern kann.
Die Auswirkungen auf die Freiheiten und die Lebensumstände der *Planungsbetroffenen* sind allerdings wegen der territorialen, sektoralen und vor allem zeitlichen Ausdehnung der Planung weit einschnei-

dender als der herkömmliche einzelne Eingriffsakt der Regierung und Verwaltung. Die Gefahren, die sich aus der mit immer perfekteren technischen und organisatorischen Mitteln ausgestatteten Planung für die Demokratie ergeben, werden deshalb in einer intensiven wissenschaftlichen und öffentlichen Diskussion verdeutlicht. Planung erfordert hohe intellektuelle Fähigkeiten und Anstrengungen, führt deshalb zu Spezialistentum und zur *Planungsbürokratie*, die in Gefahr ist, verselbständigt und elitär aktuelle und zukünftige Bedürfnisse der ›beplanten‹ Bevölkerung ohne demokratische Rückkoppelung zu ›setzen‹. *Planungsentscheidungen* binden wegen ihrer Langfristigkeit darüber hinaus den nur auf kurze Zeit legitimierten Gesetzgeber. Deshalb werden Forderungen erhoben, die *Planer* demokratisch zu legitimieren und zu kontrollieren und die Bürger, insbesondere die durch Planung Betroffenen, mit Hilfe von Verfahren der *Planungspartizipation* am Plan mitwirken zu lassen.

Literatur: Esser/Naschold/Väth (Hrsg.): Gesellschaftsplanung in kapitalistischen und sozialistischen Systemen, Gütersloh 1972; Lau, Ch.: Theorien gesellschaftlicher Planung, Stuttgart 1975; Lompe, K.: Gesellschaftspolitik und Planung. Probleme politischer Planung in der sozialstaatlichen Demokratie, Freiburg 1971; Mayntz/Scharpf (Hrsg.): Planungsorganisation. Die Diskussion um die Reform von Regierung und Verwaltung des Bundes, München 1973; Ronge/Schmieg: Restriktionen politischer Planung, Frankfurt a. M. 1973; Schatz, H.: Politische Planung im Regierungssystem der Bundesrepublik Deutschland, Göttingen 1974.

4.22 Parlament

Das P. ist eine repräsentative Versammlung, d. h. ein Organ der → Politischen Willensbildung im Staat, dessen Mitglieder als Repräsentanten gesellschaftlicher Interessen, als ›*Abgeordnete*‹ bzw. als ›*Volksvertreter*‹ an einem formalisierten politischen Prozeß der Willensbildung und Entscheidung teilnehmen. P.e sind wesentliche Strukturelemente parlamentarischer Systeme. Nach der Verfassung der Bundesrepublik Deutschland erhält das P., der *Bundestag*, sogar eine Schlüsselfunktion im Regierungssystem. Neben dem P. des Zentralstaates gibt es P.e der → Kommunen und der Länder. Über den Rahmen des Nationalstaates weist das *Europäische Parlament* als ein internationales Organ der → Politischen Willensbildung hinaus, dessen Abgeordnete jedoch bisher nicht direkt von den Völkern der Mitgliedsländer der Europäischen Gemeinschaft gewählt werden.
Aus dem »Parliament«, dem großen Rat der englischen Könige des Mittelalters entstanden, wo zunächst Feudalherren sich mit dem König in ihren eigenen Angelegenheiten berieten, entwickelte sich das P. in einem Jahrhunderte andauernden Kampf zu einer *Ständeversammlung*, in der der Wille des Volkes, dargestellt in seinen partikularen

Interessen, repräsentiert wurde. Im Verlauf des 19. Jahrhunderts wurde der englische Parlamentarismus, der als Vorbild für alle parlamentarischen Systeme gilt, in seiner heutigen Erscheinungsform ausgeprägt. Die Übertragung dieses P.-Modells auf andere europäische Länder mit anderer historischer Tradition und anderer → Politischer Kultur zusammen mit der ›Demokratisierung‹ der P.e im 20. Jahrhundert hat zu erheblichen Mißverständnissen geführt, die auch die aktuelle Diskussion im die Reform des P. – insbesondere um das ›imperative‹ bzw. ›freie Mandat‹ der Abgeordneten (Art. 38 GG) – in der BRD bestimmen.

Während sich die Mitglieder des britischen P. als Vertreter von Partikularinteressen verstehen, deren Konfliktregelung erst durch *Debatten* im P. ermöglicht wird (*Redeparlament*), sind die Parlamentarier in kontinentaleuropäischen, von der Französischen Revolution beeinflußten Vorstellungen ›Abgeordnete‹, d. h. Delegierte des Volkes, die den Volkswillen in die → Regierung zu transportieren haben (*Arbeitsparlament*). An die Mitglieder des P. wird die Forderung gestellt, den Gedanken aufzugeben, daß sie Vertreter von Partikularinteressen (z. B. der ihrer *Wähler*) sind, und sich vielmehr als Vertreter des → Gemeinwohls zu verstehen (Fraenkel). Diese Vorstellung hat dazu geführt, daß z. B. Abgeordnete des Deutschen Bundestages ständig beteuern, das Gemeinwohl im Auge zu haben, und sich scheuen, offen für Partikularinteressen einzutreten, obwohl das P. nach dem englischen Vorbild gerade hierfür konstruiert ist.

Im parlamentarischen Regierungssystem steht das P. nämlich *nicht* der Regierung gegenüber, wie etwa in der konstitutionellen Phase des monarchistischen Obrigkeitsstaates, sondern ist ihr konstitutiver Bestandteil. Die spezifische Ausprägung des deutschen Beamtenapparates der Regierung erlaubt es dieser jedoch, sich faktisch immer mehr vom Bundestag zu distanzieren. Von den 518 Abgeordneten des Bundestages werden 496 zur Hälfte direkt in 248 Wahlkreisen und zur Hälfte nach Landeslisten der Parteien gewählt, und zwar alle vier Jahre. 22 Abgeordnete werden vom Berliner Abgeordnetenhaus gewählt. Die Kontrolle der Regierung übernehmen die Abgeordneten der → Opposition.

Die Arbeit des P. erfolgt in *Ausschüssen* und im *Plenum*. Nach einem in der *Geschäftsordnung* des P. festgelegten Verfahren werden die Ausschüsse mit den Mitgliedern der im P. vertretenen politischen Gruppierungen, den *Fraktionen*, besetzt. Zum Zwecke der Bildung und Stützung der Regierung bilden Fraktionen Bündnisse, sog. *Koalitionen*, wenn die Mehrheit von einer Fraktion nicht erreicht wird. In Zeiten besonderer Not kann es gelegentlich auch zu *Allparteien- bzw. Allfraktionen-Koalitionen* kommen. Im P. ist dann keine → Opposition vorhanden, die zur Regierungskontrolle notwendig ist. Neben der laufenden Arbeit des P., die sich vor allem in den USA in den Ausschüssen abspielt, werden *öffentliche Anhörungen* (Hearings) bei Gesetzgebungsvorhaben durchgeführt, wo Sachverständige und Interessenvertreter von außerhalb des P. zu Wort kommen.

Literatur: Bagehot, W.: The English Constitution, London 1963; Fraenkel, E.: Deutschland und die westlichen Demokratien, Stuttgart ⁶1974; Lechner/Hülshoff (Hrsg.): Parlament und Regierung, München ³1971; Loewenberg, G.: Parlamentarismus im politischen System der Bundesrepublik, Tübingen 1969; Thaysen, U.: Parlamentarisches Regierungssystem in der Bundesrepublik Deutschland, Opladen 1976.

4.22.1 Opposition

Als O. wird allgemein in einem politischen System jede unorganisierte oder organisierte politische Kraft verstanden, die sich den Inhabern der jeweiligen Herrschaft widersetzt, die Herrschaft selbst anstrebt oder als Minderheit gegenüber einer Mehrheit im Wettbewerb und in Konkurrenz Einfluß auf die Politik gewinnen will. O. tritt in allen politischen Systemen innerhalb und außerhalb politischer Institutionen und Organisationen auf (z. B. *innerparteiliche* O., *O.-Parteien, außerparlamentarische* O., oppositionelle Politiker, oppositionelle Intellektuelle und Künstler usw.). Während in autokratischen Regierungssystemen O. illegal ist und durch die Machthaber unterdrückt und verfolgt wird, gehört sie zu den Wesenselementen pluralistischer Demokratien. Tolerierung, Legitimierung und schließlich Institutionalisierung der O. im politischen Prozeß gehören zu den wesentlichen Errungenschaften parlamentarischer Demokratien (Oberreuter).

O. hat sich zuerst im parlamentarischen System Englands herausgebildet. Die frühen bürgerlichen Revolutionen in den USA und Frankreich waren ebenso wie das parlamentarische System Englands bis ins 18. Jahrhundert hinein allgemein von einer Feindseligkeit gegenüber ›factions‹, gegenüber organisierten und spontanen Parteiungen und Gruppierungen, geprägt. Erst mit der Herausbildung und Entwicklung der → Parteien und des Parteiensystems in England verfestigte sich die *Parteien-*O. im → Parlament als Korrektiv und Gegengewicht gegen die → Regierung und die sie stützende Partei. 1937 wurde die Opposition im Unterhaus institutionalisiert. Der O.-Führer als Chef des *Schattenkabinetts*, das sich bereithält, jederzeit die zukünftige Regierungsverantwortung zu übernehmen, erhielt ein besoldetes Amt. Das Fehlen einer geschlossenen und deshalb institutionalisierbaren O. in den USA ist auf das Fehlen geschlossener Parteien zurückzuführen. Auf dem europäischen Kontinent konnte sich aufgrund des Dualismus zwischen der monarchischen Exekutive und dem Parlament bis zum Anfang des 20. Jahrhunderts wie aufgrund des ideologischen Hintergrunds (Ideen vom ›Gemeinwohl‹, ›Gemeinwillen‹) eine parlamentarische O. nicht institutionalisieren.

Auch die vom englischen Modell des Zweiparteiensystems unterschie-

denen Parteiensysteme anderer europäischer Länder verhindern die Institutionalisierung. Die Parteiensysteme bestimmen auch das Verhältnis von Regierungsmehrheit und parlamentarischer O. Während der *Großen Koalition* zwischen den Fraktionen der CDU/CSU und der SPD im Bundestag wurde z. B. die verbleibende O., dargestellt durch die F.D.P., zur Bedeutungslosigkeit reduziert. Die für das parlamentarische Regierungssystem notwendigen Funktionen der Regierungs- und Gesetzgebungskontrolle wurden durch die *außerparlamentarische Opposition* (APO) und durch das Bundesverfassungsgericht wahrgenommen. Durch das föderative System der BRD begünstigt, besitzt die O. im Bundesrat als Organ der → Gesetzgebung dann ein wirksames Instrument gegen die Politik der → Regierung, wenn sie die Mehrheit in der Vertretung der Bundesländer besitzt.
Systemkonforme O. als notwendiges Korrektiv der jeweils amtierenden Elite wird im Sinne der Demokratisierung auch für Parteien, Verbände und Wirtschaftsunternehmen, für Schulen, Universitäten und andere gesellschaftliche Einrichtungen gefordert.

Literatur: Besson, W.: Regierung und Opposition in der deutschen Politik, in: PVS 3/1962, S. 225 ff.; Dahl, R. A.: Political Oppositions in Western Democracies, New Haven/London ³1968; Jonescu/de Madriaga: Die Opposition, München 1971; Oberreuter, H. (Hrsg.): Parlamentarische Opposition. Ein internationaler Vergleich, Hamburg 1975; Rupp, H. K.: Außerparlamentarische Opposition in der Ära Adenauer, Köln 1970.

4.22.2 Gesetzgebung

Ein zentrales Verfahren im politischen Prozeß ist das der G. Es bezeichnet die *Formulierung* und *Kodifizierung* allgemeinverbindlicher politischer Ordnungsvorstellungen und Konfliktregelungen. Politische Instanzen, die legitimiert sind, Gesetze zu machen und Recht zu setzen, üben politische Macht aus, vorausgesetzt, die Organe der staatlich monopolisierten *Sanktionsgewalt* (Justiz, Polizei, Militär) folgen dem *Gesetzesbefehl* des *Gesetzgebers*. Fehlt die Bindung der Rechtsetzungsinstanzen an das gesetzte Recht, handelt es sich um ein Regierungssystem, in dem Unrecht und Willkür herrscht. In der BRD ist deshalb alle *Staatsgewalt* an die verfassungsmäßige Ordnung und an »Recht und Gesetz« gebunden (Rechtsstaatsprinzip, Art. 20 GG). Damit soll verhindert werden, daß die vorgegebene freiheitliche demokratische Grundordnung, die die Verfassung vorschreibt, auf legale Weise durch die für die Rechtsetzung zuständigen Organe (Legislative) abgeschafft bzw. durch die für die Konkretisierung und Durchsetzung des Rechts zuständigen Organe (→ Justiz, Exekutive) willkürlich verletzt wird.
Im Kampf gegen die Willkürherrschaft absolutistischer Feudalherren und im Zuge des Zerfalls ständischer Organisationen entstand in der Aufklärung die Forderung nach einem rationalen Verfahren der Recht-

setzung im Staat, das zugleich die Monopolisierung der Herrschaft auf eine Instanz verhindern sollte. Die Verfassungen der modernen Staaten folgen der Fiktion der → *Gewaltenteilung*, die eine strikte Trennung des Gesetzgebers von der *Jurisdiktion* und der *Exekutive* vorsieht und den Gesetzgebungsgang formalisiert. In der Wirklichkeit des politischen Prozesses der Entstehung von Gesetzen ist aber trotz formal festgelegter Verfahren und Zuständigkeiten nicht immer ersichtlich, welche *Interessen* und politischen Vorstellungen an welchen Stellen und zu welcher Zeit den Inhalt der Gesetze tatsächlich bestimmen. Darüber hinaus zeigt sich, daß z. B. in der BRD der legitime Gesetzgeber, der Bundestag, im wesentlichen formal, nicht jedoch inhaltlich Gesetze ›gibt‹, also über andernorts formulierte Gesetze abstimmt.
Denn die parlamentarische *Gesetzesinitiative* ist praktisch auf die Opposition reduziert, während die Mehrzahl aller *Gesetzesvorlagen* von der → Regierung, außerdem auch vom am G.-Verfahren beteiligten Bundesrat kommen. Zudem greift das Bundesverfassungsgericht in die *G.-Autonomie* des Bundestages mit Urteilen im Normenkontrollverfahren ein, die zur *Novellierung*, also zur Veränderung oder zur Zurücknahme von beschlossenen Gesetzen oder zur Verabschiedung neuer Gesetze zwingen. Da mit zunehmender Komplexität der Regierungs- und Verwaltungsstrukturen Detailregelungen durch das Parlament kaum noch möglich sind, erfolgen meist *Rahmengesetze*, zu deren konkreter Ausfüllung durch *Verordnungen* und *Erlasse* die → Regierung vom Parlament ermächtigt wird (Art. 80 GG). Insofern erhält die Regierung die Möglichkeit, Recht zu setzen. Die Entwicklung der Planung in der Staatsadministration nimmt dem Parlament weitere Gesetzgebungskompetenz.

Literatur: Böckenförde, E. W.: Gesetz und gesetzgebende Gewalt, Berlin 1958; Ellwein/Görlitz: Parlament und Verwaltung, Teil I, Gesetzgebung und politische Kontrolle, Stuttgart 1967; Echtler/Laufer (Hrsg.): Regieren im Verfassungsstaat. Rechtsnormen des politischen Handelns in der BRD, München 1970; Grimm, D.: Aktuelle Tendenzen zwischen Parlament und Regierung, in: ZfParl. 4/1970.

4.23 *Parteien und Verbände*

P. und V. sind grundlegende Bestandteile der politischen Struktur und der politischen Prozesse namentlich parlamentarischer Systeme.

4.23.1 Parteien

P.en als spezifische Organisationsform gesellschaftlich-politischer Einzel- und Gruppeninteressen können als konstitutiv für das System der parlamentarisch-pluralistischen Demokratie angesehen werden. Zwar bezeichnen sich auch jene Großorganisationen in Diktaturen als P.en,

die als ›Staats-P.‹ oder als ›führende Kraft‹ (DDR) den Zugang zur politischen Macht monopolisiert haben. Die *Einparteiensysteme* etwa der Entwicklungsdiktaturen der sog. Dritten Welt oder der staatssozialistischen Länder widersprechen also dem vom lateinischen ›pars‹ (Teil) abgeleiteten Sprachsinn der P., die als *eine* unter vielen oder mehreren anderen Gruppierungen zur Vertretung bestimmter politisch-sozialer Interessen verstanden wird und sich mit anderen in einem Konkurrenzkampf um die politische Macht im Staat befindet.
Im wesentlichen geht es P.en um die Bewerkstelligung der *Wahl* von Amtsinhabern (Epstein) bzw. um die personelle → Repräsentation des Volkswillens im Staatsapparat (Ellwein). P.en als intermediäre Gruppen zwischen unorganisiertem Volk und → Regierung können nach diesen allgemeinen Definitionen – unabhängig von ihrer jeweiligen Zielsetzung – sowohl locker organisierte Wahlvereine (USA) als auch militärisch-hierarchisch gegliederte Kadergruppen (kommunistische Staaten) sein. Auf jeden Fall grenzen sie sich aber gegenüber anderen gesellschaftlichen Gruppen wie → Verbände und → Bürgerinitiativen oder gegenüber staatlichen Organen durch ihre *Wahlfunktion* und die Legitimation des direkten personellen Zugangs zur politischen Herrschaft ab.
Nun hängt sowohl die Organisationsform als auch die Zielsetzung und die politische Praxis der P.en von ihrem historischen Hintergrund, vom *Wahlrecht*, vom *Verfassungssystem* und von den sozioökonomischen und kulturellen Bedingungen im jeweiligen Regierungssystem ab. Während die Präsidialdemokratie in Verbindung mit der pragmatischen konsensusfördernden → Politischen Kultur in den USA den Zusammenschluß weltanschaulich, sozial und kulturell äußerst heterogener Gesellschaftsschichten und -klassen im Wahlorganisationsverfahren mit relativ unpräziser politischer Zielbestimmung ermöglicht, zeigt sich in europäischen Kabinettsystemen, etwa in Großbritannien, eher der P.-Typus der zielorientierten *Programm-P.* mit strenger *Fraktionsdisziplin.*
Entstanden als ›factions‹ im englischen → Parlament des 18. Jahrhunderts, entwickelten sich die europäischen P.en im 19. Jahrhundert aus den feudalen Gruppierungen zu *Interessenorganisationen* des Bürgertums. Erst sehr spät gelangte auch die Arbeiterschaft zu der Organisationsform der politischen P., da sie durch entsprechende Maßnahmen der regierenden bürgerlichen und aristokratischen Eliten (Sozialistengesetze in Deutschland) an der → *Partizipation* an der Herrschaft gehindert wurden. Die politischen P.en, vom wilhelminischen Obrigkeitsstaat als staatsfremd und interessenegoistisch diffamiert, erhielten in Deutschland nach den Erfahrungen der Weimarer Republik und dem → Faschismus erst im → Grundgesetz der Bundesrepublik eine Stellung im politischen System, die ihnen den alleinigen personellen Zugang zur politischen Herrschaft sichert und sie gegenüber anderen

am politischen *Willensbildungsprozeß* teilnehmenden gesellschaftlich-politischen Kräften eindeutig privilegiert (Art. 21 GG). Darüber hinaus haben sich die etablierten politischen P.en mit der 5 %-Klausel im *Wahlrecht* und der staatlichen *Parteienfinanzierung* Mittel geschaffen, die Außenseiter- und Newcomer-Chancen reduzieren und die im Bundestag vertretenen P.en zu Quasi-Staatsorganen machen. Besonders die P.en-Finanzierung wird heftig kritisiert und war wiederholt Gegenstand verfassungsgerichtlicher Überprüfung (Kaack).
Hingewiesen sei noch auf die Entwicklung sog. *Programm-* oder *Weltanschauungs-* bzw. *Klassen-P.en* zu *Volks-* oder *Integrations-P.en*, in der es durch die Erweiterung, Vergröberung und Verflachung der P.-Programmatik möglich wurde, statt bestimmter interessengebundener Gruppen nunmehr unterschiedliche Sozialgruppen zu integrieren, wobei es unerheblich ist, ob die P.en eher als *Wähler-P.en* oder als *Mitglieder-P.en* anzusehen sind. Wichtig für deren Einordnung ist das innerhalb einer politischen Ordnung ausgeprägte *P.en-System*, das nicht zuletzt durch das herrschende Wahlrecht bestimmt und einerseits quantitativ nach der Zahl der vorhandenen P.en sowie andererseits qualitativ nach ihrer realen Möglichkeit des Zugangs zur politischen Macht beschrieben wird.
Die Bundesrepublik Deutschland wäre nach quantitativem Gesichtspunkt ein *Vielparteienstaat*, weil es neben den im Bundestag vertretenen P.en noch eine ganze Reihe kleiner P.en gibt. Nimmt man jedoch zusätzlich den qualitativen Gesichtspunkt zu Hilfe, muß man die Bundesrepublik Deutschland als *Dreiparteienstaat* bezeichnen, weil es den kleinen P.en aufgrund der 5 %-Klausel (d. h. Kandidaten einer P. kommen nur dann in den Bundestag, wenn die P. mindestens 5 % der Gesamtstimmen oder aber 3 Direktmandate errungen hat) kaum möglich ist, in den Bundestag einzuziehen, viel weniger noch durch Erringen der absoluten Mehrheit oder durch Koalitionsabsprachen in die direkte Regierungsverantwortung zu gelangen.
Das gegenwärtige Großbritannien ist demnach als *Zweiparteiensystem* einzustufen, weil nur die Konservative Partei und die Labour Party aufgrund des herrschenden Wahlrechts und aufgrund des Wahlverhaltens der Bevölkerung in den letzten 50 Jahren eine Chance haben, so viele Abgeordnete ins Unterhaus zu bringen, daß eine Regierung damit legislative Arbeit leisten kann, wohingegen die Liberale Partei zwar ständig im Parlament vertreten ist, aber nicht an die Regierungsmacht kommen kann, weil sie selbst zu wenige Unterhausabgeordnete hat, um selbst regieren zu können, und weil Koalitionen traditionell nur in Zeiten größter äußerer Bedrohung (wie etwa im Zweiten Weltkrieg) eingegangen werden. Die DDR wiederum ist ein *Einparteienstaat*, obwohl es neben der SED noch andere P.en gibt; die SED ist aber die einzige P., die tatsächlich die Macht im Staat ausübt.

Literatur: Bergsträsser, L.: Geschichte der politischen Parteien in Deutschland, München/Wien ¹¹1965; Duverger, M.: Die politischen Parteien, Tübingen 1959; Flechtheim, O. K. (Hrsg.): Dokumente zur parteipolitischen Entwicklung in Deutschland seit 1945, 9 Bde., Berlin 1962 ff.; Kaack, H.: Geschichte und Struktur des deutschen Parteiensystems, Köln/Opladen 1971; Lenk/Neumann (Hrsg.): Theorie und Soziologie der politischen Parteien, Neuwied 1968; Michels, R.: Zur Soziologie des Parteiwesens in der modernen Demokratie, Stuttgart 1957.

4.23.2 Verbände

V.e sind ebenso wie die politischen → Parteien Wesensbestandteile der politischen Struktur in parlamentarisch-pluralistischen Systemen. Im → Grundgesetz der Bundesrepublik Deutschland sind sie zwar nicht in ihrer *Politikfunktion* so wie die Parteien ausdrücklich genannt, ihr freies Entstehen und Wirken ist aber durch die Bestimmungen der *Koalitionsfreiheit* in Art. 9 GG gewährleistet. In der komplexen, modernen Industriegesellschaft ist die Durchsetzung der Einzelinteressen des Individuums in allen Bereichen des gesellschaftlich-politischen Geschehens und auf allen Ebenen staatlicher Entscheidungsfindung weder artikulierbar noch durchsetzbar. Die Vorstellung vom mündigen Staatsbürger, der selbstverantwortlich in allen ihn betreffenden und ihn interessierenden Lebensbereichen kompetent überall und permanent mitwirkt, entpuppt sich mit der Zunahme der Interdependenzen sozialer und politischer Strukturen und Prozesse als theoretische Fiktion.

In der Praxis des politischen Konflikts bedürfen die Individuen und Gruppen in der Gesellschaft vielmehr zur Artikulation, Zusammenfassung und Wahrung ihrer vielfältigen, zum Teil divergierenden Interessen jener Organisationen, die allgemein als *intermediäre Gruppen* oder als V.e bezeichnet werden. V.e, verstanden als auf Dauer angelegte korporative Vereinigungen von natürlichen und juristischen Personen, sind also erstens *Interessenaggregate,* die gesellschaftliche Interessen überhaupt erst konfliktfähig machen, und zweitens *Vermittlungsinstanzen,* die gesellschaftliche Interessen in den politischen Prozeß einfüttern. Mit der Bereitstellung von *Organisationsmacht* und von *Kommunikationskanälen* tragen V.e zugleich »zur gesamtgesellschaftlichen Organisation des Gemeinwesens unmittelbar bei« (Steinberg).

Nach der Theorie des → Pluralismus erfolgt die Ermittlung des → Gemeinwohls, also des für die Gesamtgesellschaft nützlichsten Resultats der Politik, gewissermaßen automatisch aus dem freien *Konkurrenzkampf* und *Konsensus* der Interessen, die in → Parteien und V.en organisiert und vertreten werden. Dabei soll in einer Art Arbeitsteilung den Parteien das gesamtpolitische Mandat, den V.en die Vertretung spezifischer Sonderinteressen zufallen. In der politischen Praxis der meisten pluralistischen Gesellschaftssysteme ist aber diese strikte Arbeitsteilung nicht zu beobachten. Gesellschaftliche Groß-V.e, wie etwa die → *Gewerkschaften,* die *Kirchen* oder der *Bauernverband* in der Bundesrepublik, nehmen für sich und ihre Mitglieder in Anspruch, ebenso wie die Parteien in allen gesellschaftlich-politisch relevanten Bereichen tätig zu werden. Auf einigen Gebieten besitzen manche V.e sogar Befugnisse, die Parteien nicht zustehen. Dies gilt für Rechtsetzungsakte, wie die Tarifabschlüsse der *Unternehmer-V.e* und der → Gewerkschaften, ebenso wie für staatlich-hoheitliche Verwaltungsakte der *Industrie- und Handelskammern* oder z. B. des *Technischen Überwachungsvereins (TÜV).*

Viele Verbände besitzen einen *Legalstatus* (Wittkämper), d. h. ihre Existenz und ihr politischer Einfluß ist rechtlich abgesichert. Dies gilt für die (a) Beteiligung von V.en im Tarifrecht, im Betriebsverfassungsrecht, im Personalvertretungsrecht, in der Arbeits- und Sozialgerichtsbarkeit und im Sozialversicherungs- und Steuerrecht; (b) Beteiligung an Gesetzesvorbereitungs- oder Gesetzgebungsverfahren, geregelt z. B. in den Geschäftsordnungen der Bundes- und Landesregierungen, des Bundestages (Hearing-Verfahren) und des Bundesrates; (c) Einbeziehung in die unmittelbare oder mittelbare Staatsverwaltung durch Beiräte, Fachausschüsse oder beratende Ausschüsse; (d) Beteiligung an Aufsichts- und Beschlußorganen öffentlich-rechtlicher Anstalten; (e) Übertragung staatlicher Aufgaben der Leistungsverwaltung (Subsidiaritätsprinzip) und der Hoheitsverwaltung.

Von der Gesamtheit aller Interessenorganisationen und -gruppierungen, deren Zahl auf 200 000 geschätzt wird (Ellwein), besitzen aber nur ganz wenige V.e den beschriebenen Status. Dieser Status weist jedoch nicht allein auf einen großen Einfluß auf politische Amtsträger hin. Ein Sportverein ohne Legalstatus in einem kleinen Ort kann größeren politischen Einfluß auf die lokalen Entscheidungsgremien besitzen als ein Groß-V. mit Legalstatus auf Landes- oder Bundesebene. An welchen Kriterien kann man nun die informelle Einflußfähigkeit von V.en, d. h. die Durchsetzungsmacht bestimmter Interessen im politischen Prozeß erkennen?

Da ist zunächst darauf zu achten, ob ein V. in einem bestimmten Bereich eine Monopolstellung besitzt, also keine nennenswerte Gegenmacht vorhanden ist. Weiterhin läßt sich von der Organisiertheit und dem Besitz einer funktionierenden *V.-Bürokratie,* also von den personellen Bedingungen und den finanziellen Mitteln auf die Einflußfähigkeit schließen. Es ist zu untersuchen, ob V.e etwa V.-Funktionäre über nahestehende → Parteien in die Parlamente delegiert haben oder ob sie sich die Vertretung ihrer Interessen im Staatsapparat durch *Beraterverträge* oder andere materielle Vergünstigungen bei Parlamentariern oder Ministerialbeamten sichern. Darüber hinaus ist zu fragen, ob Verbände über Mittel zur Information und Beeinflussung der Öffentlichkeit verfügen.

Ähnlich wie die → Parteien besitzen Verbände eine *V.-Ideologie,* die dazu dient, die Handlungen der V.-Führung sowohl gegenüber den Mitgliedern als auch gegenüber der Öffentlichkeit zu rechtfertigen. Das Ansehen eines V. hängt oft von der geschickten Darstellung dieser → Ideologie ab. V.e sind deshalb oft bemüht, die konkreten Partikularinteressen der V.-Mitglieder zu verschleiern und deshalb die V.-Ziele sehr weit und unverbindlich zu definieren. Das führt dazu, daß Groß-V.e entstehen, die viele oft widersprüchliche Interessen integrieren. Der Interessenkonflikt wird dann ins Innere der V.e verlagert. Da V.e nicht wie die Parteien gehalten sind, sich demokratisch zu organisieren, innerverbandliche Demokratie darüber hinaus für ein geschlossenes Außenverhalten als schädlich angesehen wird, findet eine innerverbandliche *Willensbildung* oft nicht nach demokratischen Prinzipien statt.
Darüber hinaus kann sich eine moderne V.-Bürokratie, die nicht ständig demokratisch legitimiert und kontrolliert wird, verselbständigen und unabhängig vom Mitgliederinteresse handeln. Die daraus entstehenden Gefahren für Mitglieder und Nichtmitglieder (vgl. etwa das sog. ›closed-shop-system‹ der amerikanischen Gewerkschaften, wo persönliche Berufschancen von innergewerkschaftlichem Wohlverhalten abhängen) werden von den Parteien in der BRD wiederholt zum Anlaß genommen, ein *Verbändegesetz* zu fordern, das ein Demokratiegebot enthält und dem für die → Parteien geltenden Parteiengesetz ähneln soll.

Literatur: Beyme, K. v.: Interessengruppen in der Demokratie, München ⁴1974; Schneider, H.: Die Interessenverbände, München/Wien ⁴1975; Tudyka, K. P. u. J.: Verbände – Geschichte, Theorie, Funktion. Eine Bibliographie, Frankfurt a. M. 1973; Weber, J.: Die Interessengruppen im politischen System der Bundesrepublik Deutschland, Stuttgart 1977.

4.23.21 Gewerkschaften

G.en sind neben den Arbeiterparteien die wichtigsten Organisationsformen der Interessenvertretung der abhängig Beschäftigten. Sie spielen im Spektrum der → Verbände eine wichtige, im System der pluralistischen Demokratie neben den Unternehmerverbänden sogar eine entscheidende gesellschaftspolitische Rolle. Dies liegt nicht nur daran, daß sie große Teile der Arbeitnehmerschaft in allen industrialisierten Staaten als Mitglieder organisiert haben, sondern vor allem an ihrem Recht, außerhalb des staatlichen Hoheitsbereiches autonom Arbeits-, Lohn- und Lebensbedingungen für die abhängig Beschäftigten *(Tarifvertragsrecht)* unter Einschluß von Kampfmaßnahmen *(Streikrecht)* auszuhandeln. In der Bundesrepublik Deutschland ist die Souveränität der G.en für diesen Bereich sogar grundgesetzlich garantiert (Art. 9 GG).
Mit der Entwicklung der kapitalistischen Produktionsweise entstanden

zunächst als reine Widerstands- und Selbsthilfeorganisationen Vereinigungen von Industriearbeitern, die sich nach der Aufhebung des Koalitionsverbotes trotz scharfer Repressionsmaßnahmen und wiederholter Verbote durch die politisch und wirtschaftlich herrschenden Schichten im 19. Jahrhundert rasch zu Organisationen der *Interessenvertretung* entwickelten. Erst 1916 erhielten die G.en in Deutschland, nachdem sie sich als loyal gegenüber der kriegführenden Staatsführung erwiesen hatten, von staatlicher Seite Anerkennung als Vertreter der Arbeitnehmerschaft. Die *G.-Bewegung* war zu diesem Zeitpunkt bereits in drei weltanschauliche Gruppierungen geteilt: in die sog. ›*freien G.en*‹, die den sozialistischen und sozialdemokratischen Parteien nahestanden (ca. 2,5 Mio. Mitglieder), in die *christlichen G.en* (340 000 Mitglieder) und in die ›*Liberalen Gewerkvereine*‹ (105 000 Mitglieder).
Die nach Berufszweigen organisierten G.en bildeten nach dem Ersten Weltkrieg Dach- bzw. Spitzenverbände wie den »Allgemeinen Deutschen Gewerkschaftsbund« (sozialistische G.en), den »Deutschen Gewerkschaftsbund« (christliche G.en, Angestellten-G.en und Beamten-G.en) und den »Gewerkschaftsring der deutschen Arbeiter, Angestellten und Beamtenverbände« (liberale Gewerkvereine, Teile der Angestellten- und Beamten-G.en). Im Nationalsozialismus wurden die G.en aufgelöst, viele Funktionäre verhaftet und ermordet, die Arbeiterschaft in die »Deutsche Arbeitsfront« eingegliedert.
Nach 1945 entstanden die G.en in der Bundesrepublik – anders als in den meisten anderen Industrieländern – nicht erneut als *Richtungs-G.en*, d. h. weltanschaulich bzw. ausschließlich berufsgruppenorientiert, sondern als *Einheits-G.en*, d. h. als weltanschaulich neutrale, alle Berufssparten eines Wirtschaftszweiges zusammenfassende Verbände. 16 solcher Verbände schlossen sich 1949 zum »*Deutschen Gewerkschaftsbund*« (DGB) zusammen. Daneben bestehen noch Sondergewerkschaften wie z. B. die »*Deutsche Angestellten-Gewerkschaft*« (DAG) oder der »*Deutsche Beamtenbund*« (DBB), die ausschließlich Angestellte bzw. Beamte organisiert haben. Zwar besitzt der DBB keine Streikmöglichkeiten, weil Streik den Beamten untersagt ist, aber seine Macht gegenüber den Arbeitgebern ist zum Teil größer als die der Industrie-G.en. Insgesamt sind etwa 40 % aller abhängig Beschäftigten gewerkschaftlich organisiert; nur 5 % der Wahlberechtigten gehören dagegen politischen → Parteien an. Angesichts der Größe, der Mitgliederzahl und der damit verbundenen *Vertretungslegitimation* sind G.en heute zu ›Volksverbänden‹ herangewachsen, die einen unverzichtbaren Bestandteil der politischen Struktur der BRD darstellen.
In Großbritannien haben die G.en ihren politischen Einfluß über die Labour Party gesichert. Wahlrecht und historische Entwicklung der G.-Bewegung haben hier nahezu eine Identität von Partei und Inter-

essenverband geschaffen. Auch in der BRD sind die Verbindungen zwischen G.en und vor allem der SPD vielfältig. Das Verhältnis von Parteien und G.en ist hier aber eher als Konkurrenzverhältnis zu sehen. G.en in den sozialistischen Ländern, etwa der »Freie Deutsche Gewerkschaftsbund« (FDGB) in der DDR, gelten als *Transmissionsorgane* für gesellschaftliche Interessen, die die Politik der herrschenden Partei unterstützen bzw. den Beschäftigten vermitteln. In Entwicklungsländern sind G.en oft Vorstufen politischer Parteien, die vor allem Funktionen als *Bildungsinstitutionen* für die Arbeiterschaft übernehmen. G.en besitzen internationale Zusammenschlüsse, die als notwendig angesehen werden, um den Organisationen der Kapitaleigner entgegentreten zu können.

Literatur: Hirsch, J.: Die öffentliche Funktion der Gewerkschaften, Stuttgart 1966; Liesegang, H. C. F. (Hrsg.): Gewerkschaften in der Bundesrepublik Deutschland, Berlin/New York 1975; Schmidt, E.: Ordnungsfaktor oder Gegenmacht? Die politische Rolle der Gewerkschaften, Frankfurt a. M. 1971; Schuster, D.: Die deutschen Gewerkschaften seit 1945, Stuttgart ²1974.

4.23.22 Bürgerinitiativen

B.en als Funktionselemente bürgerschaftlicher politischer Organisation und Interessenvertretung gewinnen im repräsentativ-parlamentarischen System der BRD immer mehr an Bedeutung. Anders als in plebiszitären Demokratien (Schweiz) ist in der BRD nach dem → Grundgesetz eine direkte Beteiligung der Bürger am politischen Willensbildungsprozeß ausgeschlossen. Lediglich einige Länderverfassungen und Kommunalverfassungen sehen Volksbegehren, Volksentscheide und andere Formen direkter politischer Beteiligung vor. Mit der wachsenden Komplexität der politischen Prozesse und dem wachsenden Problemdruck der industriellen und urbanen Entwicklung in der Industriegesellschaft ist darüber hinaus auch die Mitwirkungschance der Bürger über → Parteien und herkömmliche → Verbände rapide gesunken.

Immer mehr Bürger versuchen deshalb vor allem im lokalen Bereich, und hier im Bereich der ›Reproduktion‹ (Offe), d. h. des Wohnens, des Verkehrs, der Bildung usw. außerhalb der etablierten Willensbildungsinstitutionen ihre Interessen in jenen »spontanen Formen der Selbstorganisation von gemeinsam Betroffenen« (Knirsch/Nickolmann) deutlich zu machen, die als B.en bezeichnet werden. Gemeinsam ist allen B.en, daß sie – anders als Parteien und Verbände – nicht auf Dauer angelegt sind, einen konkreten Anlaß zur spontanen Organisation gemeinsam Interessierter besitzen, keine Verbandsorgane wie Bürokratien und Gremien besitzen und sich unkonventioneller Mittel der Interessenartikulation und -durchsetzung bedienen.

Man unterscheidet zwischen B.en, die als *Selbsthilfeorganisationen*, als *Widerstandsaktionen* und als *Antriebsaktionen* auftreten. Selbsthilfeorganisationen bilden sich, wenn Bedürfnisse nicht durch Leistungen des Staates oder der zuständigen gesellschaftlichen Organisationen befriedigt werden. Aktionen, die z. B. Kindergärten oder Spielplätze einrichten, gehören zu dieser Gruppe der B.en. Die Masse der auf 15 000 geschätzten B.en in der BRD läßt sich als Widerstandsaktionen charakterisieren. Maßnahmen des Staates oder von Unternehmen sollen verhindert werden. Hier gibt es B.en, deren Ziel es ist, den Bau einer Straße oder einer Industrieanlage lediglich an einem bestimmten Ort zu verhindern, darüber hinaus die Anlage an jedem anderen Ort aber durchaus zu wünschen. Andere dieser Widerstands-B.en fragen, ob die Maßnahme überhaupt sinnvoll und nützlich ist (Beispiel: Errichtung von Kernkraftwerken). B.en sind als Antriebsaktionen zu bezeichnen, wenn sie auf staatliche Institutionen einwirken oder andere Bürger informieren und mobilisieren, damit diese sich für die Lösung eines Problems einsetzen (Beispiel: Aktionen zur Friedenserziehung, Abrüstung, Hilfe für die Dritte Welt).

B.en machen durch ihre oft spektakulären Aktionen punktuell schlagartig Mängel im politischen und wirtschaftlichen System sichtbar. Sie werden deshalb von den etablierten Institutionen und Organisationen mißtrauisch beobachtet oder offen oder verdeckt bekämpft. Die Irregularität der Arbeit und der Organisation der B.en macht ihre Wirksamkeit aus, verhindert aber zugleich den Zugang zum Entscheidungsprozeß. B.en können deshalb meist nur als → Opposition von außen auf die politischen Entscheidungsinstanzen einwirken. Bezeichnend für diese strukturelle Schwäche der B.en ist, daß sie sich für bundesweite Aktionen bzw. zur Einflußgewinnung auf die Ministerialbürokratie (Experten-Hearings der Regierung) wieder herkömmlicher Organisationsformen bedienen (Beispiel: Bundesverband umweltpolitischer Bürgerinitiativen e. V.).

Literatur: Bahr, H.-E. (Hrsg.): Politisierung des Alltags. Gesellschaftliche Bedingungen des Friedens, Darmstadt/Neuwied 1972; Knirsch/Nickolmann: Die Chancen der Bürgerinitiativen. Ein Handbuch, Wuppertal 1976; Zilleßen, H.: Bürgerinitiativen im repräsentativen Regierungssystem, in: Aus Politik und Zeitgeschichte B 12/1974.

4.24 *Politische Willensbildung*

Der in Art. 21 GG gebrauchte Begriff der p. W. kennzeichnet den politischen Prozeß als Organisation der politischen Herrschaft (Ellwein) in einem Regierungssystem. Dabei gelten als wichtigste Bestimmungsfaktoren und *Akteure* dieses Prozesses in der rechtsstaatlichen, pluralistischen Demokratie nicht nur die in der Verfassung festgelegten Normen, Gesetzesverfahren und staatlichen Institutionen, sondern vor allem die politischen → *Parteien,* die → *Verbände* und die *öffent-*

liche Meinung. Bei der Analyse, wie in einem Regierungssystem politische Herrschaft organisiert und ausgeübt wird, ist deshalb die Norm des Verfassungsmodells stets mit dem empirischen Befund der im p. W.-Prozeß tatsächlich wirkenden Kräfte und Kommunikationsstrukturen zu vergleichen.

Ausgangspunkt und Basis der p. W. ist nach dem Modell der Demokratie die Summe der gleichberechtigten Staatsbürger, das Volk. Wie das Volk seine Bedürfnisse und Interessen äußern und realisieren, den p. W.-Prozeß also bestimmen soll, wird an der Institutionalisierung seiner Willensäußerung durch die Verfassung deutlich. Je nachdem, ob das Volk direkt durch *Abstimmungen* oder *Volksentscheide* die Politik bestimmen soll oder durch Wahlen einige Personen ermächtigt, für einen bestimmten Zeitraum oder auf einem bestimmten Gebiet in seinem Auftrag zu handeln, spricht man von *plebiszitärer* oder *repräsentativer Form* des p. W.-Prozesses.

In der Verfassung der BRD überwiegt das repräsentative Element. Spontane Bedürfnisartikulation (→ *Bürgerinitiativen*) oder gar permanente *Mitregierung,* wie sie zum Teil noch in bestimmten Kantonen der Schweiz praktiziert wird, ist nicht vorgesehen. Die Möglichkeiten, einzelne und kollektive Bedürfnisse und Interessen zu artikulieren, zu organisieren und durchzusetzen außerhalb des formalen Prozesses der Herrschaftsübertragung durch Wahl, sind aber durch die Garantie der Meinungs-, Presse- und Koalitionsfreiheit im Grundgesetz offengehalten. Diese Möglichkeiten werden auch genutzt, allerdings – wie die Kritik an diesem Modell feststellt – nur von jenen Personengruppen, die durch den Besitz der Produktionsmittel, der Massenkommunikationsmittel oder anderer Ressourcen in der Lage sind, über den Wahlakt hinaus die aktuelle und zukünftige Politik der Inhaber der Staatsgewalt zu beeinflussen. Der fortschreitende Prozeß der Arbeitsteilung und Spezialisierung erhöht zudem die Komplexität der Meinungsbildungs- und Entscheidungsverfahren. Die Mehrzahl der Bürger ist wegen ihrer bildungsmäßigen Voraussetzungen und ihrer ökonomischen Situation nicht in der Lage, sich aktiv, d. h. informiert und motiviert, über längere Zeit am p. W.-Prozeß zu beteiligen.

In → Parteien und → Verbänden, die ohnehin nur einen Bruchteil der Bevölkerung organisieren, sind nur wenige aktiv. Die Beschränkung politischer Betätigung auf vereinzelte *Wahlakte* führt zu Desinteresse und Apathie. Dies wird von manchen als systemstabilisierend gewünscht, damit das Regierungssystem reibungslos funktioniert. Dahinter verbirgt sich die Auffassung, daß ein durch Mitwirkung vieler notwendigerweise konfliktreicher und komplexer p. W.-Prozeß nur störend und effektivitätsmindernd ist. Demgegenüber wird die Ansicht vertreten, daß ein p. W.-Prozeß nur dann als demokratisch bezeichnet werden kann, wenn nicht nur die Chance zur → *Partizipation* für alle Bürger besteht, sondern diese auch tatsächlich wahrgenommen wird.

Deshalb wird die Ergänzung der repräsentativen p. W. durch plebiszitäre bzw. durch partizipative Elemente gefordert. Hinter dieser Forderung verbirgt sich die Anschauung, daß demokratisches Verhalten und Verfahren nur in der Praxis erlernbar ist. Demokratische Beteiligungsverfahren werden deshalb auch für alle außerstaatlichen Institutionen (Familie, Schule, Universität, Wirtschaft, Verbände) gefordert.

Literatur: Agnoli/Brückner: Die Transformation der Demokratie, Frankfurt am Main 1968; Ellwein, Th.: Das Regierungssystem der Bundesrepublik Deutschland, ³1973; Görlitz, A.: Demokratie im Wandel, Köln/Opladen 1969; Lehmbruch, G.: Strukturen ideologischer Konflikte im Parteienwettbewerb, in: PVS 10/1969, S. 288 ff.

4.24.1 Wahlen und Wahlsysteme

In allen demokratischen politischen Systemen ist die *Wahl* das legitime durchgängige Verfahren zur Ermittlung und Bestellung von Personen, die ermächtigt werden, politische Herrschaft im Auftrag der Beherrschten auszuüben. Wahlen regeln also die Übertragung von Herrschaftsgewalt. Die Gewählten werden dabei durch die *Wählermehrheit* beauftragt, die politische Macht auszuüben. Die unterlegene *Wählerminderheit* respektiert die Entscheidung der Mehrheit. Im politischen System der BRD stellen sich *Kandidaten* in regelmäßigen Abständen (meist im vierjährigen Turnus) zur Wahl in die repräsentativen Körperschaften der → *Kommunen*, der *Länder* und des *Bundes*. Auch in den politischen Parteien, in den Verbänden, Vereinen und anderen Organisationen werden in der Regel die politikbestimmenden Organe gewählt; ihr Handeln wird durch Wahl legitimiert.

Wahlen zeichnen sich dadurch aus, daß ohne Pression und Manipulation den Wählern die Möglichkeit gegeben wird, nach einem vorbestimmten, nicht ohne weiteres veränderbaren Modus, *freiwillig* und in *gleicher* Weise zwischen verschiedenen *Alternativen* ohne Behinderung auszuwählen. Fehlt das Kriterium der Alternative, besteht nicht die Möglichkeit der Wahl, sondern nur die Möglichkeit der Zustimmung oder Ablehnung. Faßt man dieses Gegensatzpaar als Alternative auf, dann sind auch alle *Abstimmungen* über bestimmte politische Probleme Wahlen, dann sind auch die Verfahren zur Legitimation konkurrenzloser Kandidaten, wie sie z. B. in totalitären Staaten praktiziert werden, Wahlen.

Hier sollen Wahlen jedoch als Entscheidung für bestimmte alternative politische Programme und Personen verstanden werden. Die Voraussetzung für die wirksame Beteiligung von → *Parteien* am politischen Prozeß bildet ihre *Wahlfunktion*. Sie sind berechtigt, den *Wählern* Kandidaten für die Wahl zu den politischen Ämtern der Vertretungskörperschaften zu präsentieren. Das für die Demokratie wichtigste, in Jahrhunderten erkämpfte Recht der Bürger ist das allgemeine, freie,

gleiche und geheime *Wahlrecht.* Danach sind alle erwachsenen Bürger, unabhängig von ihrer Herkunft und ihrem Einkommen, mit gleichgewichtiger Stimme für die Wahl ausgestattet. Bei Wahlen werden die Wahlbewerber, die *Kandidaten,* in der Regel von den → Parteien aufgestellt. Auf kommunaler Ebene werden Kandidaten auch von *Wählervereinigungen* aufgestellt. Darüber hinaus treten auch *Einzelbewerber* auf.
Zwei *Wahlsysteme* haben sich als Haupttypen herausgebildet. Es handelt sich einmal um das *Mehrheitswahlsystem,* auch Persönlichkeitswahlsystem genannt, bei dem derjenige Kandidat gewinnt, der entweder die meisten (relative Mehrheit) oder mehr als die Hälfte der Stimmen (absolute Mehrheit) auf sich vereinigt. Alle anderen abgegebenen Stimmen werden nicht berücksichtigt. Dies ist für die → Repräsentation der Interessen nachteilig. Eine bessere Repräsentation wird durch das *Verhältniswahlsystem,* auch *Proportionalsystem* genannt, gewährleistet. Dabei geht es nicht so sehr um die Wahl von Personen, sondern von → Parteien. Diese stellen ihre Kandidaten auf *Listen* zur Wahl. In einem speziellen Auszählungsverfahren (meist wird das *Höchstzahlverfahren* nach dem Holländer d'Hondt angewandt) werden alle zur Wahl abgegebenen gültigen Stimmen verrechnet und den *Listenkandidaten* in der Reihenfolge der *Nominierung* gutgeschrieben. Dieses System hat den Nachteil, daß der Wähler keinen direkten Einfluß darauf hat, welche Personen schließlich Abgeordnete werden.
Beim Mehrheitswahlsystem ist dieser Einfluß größer, weil aus einer Reihe von Kandidaten derjenige, der die Mehrheit der Stimmen erhält, direkt gewählt ist. Für diese Form der Wahl müssen *Wahlkreise* gebildet werden, in denen sich die *Direktkandidaten* im *Wahlkampf* persönlich um die Gunst der Wähler bemühen.
In der BRD herrscht eine Mischform aus beiden Wahlsystemen. Der Wahlkampf wird in der BRD von den Parteien im wesentlichen unpolitisch geführt. Der Kampf um die politische Macht verläuft nicht in der Form rationaler Argumentation für alternative politische Programme. Die *Wahlkampfstrategien* aller beteiligten Parteien sehen vielmehr den ›Verkauf‹ ihrer Politik vor. Ähnlich wie in der Werbung der Wirtschaft werden dabei durch demoskopische Institute zunächst Wahluntersuchungen vorgenommen, die die irrationalen Wünsche und Ängste der Wähler erforschen. Auf diese geht dann die *Wahlwerbung* ein.

Literatur: Diederichs, N.: Empirische Wahlforschung. Konzeptionen und Methoden im internationalen Vergleich, Köln/Opladen 1965; Lazarsfeld/Berelson u. a.: Wahlen und Wähler. Soziologie des Wahlverhaltens, Neuwied/Berlin 1969; Scheuch/Wildenmann (Hrsg.): Zur Soziologie der Wahl, Sonderheft 9/1965 der KZfSS; Vogel, B., u. a.: Wahlen in Deutschland. Theorie – Geschichte – Dokumente. 1848–1970, Berlin/New York 1971.

4.24.2 Partizipation

P. bezeichnet ganz allgemein zunächst die Teilnahme am *politischen Willensbildungsprozeß*. Die Möglichkeit der Teilnahme der Bürger am politischen Prozeß ist die Voraussetzung dafür, daß ein Staat überhaupt als Demokratie bezeichnet werden kann (Zimpel). Der Begriff der politischen Teilnahme ist deshalb ein Schlüsselbegriff jeder Demokratietheorie. In der aktuellen Demokratiediskussion ist der Begriff aber nicht nur ein Beschreibungsmittel, sondern auch die Kennzeichnung einer politischen Forderung. P. wird im Zusammenhang mit den Forderungen nach *Demokratisierung* und *Mitbestimmung* in allen gesellschaftlichen Bereichen als politischer Kampfbegriff verwandt, der sich vor allem gegen das in der BRD vorherrschende Verständnis von Demokratie als Repräsentativsystem wendet.

Die BRD ist nach der Verfassungsordnung und nach der politischen Praxis eine ausschließlich repräsentative Demokratie (Ellwein). Daraus ergibt sich, daß die politische Beteiligung der einzelnen Bürger am politischen Willensbildungsprozeß im wesentlichen im Bereich des Staats auf formale Möglichkeiten (Wahl) der Legitimation und Kontrolle politischer Herrschaft beschränkt bleibt. Diesem Verständnis wird die Ansicht entgegengehalten, daß Demokratie nichts Formales ist, sondern ein System der Beteiligung, das nur in der Erfahrung ständig geübt werden kann (Vilmar). Deshalb wird eine *partizipatorische Demokratie* gefordert, deren Voraussetzung die Übertragung der für den politischen Bereich unabdingbaren demokratischen Entscheidungsstrukturen auf alle gesellschaftlichen Bereiche ist (Abendroth).

Die auf Repräsentation fixierte politische Führung und Staatsadministration, die darüber hinaus an dem im → Grundgesetz festgeschriebenen bürgerlich-liberalen Verständnis von der Trennung von Staat und Gesellschaft festhält, reagiert negativ auf Forderungen nach mehr P., zumal wenn sie spontan vorgetragen werden. *Spontane Aktionen* der Beteiligung (Demonstrationen, → Bürgerinitiativen) werden gerade wegen ihrer Unberechenbarkeit für jene, die die Berechenbarkeit der → Repräsentation vorziehen, mißtrauisch beobachtet. Der Versuch allein, durch unkonventionelle Methoden der Selbstorganisation, der Selbsthilfe und der Beeinflussung politischer Entscheidungsprozesse durch Herstellung von *Öffentlichkeit* und Kritik der geringen Transparenz der Repräsentativorgane zu begegnen, wird in der Mehrzahl der Fälle bisher durch die Verwaltung behindert. Da sich die Fehlentwicklungen und Schwachstellen des Repräsentativsystems gerade im kommunalen Bereich deutlich zeigen, setzt hier der *partizipatorische Input* ein. Flexible Verwaltungen versuchen, die partizipatorischen Ansprüche und Impulse der Bürger zu nutzen, indem sie Bürgerforen, Planungsbeiräte usw. installieren. Dadurch können im kommunalen Planungsprozeß Fehlentscheidungen verhindert werden.

Das repräsentative System unterliegt ständig der Gefahr, sich von der gesellschaftlichen Basis abzulösen und – lediglich auf die Rechtfertigung des eigenen Handelns durch punktuelle Legitimationsakte angewiesen – die konkreten Bedürfnisse, Wünsche und Ansprüche der Bürger zu mißachten. Ergänzungen der repräsentativen Elemente des politischen Willensbildungs- und Entscheidungsprozesses durch partizipative Elemente verhindern Reibungsverluste und Blockierung des Informations- und Kommunikationsflusses und können dadurch Systemkrisen überwinden (v. Alemann). Das politische System wird insofern effektiver (Naschold), denn die Effektivität des politischen Systems ist kein Selbstzweck, sondern dient dem Prinzip der Mündigkeit und Selbstverwirklichung der Bürger durch P.

Literatur: Alemann, U. v. (Hrsg.): Partizipation – Demokratisierung – Mitbestimmung. Problemstand und Literatur in Politik, Wirtschaft, Bildung und Wissenschaft, Opladen 1975; Bermbach, U. (Hrsg.): Theorie und Praxis der direkten Demokratie, Köln/Opladen 1973; Greiffenhagen, M. (Hrsg.): Demokratisierung in Staat und Gesellschaft, München 1973; Partizipation. Aspekte politischer Kultur, Opladen 1970 (= Offene Welt, Nr. 101).

4.25 *Justiz*

Die J. ist als dritte Kraft neben der Legislative und der Exekutive ein konstitutives Element der gewaltenteiligen demokratischen Herrschaftsform. Damit ist weniger der privatrechtliche und nur zum Teil der strafrechtliche Bereich des *Rechtssystems* als vielmehr der politisch relevante Teil des *Verfassungsrechts* und der *Verfassungsgerichtsbarkeit* gemeint.
Das → *Grundgesetz* bestimmt, daß die Souveränität beim Volke liegt, also auch die Staatsgewalt von dort ausgeht. In unserem repräsentativen System wird die Staatsgewalt durch Wahl auf parlamentarische Abgeordnete, auf eine Regierung, die dem Parlament verantwortlich ist sowie auf die Institutionen der Rechtsprechung übertragen. Um von einem *Rechtsstaat* sprechen zu können, müssen diese Organe kontrollierbar sein. Ein Kontrollmechanismus für die Legislative und Exekutive ist die Justiz, die die Einhaltung der Verfassung und der Gesetze überwacht. Verfassungs- und Rechtsnormen sind jedoch fast nie ein für allemal definiert, sondern sie sind der gesellschaftlichen und der richterlichen Auslegung unterworfen und damit per definitionem flexibel und dynamisch. Gleichzeitig müssen sich das Recht und die Rechtsprechung ständig neu gesellschaftlich legitimieren, d. h. von der Gesellschaft akzeptiert und respektiert werden.

Literatur: Heyde, W.: Die Rechtspflege in der Bundesrepublik Deutschland, Bonn 1969; Rehbinder, M. (Hrsg.): Recht im sozialen Rechtsstaat, Opladen 1973; Wassermann, R.: Justiz im sozialen Rechtsstaat, Neuwied 1974.

4.25.1 Recht und Politik

Nach dem Zweiten Weltkrieg vollzog sich in der Politik- und Staatswissenschaft eine »behavioral revolution« (Eulau), die schließlich auch die Erforschung des Rechts, seiner Institutionen und Exekutoren umfaßte. Wegbereiter war vor allem der amerikanische Rechtsrealismus, dessen Protagonisten darzustellen versuchten, was die Gerichte wirklich tun. Man hob also auf die ›essentielle Menschlichkeit‹ der Rechtsprechung ab. Der betroffene Mensch und nicht mehr die Rechtsnorm wurde zum Gegenstand der Analyse. Das bedeutet, daß die *Rechtsprechung*, also das *richterliche Verhalten*, im systemischen Zusammenhang als ein *politischer Akt* gesehen wird. Dies gilt vor allem auch für die Instanzen der *Verfassungsgerichtsbarkeit*. Die richterliche *Entscheidungsfindung* wird nicht nur durch das ›Recht‹ bestimmt, sondern durch den sozialpsychologischen Hintergrund aller Beteiligten.

Wie im politischen System, gibt es im Rechtssystem externe und interne Einflüsse, die den *Entscheidungsprozeß* beeinflussen; und die *Entscheidung* verursacht Wirkungen, die das umgebende politische und soziale System beeinflussen. Die hier besonders relevante Verfassungsgerichtsbarkeit der BRD hat eine duale Funktion: Sie soll zum einen die *Verfassungsmäßigkeit* der Aktionen der anderen Verfassungsorgane, vor allem der Gesetzgebung, prüfen, also eine *Normenkontrolle* ausüben; zum anderen ist sie für die Einhaltung der verfassungsmäßigen Gewalten- und Kompetenzteilung innerhalb des föderativen Systems (Bund und Länder) zuständig. Die politische Relevanz wurde in den letzten Jahren besonders deutlich, weil das Verfassungsgericht auf vielen breit interessierenden Gebieten tätig werden mußte, wie etwa bei der Beurteilung des Grundlagenvertrages zwischen der BRD und der DDR oder beim Versuch der Reform des Abtreibungsparagraphen des Strafgesetzbuches.

Eine erste Stufe rechtssoziologischer Analyse richterlicher Entscheidungsfindung versuchte, aus der Beschreibung des sozialen, politischen und kulturellen Hintergrundes der Richter Determinanten für richterliches Verhalten isolieren zu können. Es stellte sich jedoch bald heraus, daß diese Art Studien keine große Beweiskraft haben, weil sich immer wieder zeigte, daß alle aktiven Teilnehmer am Entscheidungsprozeß einen sehr homogenen sozialen Hintergrund haben. Also lassen sich daraus auch keine Erklärungen für unterschiedliche Entscheidungen verschiedener Richter in ein und demselben Fall herleiten. Weitergehende Untersuchungen versuchten deshalb, Kategorien *richterlicher Ideologie* (liberal-konservativ) mit richterlicher Urteilsfindung in Verbindung zu bringen. Neben diesen Persönlichkeitsmerkmalen blei-

ben aber auch die Fakten des jeweils zu entscheidenden Falles urteilsbestimmend.
In welcher Gewichtung diese Faktoren ausschlaggebend wirken, ist jedoch schwer zugänglich, weil die eigentliche Entscheidungsphase der meisten Obersten Gerichtshöfe (mit Ausnahme der Schweiz) nicht öffentlich ist. In den meisten Ländern erstreckt sich die Geheimhaltung sogar auf das interne Abstimmungsergebnis, d. h. es wird nur eine Entscheidung des ›Gerichtes‹ veröffentlicht. In manchen Ländern veröffentlichen die Gerichte die numerischen und namentlichen Abstimmungsergebnisse mitsamt den verschiedenen Positionen (so etwa der U. S. Supreme Court), andere veröffentlichen zwar die Mehrheits- und die Minderheitsmeinung, geben aber keine Einzelheiten der Abstimmung bekannt (so das Bundesverfassungsgericht der BRD).
Zur politischen Interpretation des richterlichen Entscheidungsprozesses wurden verschiedene Theorien herangezogen. Die marxistische Betrachtungsweise meint eine *Klassenjustiz* feststellen zu können; dies würde bedeuten, daß die Richter bei der Urteilsfindung sowohl die Klassenzugehörigkeit der Prozeßparteien als auch die eventuellen Auswirkungen ihrer Entscheidung auf die Stabilität bzw. Veränderung der Klassenstruktur der Gesellschaft in Betracht ziehen.
Die sozialpsychologische Theorie der Interaktion in Kleingruppen und die Spieltheorie versuchen indessen, die richterliche Entscheidungsfindung als einen Prozeß des ›Feilschens‹ (›bargaining‹), also des Gebens und Nehmens zu erklären. Aufschlußreicher ist jedoch die umfassendere systemische Betrachtungsweise der Rechtsprechung, die den richterlichen Entscheidungsprozeß unter Hinzuziehung von Input-, Output- und Rückkoppelungsdaten interpretiert. Auf die Analyse des Bundesverfassungsgerichtsurteils zur Reform des Abtreibungsparagraphen angewandt, bedeutet dies, daß man als Input nicht nur das vom Bundestag beschlossene neue Gesetz betrachtet, sondern auch Rücksicht nimmt auf die öffentliche Meinung, auf die Pressionen von gesellschaftlichen Gruppen und auf die Rückwirkungen des Urteils im politischen Prozeß. Nur so ist es erklärlich, daß die Richter in das Urteil nicht nur die Ablehnungsgründe hineinschrieben, sondern zusätzlich Normen festlegten, die eine nochmalige Änderung durch den Gesetzgeber präjudizieren. Das Gericht hat sich damit eindeutig in den Gesamtzusammenhang des politischen und sozialen Systems gestellt.
Es entsteht ein gewisses Unbehagen darüber, daß sich die Justiz aus ihrer ausschließlichen Kontrollfunktion gegenüber den beiden anderen Verfassungsorganen Legislative und Exekutive herausgegeben hat und als aktiver Teil des politischen Systems selbst politisch tätig wird, weil gleichzeitig die Staatstätigkeit ständig komplexer und der Öffentlichkeit nicht ausreichend erklärt wird und dadurch auch nicht durch Öffentlichkeit kontrollierbar ist. Dies bedeutet, daß der *Rechtsschutz* des Bürgers im selben Maße erweitert werden sollte, wie sich das Recht,

die Gesetze und die Rechtsprechung anonymisieren, d. h. dem Bürger fremd werden.

Literatur: Kaupen, W.: Die Hüter von Recht und Ordnung, Neuwied 1974; Klassenjustiz heute? Sonderheft der Vorgänge, 1973; Rasehorn, T.: Recht und Klassen. Zur Klassenjustiz in der Bundesrepublik, Neuwied 1974; Schubert/ Danelski (Hrsg.): Comparative Judical Behavior, New York 1969; Wassermann, R.: Der politische Richter, München 1972.

4.25.2 Verfassungsgerichte

Die oberste Stufe der *Verfassungsgerichtsbarkeit* nehmen die *Obersten Gerichtshöfe* (Supreme Court in den USA) oder spezielle *Verfassungsgerichtshöfe* (BRD, Österreich) ein. Die Existenz des *Bundesverfassungsgerichts* der BRD ist grundgesetzlich abgesichert (Art. 92 GG), während die *Organisation* und der *Rechtsprechungsprozeß* vor allem durch das *Bundesverfassungsgerichtsgesetz* von 1951 (mehrfach ergänzt) geregelt werden. Obwohl der § 1 des letztgenannten Gesetzes postuliert, daß das Bundes-V. ein »allen übrigen Verfassungsorganen gegenüber selbständiger und unabhängiger Gerichtshof« sei, ist allein durch das *Wahlverfahren der Richter* (12 Wahlmänner des Bundestages wählen die Richter mit 2/3-Mehrheit) eine eminent politische Einflußkomponente eingebaut. Schon kurz nach Etablierung des Gerichtes wurde von einem ›roten‹ und einem ›schwarzen‹ Senat gesprochen, d. h. daß die Richter nach politischen Proporzgesichtspunkten ausgewählt wurden und werden.

Eine Besonderheit der bundesdeutschen Verfassungsgerichtsbarkeit ist die von der Schweiz übernommene Institution der *Verfassungsbeschwerde*. Fühlt sich jemand durch den Staat in seinen Grundrechten beeinträchtigt, so kann er unmittelbar den Bundesverfassungsgerichtshof anrufen, sofern ein allfällig vorhandener Rechtsweg ausgeschöpft ist. Hier wirkt das Gericht unmittelbar als Hüter verfassungsmäßiger Rechte, d. h. es entscheidet nach vorhandenem Recht oder interpretiert dieses.

Politisch problematisch wird die Tätigkeit der Richter und damit des Gerichtes dann, wenn es sich um Fälle handelt, die in der Grauzone zwischen *Rechtsinterpretation* und *Rechtsetzung* liegen. Vor allem nach politisch brisanten Urteilen wurde immer wieder der Vorwurf laut, das Gericht sei eine unkontrollierte und unkontrollierbare ›Nebenlegislative‹ neben dem Parlament. Richtig ist jedenfalls, daß die parlamentarische Opposition die Möglichkeit hat, durch die Anrufung des Gerichtes die Niederlage im Parlament nachträglich in eine Niederlage für die die Regierung stützende parlamentarische Mehrheit umzuwandeln.

Literatur: Friesenhahn, E.: Die Verfassungsgerichtsbarkeit in der Bundesrepublik Deutschland, Köln 1963; Heyde/Gielen: Die Hüter der Verfassung. Verfassungsgerichte im Bund und in den Ländern, Karlsruhe 1973; Shapiro, M.: The Supreme Court and Public Policy, Glenview/Ill. 1969; Spanner, H.: Das Bundesverfassungsgericht. Einrichtung, Verfahren, Aufgaben unter besonderer Berücksichtigung der Rechtsprechung des Gerichts, München 1972.

4.26 *Föderalismus*

F. (lat. foedus = Bund) bezeichnet als Sammelbegriff alle politischen Strukturen, die den Zusammenschluß mehr oder minder autonomer politischer Einheiten (Staaten, Länder, Regionen, Städte) zu einem politischen und organisatorischen Ganzen darstellen. Föderalistische Organisationsformen dieser Art sind der *Staatenbund* und der *Bundesstaat*. Neben dem staatsrechtlichen Begriff im Sinne des Verfassungsrechts ist F. aber auch ein soziologischer Begriff. Dort bezeichnet er »Organisationen, die auf dem Prinzip der Erhaltung autonomer Gruppen aufbauen, jedoch unter Einsicht in die Notwendigkeit höherer Verbindungen« (Deuerlein). So gibt es Städte- und Gemeindebünde und Föderationen politischer → Parteien, → Gewerkschaften und → Verbände, die nach diesem Prinzip zusammengeschlossen sind.
Die Entwicklung der Theorie des F. ist stark geprägt durch die Diskussion über das föderative System des amerikanischen Bundesstaates, das in der Verfassung der USA von 1787 festgelegt wurde. Der Zusammenschluß bereits bestehender Staaten und Provinzen mit unterschiedlichen Regierungssystemen und weitgehender Autonomie und die Übertragung von Souveränitätsrechten (Außenpolitik, Verteidigungspolitik) auf eine zentrale Bundesgewalt eröffneten die Chance für die USA-Bürger, zu einer *Nation* zu werden, obwohl sie zugleich Bürger unterschiedlicher Staaten blieben.
In Europa hat es im 19. Jahrhundert neben den bundesstaatlichen Systemen eine Reihe von Staatenbünden oder *Konföderationen* gegeben, wie den Rheinbund (1806–1813), die Schweiz (von 1815–1848), bis sie zu einem Bundesstaat wurde, und den Deutschen Bund (1815 bis 1866) als Vorläufer des bundesstaatlich organisierten Deutschen Reiches. Im → Internationalen System sind der *Völkerbund*, die *Vereinten Nationen* und die *Europäische Gemeinschaft* nach föderalen Prinzipien im Sinne des Staatenbundes organisiert. Wesentlich beim Staatenbund ist der Verbleib der vollen Souveränität beim Einzelstaat und die Möglichkeit, aus dem Bund auszutreten.
Die Politik des Staatenbundes beruht deshalb auf der vollen Übereinstimmung aller politischen Gemeinschaften. Damit ist die Handlungsfähigkeit des Staatenbundes strukturell eingeschränkt.
Die Rechtfertigung für das föderale Prinzip als Strukturelement moderner politischer Systeme ergibt sich im wesentlichen aus der historischen Entwicklung (Beispiele: USA, Schweiz, Deutschland) und aus dem Moment der → Gewaltenteilung, das zentralistischen oder totali-

tären Tendenzen in der zentralen Staatsgewalt entgegenwirkt. Außerdem bleibt die Vielfalt und Differenziertheit der Regionen in ihrer soziokulturellen und organisatorischen Gestalt erhalten.
Dem föderativen Prinzip, das auf der *Dezentralisation* von Macht beruht, widersprechen Konzepte des unitarischen Staates. Auch das auf Rousseau zurückgehende absolutistische Verständnis von der Mehrheitsdemokratie, das die Gleichheit der Lebensbedingungen für alle Regionen und Teile des Staatsganzen fordert, widerspricht dem Prinzip des F. Die Diskussion um die Zukunft eines europäischen Staates wird auch von diesen Widersprüchen gekennzeichnet. Für pluralistische Demokratien ist der F. ein positiv wirkendes Strukturprinzip, das geeignet ist, im Sinne der Machtbalance politische Prozesse zu demokratisieren.

Literatur: Bennett, W. H.: American Theories of Federalism, Alabama 1964; Deuerlein, E.: Föderalismus, Bonn 1972 (= Schriftenreihe der Bundeszentrale für politische Bildung, H. 94); Friedrich, C. J.: Nationaler und internationaler Föderalismus in Theorie und Praxis, in: PVS 5/1964, S. 154-187; Laufer, H.: Der Föderalismus der Bundesrepublik Deutschland, Stuttgart 1974; Walper, K.-H.: Föderalismus, Berlin 1966.

4.26.1 Bundesstaat und Länder

Die Bundesrepublik Deutschland ist ein *Bundesstaat* (Art. 20 GG). Die Gliederung dieses Staates in *Länder* und die grundsätzliche Mitwirkung der Länder bei der Gesetzgebung (Art. 79 GG) ist ein fundamentales Strukturprinzip, das — solange das → Grundgesetz besteht — nicht abänderbar ist.
Als Gewaltenteilungsprinzip und aus der besonderen föderalistischen Tradition deutscher Länder, aber auch wegen der Erfahrungen mit dem totalitären Staat des Nationalsozialismus ist das *bundesstaatliche Prinzip* unumstößliches Verfassungsgebot. Nur eine Revolution, ein Staatsstreich oder ein gesamtdeutscher Verfassunggeber könnte dieses Prinzip aufheben. Die Diskussion um dieses Prinzip ist deshalb — auf die BRD bezogen — spekulativ (Ellwein). Die Gliederung der BRD in 11 Länder beruht nicht auf der Tradition früherer deutscher Länder und ihrer Landesgrenzen, sondern auf dem Willen der alliierten Besatzungsmächte. Außer Bayern und den Hansestädten Bremen und Hamburg sind alle anderen Länder künstlich neugebildet worden. Das Saargebiet kam erst später als selbständiges Land zur BRD, West-Berlin besitzt aufgrund alliierter Vorbehalte im Bund einen Sonderstatus.
Mit der Neuformung waren zunächst relativ gleichmäßig lebensfähige Länder entstanden, mit eigenen Verfassungen und Staatsorganen, mit polizeilicher und kultureller Hoheit. Das grundgesetzliche Gebot der *Neugliederung* der Länder gemäß der industriellen und demographischen Entwicklung (Art. 29 GG) ist bis heute nicht erfüllt worden,

weil Gesetzesinitiativen, die leistungsfähige Länder schaffen wollten, an der parteipolitischen Konstellation in Bund und Ländern stets scheiterten. Die → Parteien haben nämlich über das Ländervertretungsorgan beim Bund, dem *Bundesrat*, eine zusätzliche Möglichkeit, die Politik der Bundesregierung zu beeinflussen. Dies gilt insbesondere für die Opposition im *Bundestag*, wenn die Oppositionsparteien die Mehrheit der Länderregierungen stellten. Da fast alle Gesetze der Zustimmung der Länder bedürfen, ist hier eine als Regulativ und Balance gedachte Einrichtung geeignet, als Hebel der Opposition gegen die Regierungspolitik zu wirken. Eine Änderung der Ländergrenzen würde nicht kalkulierbare Machtverschiebungen im Bundesrat bewirken. Darüber hinaus fürchten Amtsinhaber in kleinen Ländern (Saarland, Bremen), durch Zusammenlegungen mit anderen Ländern den Besitzstand zu verlieren.

Im politischen Prozeß ergeben sich Reibungsverluste im Verhältnis von Bund und Ländern, obwohl die Kompetenzen im → Grundgesetz relativ präzise abgegrenzt worden sind. Am Beispiel der Kulturpolitik läßt sich zeigen, daß der Bund immer mehr Kompetenzen, ›Rahmengesetzgebungskompetenzen‹ usw. im Verlauf der Jahre den Ländern abgerungen hat. Ein Hebel hierfür war unter anderem auch die finanzielle Abhängigkeit der Länder vom Bund.

Neben dem Bundesrat und dem im *Gesetzgebungsverfahren* vorgesehenen *Vermittlungsausschuß* zwischen Bundesrat und Bundestag haben sich informelle, von der Verfassung nicht vorgesehene Organe gebildet, wie *Minister-* und *Ministerpräsidentenkonferenzen* und *Bund-Länder-Kommissionen*, die dem Kommunikations- und Abstimmungsprozeß zwischen Bundes- und Landesverwaltungen dienen, wegen ihrer ungenügenden Legitimierung aber häufig kritisiert werden.

Literatur: Bundesrat (Hrsg.): Der Bundesrat als Verfassungsorgan und politische Kraft, Bad Honnef 1974; Flechtheim, O. K. (Hrsg.): Bund und Länder, Berlin 1959; Hesse, K.: Der unitarische Bundesstaat, Karlsruhe 1962; Kreutzer, H.: Der Bundesstaat, in: Staat und Politik, Frankfurt a. M. ³1964; Kunze, R.: Kooperativer Föderalismus in der Bundesrepublik, Stuttgart 1968; Neunreither, K. H.: Der Bundesrat zwischen Politik und Verwaltung, Heidelberg 1959; Schäfer, F.: Bundesstaatliche Ordnung als politisches Prinzip, in: Aus Politik und Zeitgeschichte, B. 17/1975, S. 3–20.

4.26.2 Kommunen

Gemeinden (= K.en) sind Grundformen der Gesellschaft in beinahe universaler Verbreitung (R. König). In Geschichte und Gegenwart sind *Gemeinden* als Strukturelemente sozialer Beziehungen in nahezu allen bekannten Gesellschaften unterschiedlicher wirtschaftlicher Entwicklungsstufen zu beobachten. Dieser universale Begriff, der für die Vielzahl menschlicher Gemeinschaften (z. B. religiöse Gemeinde) steht, soll hier nicht gelten. Der hier vorgestellte politische Grundbegriff bezieht sich im engeren Sinne auf die territorial begrenzte und rechtlich verselbständigte nachbarschaftliche Gemeinschaft, wie sie z. B. in *Dörfern* und *Städten* zu finden ist. K. ist die für dieses politische Strukturelement, das eine *lokale Selbstverwaltungskörperschaft* darstellt, gebräuchliche Bezeichnung. Die lokale Politik in der K. und zwischen Kommunen wird *Kommunalpolitik* genannt.

K.en sind funktionale Teilsysteme innerhalb umfassenderer politisch-gesellschaftlicher Systeme (Länder, Bundesstaat). Sie organisieren auf örtlicher Ebene wesentliche Lebensbereiche der Bürger sowohl in der Sphäre der Produktion als auch der Reproduktion (Wohnen, Gesundheitswesen, Freizeit, Bildung, Konsum).

Das → Grundgesetz der BRD geht von einem Gemeindebegriff aus, der von dem Gedanken der im 19. Jahrhundert ausgeprägten kommunalen *Selbstverwaltung* bestimmt ist. Art. 28 GG bestimmt, daß der Bund und die Länder das Recht der K.en gewährleisten müssen, alle Angelegenheiten der örtlichen Gemeinschaft im Rahmen der Gesetze in eigener Verantwortung zu regeln. Die K.en sind als überkommene Institutionen (Pagenkopf) der staatlichen Ordnung gewissermaßen vorgegeben und stehen ihr gegenüber. Sie sind keine Verwaltungseinheiten der Staatsadministration. Die Akteure im politischen Willensbildungsprozeß haben sich den Regeln des demokratischen Verfahrens anzupassen. Neben K.en, die wegen ihrer Größenordnung noch eine *Gemeindeversammlung* als oberstes Beschlußorgan zulassen, existieren in den meisten K.en als demokratische Beschlußkörperschaften *Kommunalparlamente* (Gemeinderäte, Stadträte), die die Politik der K.en bestimmen und die *Kommunalverwaltung* kontrollieren sollen.

Die Verfassungen der K.en und *Gemeindeverbände* differieren in den verschiedenen Ländern. Man unterscheidet dabei zwei Grundtypen der *Kommunalverfassungen* bzw. ›*Gemeindesatzungen*‹: die dualistische und die monistische Verfassung. Der dualistische Verfassungstyp kennt die Gegenüberstellung von gewählter Vertretungskörperschaft (Rat) und kollegialischem oder monokratischem *Gemeindevorstand*, der für die Erledigung der laufenden Verwaltungsaufgaben zuständig ist. Dieser Verfassungstyp herrscht in Norddeutschland und Nordrhein-Westfalen vor. In süddeutschen kommunalen Verfassungssystemen findet man meist die monistische Verfassungsform vor. Dort existiert im Grunde nur ein allzuständiges – demokratisch legitimiertes – Gemeindeorgan, die *Kommunalvertretung*, von der sich Zuständigkeiten und Handlungsmacht kommunaler Funktionsträger ableiten. Der typische Repräsentant des dualistischen Systems ist die *Magistratsverfassung*, die auf die Preußische Städteordnung von 1808 zurückgeht und dem britischen Kommunalverfassungssystem ähnelt. Typisch für monokratische Kommunalverfassungen ist die *Bürgermeisterverfassung*, die aus der französischen *Mairieverfassung* entwickelt worden und vor allem im Westen Deutschlands vorzufinden ist.

Der Aufgabenbereich der K.en hat sich in der BRD seit Ende des Zweiten Weltkrieges kontinuierlich erweitert. Die Möglichkeiten der Selbstverwaltung dagegen sind ständig verringert worden. Dies liegt vor allem an der Vergrößerung der Staatsaufgaben im Bereich der Daseinsvorsorge aufgrund des Sozialstaatspostulats des → Grundgesetzes. Entgegen dem üblichen privatkapitalistischen Wirtschaftsprinzip ist die kommunale Wirtschaft weitgehend gemeinwirtschaftlich organisiert. Dies gilt vor allem für die Bereiche des Verkehrs, der Energie- und Wasserversorgung, der Infrastrukturpolitik, der Entsorgung (Müllabfuhr, Kläranlagen) sowie der Freizeit-, Kultur-, Bildungs- und Gesundheitsfürsorgeeinrichtungen. Zugleich mit der Aufgabenvermehrung ist auch im Zuge der *Urbanisierung* und der *Kommunalreformen* die Tendenz zu größeren Einheiten bei den K.en als *Gebietskörperschaften* zu beobachten.

Die kostspieligen öffentlichen Leistungen der K.en können nicht mehr aus eigenem Steueraufkommen finanziert werden; Bund und Länder übernehmen deshalb zum Teil die Finanzierung, binden diese aber an eigene Zielvorgaben und Auflagen. Die Selbstverwaltung wird durch diese Politik des ›goldenen Zügels‹ ebenso wie durch die regionalen, länder- und bundesweiten Raumordnungsprogramme und Infrastrukturpläne weitgehend aufgehoben. Die K.en, in Kreisen, Regierungsbezirken, Kommunal- und Regionalverbänden organisiert und in der Handlungsfreiheit beschränkt, versuchen deshalb durch Interessenorganisationen (Deutscher Städtetag, Deutscher Städte- und Gemeindebund) ihre Mitwirkungschancen am politischen Willensbildungsprozeß zu stärken. Gegenüber den Landtagen wird eine eigene Kommunalvertretung, eine *Kommunalkammer* als zweites Beschlußorgan in den Ländern gefordert. In der Politikwissenschaft gewinnt der Bereich der *lokalen Politikforschung* zunehmendes Interesse.

Literatur: Holler/Naßmacher: Rat und Verwaltung im Prozeß kommunalpolitischer Willensbildung, in: Aus Politik und Zeitgeschichte, Bd. 4/1976; König, R.: Grundformen der Gesellschaft: Die Gemeinde, Hamburg 1958; Pfizer, Th.: Kommunalpolitik. Praxis der Selbstverwaltung, Stuttgart 1973; Rausch/Stammen (Hrsg.): Aspekte und Probleme der Kommunalpolitik, München 1973; Wehling, H.-G. (Hrsg.): Kommunalpolitik, Hamburg 1975; Zoll, R.: Gemeinde als Alibi. Materialien zur politischen Soziologie der Gemeinde, München 1972.

4.27 Politische Kultur

Die Institutionen und Verhaltensweisen in demokratischen politischen Systemen ziehen ihren qualitativen Aspekt aus der Möglichkeit und dem Grad der *Beteiligung* der in dem betreffenden Gemeinwesen lebenden Menschen. Hierbei kommt es sowohl auf die objektiv feststellbare Beteiligung als auch auf die subjektiv empfundene theoretische Chance zur Mitwirkung an. Einige weitere Merkmale dieses als P. K. (Almond/Verba) definierten Rollen- und Partizipationsverständnisses sind: (a) die subjektive Verpflichtung zu partizipieren; (b) die Einschätzung der Wirksamkeit des politischen Engagements; (c) die Einschätzung der institutionellen Kompetenz des politischen Systems, also die Einschätzung seiner Problemlösungskapazität; (d) die Einschätzung des Integrationsgrades von Politik und Gesellschaft, d. h. inwiefern die beiden Systeme untereinander kompatibel sind.

Alle diese Merkmale können einmal empirisch festgestellt werden auf der Ebene des Individuums, indem man seinen Grad der relativen Unzufriedenheit feststellt, oder auf der Ebene der kollektiven Identität von Gruppen, wobei das letztere für die Massendemokratie der industriellen Großgesellschaften von zentraler Bedeutung ist.

Literatur: Almond/Verba: The Civic Culture, Princeton/N.J. 1963; Dahrendorf, R.: Gesellschaft und Demokratie in Deutschland, München 1968; Eschenburg, Th.: Staat und Gesellschaft in der Bundesrepublik, München 1962; Demokratische Gesellschaft. Konsensus und Konflikt, München 1975.

4.27.1 Öffentlichkeit und Kommunikation

Bevor sich der Einzelne als Einzelner oder als Mitglied einer Gruppe mit kollektiver Identität eine Meinung über das politische System bilden kann, muß er über Vorgänge und Wirkungen informiert sein. Die so entstandene Öffentlichkeit des politischen Prozesses versetzt ihn theoretisch in die Lage, kritisch und rational zu urteilen. Daher ist ein modernes *Kommunikationssystem* eine unabdingbare Voraussetzung für breite und subjektiv kompetente Partizipation im politischen Prozeß. Die Wirksamkeit des Kommunikationssystems hängt wiederum von technischen, ökonomischen, soziokulturellen und natürlich historischen Faktoren ab. Neben den speziellen politischen Kommunikationskanälen wie → Parteien und → Verbände spielen die öffentlichen und privaten *Medien* – Rundfunk, Fernsehen, Zeitungen, Nachrichtenmagazine und andere (verbandsinterne) Nachrichtendienste – eine wesentliche Rolle. Es ist für den einzelnen Bürger praktisch unmöglich, den politischen Prozeß direkt zu beobachten. Er beobachtet ihn vielmehr durch die Berichte der Medien.

Selbst wenn die politische Kommunikation in einer kleinen Gruppe (Familie, Kegelclub, Stammtisch) vonstatten geht, geschieht dies in fast allen Fällen nicht auf der Grundlage persönlicher Erfahrung, sondern auch aufgrund von Medienberichten. Damit verfügen die Medien nicht nur über ein fast hundertprozentiges *Informationsmonopol*, sondern potentiell auch über *Informationskontrolle* und damit über politische Machtkontrolle. Der Grat zwischen *Information* und *Manipulation* durch eben diese (unvollständige, einseitige oder gar falsche) Information ist in der Tat sehr schmal. Allein die ungeheuer große Zahl von Leuten und Organisationen, die an der Beobachtung, am Sammeln, an der Bearbeitung, Verarbeitung und an der Verbreitung von Nachrichten und Meinungen über politische Begebenheiten beteiligt sind, läßt uns ahnen, welche potentiellen objektiven Fehlerquellen und welche bewußten subjektiven Verfälschungsmöglichkeiten vorhanden sind.

Literatur: Badura, B.: Bedürfnisstruktur und politisches System, Stuttgart 1972; Fagen, R. R.: Politics and Communication, Boston 1966; Habermas, J.: Strukturwandel der Öffentlichkeit, Neuwied 1962; Langenbucher, W. R. (Hrsg.): Zur Theorie der politischen Kommunikation, München 1974.

4.27.2 Medien und öffentliche Meinung

Traditionell war man der Ansicht, daß Kontrolle über die Medien gleichzusetzen sei mit einer Kontrolle der öffentlichen Meinung. Dies würde in Wirklichkeit aber nur funktionieren, wenn es sich um ein geschlossenes, abgekapseltes politisches und soziales System handelte. Da aber die BRD etwa eine Mischung aus gesellschaftlich-proportional kontrollierten öffentlichen Medien und aus privatwirtschaftlich betriebenen Medien besitzt, ist durch die dadurch gegebene Konkurrenz von verschiedenen Medien mit jeweils spezifisch gefärbten oder relativ objektiven Informationen eine gewisse Pluralität des Meinungsangebotes gegeben. Zwar sind die *Meinungsfreiheit*, die *Pressefreiheit*, die *Informationsfreiheit* und die *Rundfunk-*, *Fernseh-* und *Filmfreiheit* grundgesetzlich geschützt (Art. 5 GG), aber dennoch liegen hier die Problembereiche des Kommunikationsnetzes.

Gerade im Bereich der privatwirtschaftlich produzierten Presse ist der potentielle Interessenkonflikt zwischen *Journalisten* und *Verleger* noch nicht gesetzlich oder sonstwie geregelt. Zwar wird polemisch gesagt, die Pressefreiheit sei die Freiheit einiger weniger Verleger, das verbreiten zu lassen, was sie selbst glauben; neue Untersuchungen zur Wirkung von Einzelmedien haben aber gezeigt, daß die Gefahr der einseitigen Beeinflussung so lange nicht akut ist, solange es noch die Pluralität der Medien und damit zusammenhängend die Konkurrenz der Medien einschließlich ideologischer Gesinnungsmedien gibt. Die öffentliche Meinung ist also nicht gleichzusetzen mit der *veröffentlichten Meinung* in den Medien, und dies nicht einmal in Ländern mit zentral streng kontrollierten gleichgeschalteten Medien. Je strenger die *Massenmedien* kontrolliert und zensiert werden, desto wichtiger werden andere Kommunikationskanäle und Kommunikationsnetze (Familie, Freunde, allgemeiner persönlicher Informationsaustausch) bei der Formierung der öffentlichen Meinung.

Literatur: Geißler, R.: Massenmedien, Basiskommunikation und Demokratie, Tübingen 1973; Noelle-Neumann, E.: Öffentliche Meinung und soziale Kontrolle, Tübingen 1966; Zoll/Henning: Massenmedien und Meinungsbildung, München 1970; Zoll, R. (Hrsg.): Manipulation der Meinungsbildung, Opladen 1971.

4.3 Vertiefung

Ein politisches System definiert sich in erster Linie aufgrund der Handlungen der in ihm wirkenden und durch es betroffenen Menschen. Neben dieser Betonung der politischen und sozialen Strukturen sowie deren Funktionen und prozessualem Ablauf ist es jedoch wichtig, daß gewisse Rahmenbedingungen gesetzt werden, weil man sich nicht der romantischen Utopie hingeben kann, alle Menschen seien gut und deshalb sei die Summe der Aktionen aller Menschen in einem politischen System auch automatisch gut. Die Idee, sich aus diesem Grunde eine *Verfassung* oder ein *Grundgesetz* des politischen Willens zu geben, entwickelte sich im Verlauf des Kampfes um Absicherung gewonnener Rechte, vor allem im Zuge der bürgerlichen Revolutionsbewegungen gegen den Feudalismus. Man wollte sich nicht darauf verlassen, erstrittene Rechte einfach nur als gegeben hinzunehmen, sondern war darauf bedacht, sie schriftlich als *Rechtsnorm* abzusichern.
Verfassungen gelten als relativ unumstößliche Grunddokumente der Strukturbestimmung eines politischen Systems, was sich auch dadurch ausdrückt, daß eine *Verfassungsänderung* oder *Verfassungsergänzung* meist nur nach schwierigen Verfahren und mit großer Mehrheit möglich ist. In dieser Hinsicht haben Verfassungen einen stabilisierenden Einfluß auf die Kontinuität eines politischen Systems, selbst bei Regierungswechsel und bei wechselnden Mehrheiten in Parlamenten.

4.31 *Grundgesetz*

Das GG der Bundesrepublik Deutschland zeigt Einflüsse sowohl der englischen Verfassungstradition als auch – vor allem aufgrund der Einflußnahme der Besatzungsmächte nach dem Zweiten Weltkrieg – Elemente der amerikanischen Verfassung. Außerdem wurden bei der Formulierung der Verfassung durch den Parlamentarischen Rat selbstverständlich die Erfahrungen aus der ersten deutschen Demokratie, der Weimarer Republik, gezogen sowie Sicherungen eingebaut, die möglichst ein Rückfallen in eine extreme Regierungsform verhindern sollten.
Im Vergleich zur amerikanischen Verfassung zeichnet sich das GG der Bundesrepublik durch großen *Detailreichtum* aus. In insgesamt 160 Verfassungsartikeln befaßt sich das 1949 zuerst verkündete und mitt-

lerweile mehrfach ergänzte und geänderte GG mit folgenden Problembereichen: (1) Grundrechte; (2) Verhältnis von Bund und Ländern; (3) Verfassungsorgane (Bundestag, Bundesrat, Gemeinsamer Ausschuß, Bundespräsident, Bundesregierung); (4) Gesetzgebung des Bundes; (5) Exekutive und die Bundesverwaltung; (6) Rechtsprechung; (7) Finanzwesen; (8) Sonderbestimmungen für den Verteidigungsfall (Notstandsverfassung).
Die wichtigsten der in den Artikeln 1–19 ausgeführten *Grundrechte* bestehen in der Garantie der Gleichheit aller vor dem Gesetz und der Gleichberechtigung der Frauen, der Glaubens- und Gewissensfreiheit sowie dem Recht auf Verweigerung von Kriegsdienst mit der Waffe, der Freiheit der Meinungsäußerung und -verbreitung, der Versammlungs- und Vereinsfreiheit, dem Brief-, Post- und Fernmeldegeheimnis, der Freizügigkeit, der Unverletzlichkeit der Wohnung sowie dem Schutz des Eigentums, wobei das Eigentum allerdings in eine *Sozialverpflichtung* eingebunden wird und, wenn notwendig, durch Vergesellschaftung in Gemeineigentum überführt werden darf. Dies bezieht sich aber nur auf Grund, Boden, Naturschätze und Produktionsmittel. Die Artikel 20–37 regeln die Kompetenzverteilung zwischen *Bund* und *Ländern* sowie deren Verhältnis zueinander. Die *gesetzgebende Gewalt* wird behandelt in den Artikeln 38–53 a; auch bei uns wurde das *Zweikammernsystem* eingeführt zur Repräsentation der Gesamtbevölkerung und zur Repräsentation der Interessen der Länder. Die Institution des *Bundespräsidenten* ist in den Artikeln 54–61 geregelt, während die *Bundesregierung* durch die Artikel 62–69 abgedeckt ist. Das *Gesetzgebungsverfahren* wird in den Artikeln 70–82 beschrieben. Hierbei sind besonders die beiden Kataloge in den Artikeln 73 und 74 interessant, die die ausschließende und die konkurrierende Gesetzgebung des Bundes an Beispielen abgrenzen. Die Ausführung der Bundesgesetze und die Kompetenz der *Bundesverwaltung* wird in den Artikeln 83–91 behandelt. Die *Rechtsprechung* als dritte Kraft ist Gegenstand der Artikel 92–104, wobei eine wichtige Ergänzung das *Bundesverfassungsgerichtsgesetz* aus dem Jahre 1951 ist. Als ganz besonders wichtig hervorzuheben ist der Verfassungsartikel 102, der besagt, daß die Todesstrafe abgeschafft ist. Während man in den USA bei der Diskussion um die Abschaffung der Todesstrafe noch versucht, ein Verbot aus der Definition des 8. Zusatzartikels, der grausame und ungewöhnliche Bestrafung verbietet, herzuleiten, ist dies durch unseren Artikel 102 schon fester Verfassungsbestandteil. Die Artikel 104 a bis 115 betreffen das *Finanzwesen*, wobei wiederum ein Artikel besonders herausgehoben werden sollte, nämlich der Artikel 106, der über die Verteilung der Steuern bestimmt und Zuschüsse an steuerschwache Länder vorsieht. Dies ist als sog. Finanzausgleich bekannt. Für den *Verteidigungsfall* sind in den Artikeln 115 a–115 l besondere Verfahren vorgesehen, die einige der im GG vorliegenden Artikel außer

Kraft setzen bzw. ändern, um damit eine möglichst effektive Regierungsarbeit im Verteidigungsfall zu gewährleisten.

Eine Sonderstellung nimmt noch die *Präambel* des GG ein, die davon ausgeht, daß das GG für ganz Deutschland gelte, also auch für den Teil Deutschlands, der mittlerweile als DDR ein selbständiger Staat geworden ist. In der Präambel wird folgerichtig darauf hingewiesen, daß es sich sowohl bei dem Staat Bundesrepublik Deutschland als auch bei der Verfassung um ein *Provisorium* handele. Das *Wiedervereinigungsgebot*, d. h. der Appell an das deutsche Volk, eine Wiedervereinigung in Frieden und Freiheit herbeizuführen, ist ein Haupthindernis bei der Normalisierung der Beziehungen des Staates Bundesrepublik Deutschland zum Staat Deutsche Demokratische Republik und zu dessen Verbündeten im kommunistischen Lager.

Verfassungsähnlichen bzw. verfassungsergänzenden Charakter haben auch noch einige Bundesgesetze, etwa das Gesetz über die Konvention zum Schutz der Menschenrechte und Grundfreiheiten, das Bundeswahlgesetz, das Gesetz über das Bundesverfassungsgericht und das Parteiengesetz. In diesen Gesetzen werden jeweils spezifische Verfassungsaufträge ausgeführt, wo die Verfassung nur postulierte, daß nähere Einzelheiten eines Verfassungsartikels, etwa über die Errichtung des Bundesverfassungsgerichtes, im Detail noch geregelt werden müßten.

Angesichts der politischen Erfahrungen mit der Weimarer Republik und der nachfolgenden nationalsozialistischen Herrschaftszeit ist es nicht verwunderlich, daß die Verfassung der Bundesrepublik besonderen Wert darauf legt, Bestimmungen einzubauen, die für eine überdurchschnittliche *Stabilität des politischen Systems* sorgen. Hierzu gehört die allgemeine Abneigung des GG gegen plebiszitäre Elemente. Nicht einmal der politisch eigentlich machtlose Präsident wird von der Bevölkerung direkt gewählt, sondern durch eine *Bundesversammlung*, die aus Mitgliedern des Bundestages und der Ländervertretungen besteht. Hierzu gehört auch das *konstruktive Mißtrauensvotum* des Artikels 67, das besagt, daß dem Bundeskanzler nur dann das Mißtrauen ausgesprochen werden kann, wenn gleichzeitig ein neuer Bundeskanzler mit Mehrheit im Parlament gewählt wird. Ebenso muß hier erwähnt werden die *5-Prozent-Klausel* des Wahlgesetzes, die bestimmt, daß eine Partei nur dann Abgeordnete ins Parlament entsenden kann, wenn sie mindestens 5 % aller im Bundesgebiet abgegebenen Stimmen auf sich vereinigen kann oder 3 Direktmandate erlangt hat. Diese Klausel verhindert vor allem die in der Weimarer Republik sehr stark zutage getretene Zersplitterung des Parteiensystems.

Obwohl in Artikel 1 GG alle drei Sparten der Machtausübung, also die Gesetzgebung, die Ausführung und die Rechtsprechung unmittelbar an die Grundrechte und an die Wahrung der Würde des Menschen gebunden werden, gibt es doch immer wieder Diskussionen über die reale oder angenommene Diskrepanz zwischen *Verfassungstext* und

Verfassungswirklichkeit. Wir verstehen die Verfassung nicht als ein einmal festgelegtes statistisches Dokument, sondern in systemischem Sinne als einen Katalog von Rahmendaten, die den politischen Alltag und den dynamischen politischen Prozeß nicht einengend definieren; vielmehr bestimmt die soziale und politische Umwelt, ggf. als Beweis in Verfassungsgerichtsprozessen, die Auslegung und die Anwendung des GG. Insofern wird das GG durch jeden politischen Akt ständig erneut praktisch. Die Verfassung ist nicht vor den Menschen da, sondern für die Menschen, weil nur diese sie mit Leben füllen können, weil nur die handelnden Menschen im politischen System die Verwirklichung der freiheitlich-demokratischen Grundordnung gewährleisten können.

Literatur: Deutsche Verfassungen. Deutschlands Weg zur Demokratie, München 1972; Hermes, F. A. (Hrsg.): Verfassung und Verfassungswirklichkeit, Opladen 1966 ff.; Kriele, M.: Einführung in die Staatslehre. Die geschichtlichen Legitimitätsgrundlagen des demokratischen Verfassungsstaates, Reinbek 1975; Loewenstein, K.: Verfassungslehre, Tübingen 1959; Seiffert, J.: 20 Jahre Grundgesetz, Neuwied 1969.

5 Außenpolitik und Internationale Beziehungen

5.1 Einführung

Die Lehre von der *Außenpolitik* und den *Internationalen Beziehungen* entstand als eigenständige politikwissenschaftliche Disziplin unmittelbar nach dem Ersten Weltkrieg, motiviert durch den besonders in den angelsächsischen Ländern verbreiteten Wunsch, eine erneute kriegerische Weltkatastrophe durch die Untersuchung der entscheidenden Triebkräfte, Beziehungsmuster und Techniken der zwischenstaatlichen Politik vermeiden zu helfen. Ihre Fragestellung zielte daher zunächst auf die Erforschung der Ursachen und Bedingungen von → *Krieg* und *Frieden* in einer komplexen Welt, um Handlungsanleitungen zur politischen Verwirklichung von Frieden zu entwickeln. Als ihre Vorläufer mögen die *Diplomatiegeschichte* und die Lehre vom → *Völkerrecht* gelten; allerdings formulierten diese eher Handlungsanweisungen, die entweder von überzeitlich gültigen Normen abgeleitet wurden oder in der Tradition der mittelalterlichen Fürstenspiegel standen. Dagegen strebt die Lehre von den Internationalen Beziehungen (zumindest in ihrer derzeit am weitesten verbreiteten empirisch-analytischen Variante) nach – empirisch überprüfbaren – Aussagen, die eine teilweise oder umfassende Beschreibung, Erklärung und Prognose der Zustände und Handlungsabläufe des → *Internationalen Systems* erlauben.

Über die grundlegenden Begriffe dieser Disziplin besteht freilich keine Einigkeit, denn ›Außenpolitik‹, ›Internationale Politik‹, ›Internationale Beziehungen‹, ›Multinationale Politik‹ und ›Transnationale Politik‹ haben in unterschiedlichen Erklärungszusammenhängen einen je verschiedenen Stellenwert.

Eine Erklärung zielt auf den politischen Gehalt der Bezugshandlung, der durch Erwerb und/oder Ausübung von Macht, Schlichtung von Konflikten, Entscheidung über Zuteilung gesellschaftlicher Werte o. ä. definiert ist. Demnach ist unter → *Außenpolitik* zu verstehen die auf die internationale Umgebung gerichtete Handlung eines *Akteurs* (vorzugsweise, aber nicht ausschließlich ein Nationalstaat) bzw. seiner *Entscheidungsträger*; eine Untersuchung der Außenpolitik schließt somit stets ein die Analyse des *Entscheidungsprozesses*, d. h. der Bedingungen, unter denen jene Handlung zustande kommt. Der Begriff der *Internationalen Politik* hingegen bezieht sich auf die *Interaktionsprozesse* zwischen zwei oder mehreren Akteuren; die Untersuchung der Internationalen Politik begreift die Handlungen eines Akteurs nur als einen Aspekt eines ganzen Interaktionsmusters. Demgegenüber besitzt der Begriff der *Internationalen Beziehungen* weiterreichenden

Charakter: Er umfaßt alle Arten von öffentlichen oder privaten, politischen oder sonstigen Beziehungen über staatliche Grenzen hinweg; die Untersuchung der Internationalen Beziehungen befaßt sich mit sämtlichen Interaktionen zwischen Mitgliedern verschiedener – im Regelfall staatlich organisierter – Gesellschaften bzw. mit den aus diesen Interaktionen während eines bestimmten Zeitraumes entstandenen Interaktionsmustern (vgl. Holsti).
Ein anderes Erklärungsmodell geht aus von dem durch Max Weber entwickelten Konzept des Staates als derjenigen menschlichen Gemeinschaft, welche innerhalb eines bestimmten Gebietes das Monopol legitimer physischer Gewaltsamkeit für sich mit Erfolg beansprucht. Es konstatiert, daß im internationalen Bereich ein derartiges Machtmonopol nicht vorhanden, das Staatensystem als System souveräner Einheiten demzufolge keiner höheren Autorität unterworfen sei. Als *Außenpolitik* erscheinen danach die grenzüberschreitenden Handlungen von Akteuren, die mit dem Monopol legitimer Gewaltanwendung ausgestattet sind und die notfalls zur Verwirklichung des angestrebten Zieles auf die Drohung mit staatlicher Gewalt oder ihre Anwendung zurückgreifen können. Als *Internationale Politik* erscheinen hier die Handlungen zwischen den je eigenständig mit jenem Gewaltmonopol ausgestatteten Akteuren, die keiner übergeordneten Gewalt unterworfen sind, während als *Internationale Beziehungen* solche Handlungen definiert werden, die sich zwischen beliebigen Akteuren abspielen – gleichgültig, ob diese ein Gewaltmonopol besitzen oder nicht (vgl. Aron und Herz).
Ein drittes Erklärungsmodell betrachtet den Staat nicht als eine Macht, die über den gesellschaftlichen Klassen steht und deren Konflikte innerhalb der Schranken der Ordnung halten soll, sondern als entscheidendes politisches Machtinstrument in den Händen bestimmter Klassen zur Durchsetzung ihrer Interessen (Engels). *Außenpolitik* wird demnach definiert als Bestandteil der Politik der herrschenden Klassen eines Staates; insofern wird zwischen *sozialistischer* und *imperialistischer* Außenpolitik unterschieden. Die Außenpolitik des sozialistischen Staates beruhe auf seiner durch die herrschende Arbeiterklasse und ihre revolutionäre Kampfpartei geprägten Klassennatur, sie werde von den Prinzipien des sozialistischen Internationalismus sowie der friedlichen Koexistenz bestimmt und verfolge die Sicherung der günstigsten internationalen Bedingungen für den Aufbau des Sozialismus und Kommunismus in den sozialistischen Staaten wie auch für eine progressive Entwicklung aller Völker. Die Außenpolitik imperialistischer Staaten sei hingegen vom Streben nach maximaler Sicherung der Profitinteressen der Monopolbourgeoisie durch Unterdrückung und Ausbeutung fremder Völker bestimmt und ziele danach, den Sozialismus in der Welt zurückzudrängen und zu beseitigen.
In dieser Sicht sind die Akteure der *Internationalen Politik* weder die

Staaten noch deren Entscheidungsträger, sondern die Klassen, deren Antagonismus gleichermaßen das innen- wie außenpolitische Geschehen bestimme. Ausgehend von der Annahme, daß Geschichte stets eine Geschichte von Klassenkämpfen sei, ließen sich Vorgänge außenpolitischer oder internationaler Art prinzipiell auf sozioökonomische Gegebenheiten zurückführen. Insofern sei das Weltsystem, das sich mit der Entwicklung der bürgerlichen Gesellschaft als kapitalistisches Herrschaftssystem herausgebildet habe, nicht nur auf nationaler Ebene hinsichtlich der Beziehungen zwischen herrschenden und beherrschten Klassen zu analysieren, sondern auch im internationalen Rahmen unter dem Aspekt des Kampfes einander befehdender Vertreter der Ausbeuterklasse miteinander sowie des durch die Klassensolidarität der imperialistischen Staaten gekennzeichneten Antagonismus gegenüber den sozialistischen Staaten (vgl. Geyer und Tomaschewski).

Gegen die idealtypische Trennung zwischen Innen-, Außen- und Internationaler Politik, der die Vorstellung des Nationalstaates als beinahe ausschließlichem, keiner höheren Gewalt unterworfenem Akteur auf der internationalen Bühne (Wolfers) zugrunde liegt, ist oftmals Kritik erhoben worden, läßt sich doch die *Außen*politik eines Staates ebensowenig losgelöst von den in seinem *Innern* ablaufenden Prozessen betrachten, wie die Analyse *inter*nationaler Politik allein auf einen Aktionsbereich *zwischen* Staaten beschränkt werden kann. Ist im ersteren Falle die Gesellschaft Substrat der staatlichen, gleichsam in ihrem Auftrage erledigten Aktionen (vgl. Krippendorff), so ist im letzteren Zusammenhang der Nationalstaat nicht der alleinige Träger der internationalen Politik; neben ihm agieren z. B. noch internationale Konzerne, internationale Organisationen und Freiheitsbewegungen.

Angesichts der Globalisierung gesellschaftlicher Beziehungen (→ Weltpolitik, Weltwirtschaft, Weltverkehr) und der Überwindung traditioneller, durch die nationalstaatliche Souveränität gezogener Schranken durch die erweiterten internationalen Kommunikations- und Wirtschaftsbeziehungen sind daher neue Konzepte entwickelt worden. Sie sollen der Bezogenheit von Akteuren und deren Interaktionen aufeinander (›linkage‹), der eher einseitigen Durchdringung eines Akteurs durch Mitglieder eines anderen, die an dessen Entscheidungsprozeß direkt und mit bindender Autorität teilhaben (›Penetration‹), wie auch der gegenseitigen Verflechtung von Akteuren unter Ersatz des ausschließlich nationalstaatlichen durch einen mehrstaatlichen Entscheidungsrahmen (›Integration‹) gerecht werden.

Unter dem Begriff der *Multinationalen Politik* werden die verschiedenen Tatbestände zusammengefaßt, bei denen gesellschaftliche und innenpolitische Prozesse eines oder mehrerer nationalstaatlicher Systeme mit den nach außen gerichteten Aktivitäten von nationalstaatlichen Akteuren oder internationalen Organisationen ein interdependentes Handlungssystem bilden. Dabei konzentriert sich die Aufmerksamkeit insbesondere auf Phänomene der *Transnationalen Politik*, bei der staatliche Entscheidungsträger auf gesellschaftliche Prozesse reagieren, die zwar außerhalb des eigenen staatlichen Systems verankert sind, aber die eigene Gesellschaft durchdringen und so als Außeneinflüsse gleichsam auf dem Umweg über die eigene nationale Gesellschaft – nicht auf dem direkten Wege von Entscheidungsträger zu Entscheidungsträger – in den nationalen Entscheidungsprozeß eingehen (vgl. Kaiser).

Literatur: Aron, R.: Frieden und Krieg. Eine Theorie der Staatenwelt, Frankfurt a. M. 1963; Czempiel, E. O. (Hrsg.): Die Lehre von den Internationalen Beziehungen, Darmstadt 1969; Geyer, D. (Hrsg.): Osteuropa-Handbuch. Sowjetunion. Außenpolitik I/II, Köln 1972/1976; Herz, J. H.: Weltpolitik im Atomzeitalter, Stuttgart 1961; Holsti, K. J.: International Politics. A Framework for Analysis, London ²1974; Kaiser, K.: Transnationale Politik. Zu einer Theorie der multinationalen Politik, in: PVS, Sonderheft 1/1969, S. 80 bis 109; Krippendorff, E.: Ist Außenpolitik *Außen*politik?, in: PVS 4/1963, S. 243–266; Meyers, R.: Die Lehre von den Internationalen Beziehungen. Ein entwicklungsgeschichtlicher Überblick, Düsseldorf 1977; Tomaschewski, D. G.: Die Lenin'schen Ideen und die internationalen Beziehungen der Gegenwart, Berlin (Ost) 1973; Wolfers, A.: Discord and Collaboration. Essays on International Politics, Baltimore ²1968.

5.2 Darstellung

Die folgende Darstellung gibt zunächst einen Überblick über die vornehmlichen → Forschungsorientierungen im Bereich der Außenpolitik und Internationalen Beziehungen (→ Traditionelle, → Systemtheoretische Sicht der Außenpolitik und von daher → Mittel der Außenpolitik; unterschiedliches Verständnis der Internationalen Beziehungen aus dem Blick auf die → Internationale Gesellschaft, das → Internationale System, die → Internationale Klassengesellschaft oder aus der Perspektive der → Friedensforschung). Danach wendet sich die Darstellung im einzelnen den bestimmenden Entwicklungs- und Strukturbedingungen dieses Bereichs der Politik in ihrer geschichtlichen Folge zu: der → Herausbildung des europazentrischen internationalen Systems seit dem 17. Jahrhundert (→ Territorialstaat, → Souveräner Staat, → Völkerrecht, → Europäisches Gleichgewicht), der mit dem 15. Jahrhundert einsetzenden und zumal das 19. Jahrhundert prägenden → Ausweitung des europäischen Staatensystems (→ Kolonialmächte → Kolonialismus, → Imperialismus), dem durch den Ersten Weltkrieg geförderten und durch den Zweiten Weltkrieg besiegelten → Niedergang des europäischen Gleichgewichtssystems (→ Gewichtsverlagerungen, → Kollektive Sicherheit, → Innenorientierung,

→ Ideologisierte Machtpolitik) sowie der Herausbildung der → Internationalen Politik als Weltpolitik seit dem Zweiten Weltkrieg (→ Weltpolitik, → Interdependenz, → Sicherheitspolitik, → Blockfreiheit).

5.21 *Forschungsorientierungen*

Innerhalb der Disziplin lassen sich einige grundlegende F. unterscheiden, die innerhalb der Ausrichtung auf die Außenpolitik eines Staates oder auf die Internationalen Beziehungen eine bestimmte Betrachtungsweise des Gegenstandes verfolgen und ihn somit näher eingrenzen.

5.21.1 Außenpolitik

In der die A. eines Staates analysierenden Literatur kann eine eher *traditionelle* von einer eher *systemtheoretischen Sicht* unterschieden werden, und es können dann die von daher gesehenen wesentlichen *Mittel* der A. benannt werden.

5.21.11 Traditionelle Sicht der Außenpolitik

In der traditionellen Sicht der Außenpolitik liegt dann ein Akt der Außenpolitik vor, wenn die verantwortlichen Entscheidungsträger einer politischen Einheit auf die Entscheidungsträger einer außerhalb ihres eigenen Souveränitätsbereichs liegenden Einheit Einfluß zu nehmen versuchen, um deren gesetzgeberische Gewalt nach ihren eigenen Interessen auszurichten. Nach dieser Auffassung ist die Außenpolitik eines Staates geprägt durch je unterschiedliche *ideelle* (z. B. geschichtliche Entwicklung, tradierte Wert- und Stilvorstellungen, vorherrschende politisch-ideologische Ausrichtungen) und *institutionelle* (z. B. Regierungssystem, Verfassungsordnung, am politischen Willensbildungsprozeß teilhabende Gruppen) *Gestaltungsfaktoren*; die außenpolitisch Handelnden wie deren Motive, der örtliche und zeitliche Zusammenhang der Handlungen, die geschichtlichen Erfahrungen und strategischen Gegebenheiten sind einmaliger, nur im historischen Kontext bestimmbarer Natur. Von daher sind Untersuchungen der Außenpolitik primär entweder als *Fallstudien* anzulegen, die einzelne außenpolitische Akte oder eine Abfolge dieser Akte durch Rekurs auf deren institutionelle und/oder ideelle Gestaltungsfaktoren zu erklären versuchen, oder aber als *Problemstudien*, die die am besten geeigneten Mittel zur Verwirklichung eines bestimmten außenpolitischen Zieles herausarbeiten.

Literatur: Krekeler, H. L.: Die Außenpolitik, München 1967; Schweitzer, C. C.: Chaos oder Ordnung? Einführung in die Probleme der Internationalen Politik, Köln 1973.

5.21.12 Systemtheoretische Sicht der Außenpolitik

Die systemtheoretische Sicht der Außenpolitik geht davon aus, daß Außenpolitik zum einen als Prozeß der Anpassung der Ziele eines Akteurs wie der zu ihrer Verwirklichung benutzten Mittel an die wechselnden Bedingungen und Erfordernisse des internationalen Systems aufzufassen ist. Zum anderen begreift sie darunter jene nach innen verbindlichen Entscheidungen nationaler Entscheidungsträger wie deren Umsetzung in politische Handlungen, die darauf zielen, von den Entscheidungsträgern positiv bewertete Aspekte des internationalen Systems zu erhalten oder negativ bewertete Aspekte zu ihren Gunsten zu verändern. Diese Perspektive gründet auf einer Reihe von Annahmen, nämlich darauf, daß (a) Entscheidungsträger nicht direkt auf Veränderungen ihrer Umgebung reagieren, sondern auf die Wahrnehmung (*Perzeption*) dieser Veränderungen, (b) Entscheidungsträger eine Vorstellung davon besitzen, wie ihre Umgebung strukturiert sein sollte und insofern ihre Handlungen *zielgerichteter* Natur sind, (c) die *Entscheidungen* der Entscheidungsträger das Ergebnis eines psychologischen Auswahlprozesses sind, der darauf abhebt, aus einer gesellschaftlich definierten und durch die verfügbaren materiellen Mittel, frühere politische Entscheidungen und ideelle Grundwerte beschränkten Anzahl außenpolitischer Alternativprojekte dasjenige Vorhaben zu ermitteln, das eine je bestimmte, von den Entscheidungsträgern beabsichtigte zukünftige Veränderung der Beziehungsmuster des internationalen Systems bewirken soll. Untersuchungen der Außenpolitik, die diese Perspektive vertreten, zielen eher auf die Ermittlung des Vergleichbaren, des Typischen einer Anzahl von Fällen und auf die Bildung empirisch fundierter partieller oder umfassender Theorien, die letztlich eine *Prognose* außenpolitischen Handlungsverhaltens ermöglichen sollen.

Literatur: Frankel, J.: Die außenpolitische Entscheidung, Köln 1965; McGowan/Shapiro: The Comparative Study of Foreign Policy. A Survey of Scientific Findings, London 1974; Rivera, J. H. de: The Psychological Dimension of Foreign Policies. Theories, Findings, Methods, New York 1974; Snyder/Bruck/Sapin (Hrsg.): Foreign Policy Decision-Making. An Approach to the Study of International Politics, Glencoe/Ill. 1962.

5.21.13 Mittel der Außenpolitik

Als wesentliche Mittel der Außenpolitik werden in der Regel – abgesehen von der ultima ratio des Einsatzes oder der Drohung mit militärischer Gewalt – folgende Handlungsweisen betrachtet: die Sicherheitspolitik, die Diplomatie, die auswärtige Kulturpolitik und die Außenwirtschaftspolitik.

Sicherheitspolitik nennt man die Gesamtheit jener Maßnahmen politischer, diplomatischer, militärischer, wirtschaftlicher und psychologischer Natur, die unter dem Aspekt der Verminderung des Konfliktpotentials auf die Erhaltung oder Revision der bestehenden Beziehungsmuster innerhalb des internationalen Systems wie auch zwischen einzelnen seiner Akteure zielen und die einerseits gewährleisten, daß eine politische Einheit früher erworbene materielle oder ideelle Grundwerte selbst dann nicht aufgeben muß, wenn sie einen Krieg vermeiden will, die sie aber andererseits auch befähigen, im Falle der kriegerischen Bedrohung diese Grundwerte erfolgreich zu verteidigen.

Diplomatie nennt man gemeinhin sowohl die Regelung internationaler Beziehungen durch Verhandlungen als auch die Methode, vermittels derer diese Beziehungen durch Botschafter oder Gesandte geordnet und geregelt werden, als auch schließlich die Kunst oder Tätigkeit des Diplomaten. Dabei wäre unter Diplomatie im engeren Sinne der Prozeß des Verhandelns zwischen Beauftragten nationaler und/oder supranationaler Akteure zu verstehen, bei dem ausdrückliche Vorschläge mit dem offenkundigen Zweck vorgebracht werden, vorliegende Interessengegensätze mittels einer Übereinkunft über einen Austausch oder über die Verwirklichung gemeinsamer Interessen auszugleichen.

Auswärtige Kulturpolitik nennt man sowohl den Prozeß der Selbstdarstellung einer politischen Einheit im Ausland vermittels der Verbreitung und Pflege ihrer Sprache und Kultur als auch die staatlich geförderte Unterhaltung von bi- oder multilateralen Austauschbeziehungen wissenschaftlicher, künstlerischer, literarischer, schulischer, religiöser oder sportlicher Art, die der Verständigung zwischen Angehörigen verschiedener politischer Einheiten dienen.

Außenwirtschaftspolitik ist nach herkömmlichem Verständnis jene Tätigkeit eines Staates, die die grenzüberschreitenden Wirtschaftsbeziehungen regelt und vor allem Währungs- und Zollpolitik, Maßnahmen hinsichtlich der Ein-, Aus- und Durchfuhr von Wirtschaftsgütern, der Förderung des Absatzes heimischer Erzeugnisse sowie Regelungen zur Sicherung des Binnenmarktes und zur Erhaltung und Neuerschließung von Absatzgebieten umfaßt. Während Entscheidungen in diesem Bereich früher überwiegend von nationalen Entscheidungsinstanzen getroffen wurden, unterliegt die Außenwirtschaftspolitik heute angesichts einer immer intensiveren regionalen (z. B. EG, RGW) und weltwirtschaftlichen (z. B. Ölpreiskrise, multilateraler Rohstoffabkommen) Verflechtung weitreichenden Einflüssen internationaler Organisationen sowie dritter Akteure (Staaten, internationale Konzerne), die den nationalen Handlungsspielraum teilweise empfindlich beschränken. Außenwirtschaftspolitik mag nicht nur dem Ziel wirtschaftlicher und finanzieller nationaler Selbsterhaltung dienen, sondern mittels der Gewährung finanzieller oder wirtschaftlicher Vorteile bzw. durch die Drohung mit wirtschaftlichen Repressalien auch der Verwirklichung nationaler außenpolitischer Zielvorstellungen.

Literatur: Hütter, J.: Nationale Sicherheit als praktische Aufgabe der Politik, in: PVS 17/1976, S. 62–80; Iklé, F. Ch.: Strategie und Taktik des diplomatischen Verhandelns, Gütersloh 1965; Krekeler, H. L.: Die Diplomatie, München 1965; Predöhl, A.: Außenwirtschaft, Göttingen ²1971; Sirc, L.: Outline of International Trade. Commodity Flows and Division of Production between Countries, London 1973.

5.21.2 Internationale Beziehungen

In der die I. B. analysierenden Literatur stehen nebeneinander die Ausrichtung auf die → Internationale Gesellschaft, das → Internationale System, die → Internationale Klassengesellschaft sowie die Perspektive der → Friedensforschung.

5.21.21 Internationale Gesellschaft

Die i. G. war in den dreißiger und vierziger Jahren hauptsächlicher Forschungsgegenstand. Sie wurde verstanden als ein Phänomen, das sich ergibt aus dem als Einheit aufgefaßten sozialen Verhalten von Gruppen oder Individuen, welches wiederum wechselseitig Verhalten oder Existenz von Individuen oder Gruppen eines anderen Staates beeinflußt bzw. von diesen beeinflußt wurde (›inter-nationale Beziehungen‹). Der spezifische soziale Kontext dieses Verhaltens wurde umschrieben durch die Beziehungen zwischen autonomen politischen Gruppen in einem Weltsystem, in dem sich die Macht nicht an einem Punkt konzentriert. Offen blieb dabei, ob die i. G. aufgefaßt werden sollte als eine aus den staatlich organisierten nationalen Gesellschaften zusammengesetzte *Staatengesellschaft* (Morgenthau) oder als eine sich gleichsam unterhalb der staatlichen Ebene erstreckende *transnationale Gesellschaft* (Aron), in der die Beziehungen zwischen Staaten als bloßer Spezialfall der Beziehungen zwischen sozialen Gruppen begriffen werden konnten.

Darin spiegelt sich der Gegensatz zwischen der Position, die seit *Machiavelli* und *Hobbes* einen anarchischen internationalen Naturzustand konstatiert, und jener, die seit *Dante* und *Kant* die i. G. als eine Gemeinschaft aller Menschen, als ›civitas maxima‹ auffaßt. Allerdings streben beide Richtungen – unter teilweiser Anlehnung an soziologische Untersuchungsverfahren – nach einem besseren Verständnis der i. G., ihrer Entwicklung und Struktur sowie der in ihr wirksamen Integrations-, Zersetzungs- und Transformationstendenzen. Auf der Basis einer das Ähnliche, Einheitliche und Typische in der Vielfalt einzigartiger Erfahrungstatsachen formulierenden Theorie bemühen sie sich, Handlungsanleitungen zu formulieren, die den kürzesten und sichersten Weg zu einem gegebenen Ziel aufweisen (Morgenthau) und zu einer konstruktiven Gestaltung der Zukunft beitragen (Schwarzenberger) sollen.

Literatur: Hinsley, F. H.: Power and the Persuit of Peace. Theory and Practice in the History of Relations between States, Cambridge 1967;

Modelski, G.: Principles of World Politics, New York 1972; Morgenthau, H. J.: Macht und Frieden. Grundlegung einer Theorie der internationalen Politik, Gütersloh 1963; Schwarzenberger, G.: Machtpolitik. Eine Studie über die internationale Gesellschaft, Tübingen 1955.

5.21.22 Internationales System

Das i. S. wird von einer sich in den fünfziger und sechziger Jahren entwickelnden, in empirisch-analytischer und behavioristischer Tradition stehenden Forschungsrichtung zum Hauptgegenstand der Disziplin gemacht. Sie geht von der Annahme aus, daß nicht nur die verschiedenen nationalen, transnationalen (z. B. internationale Konzerne), supranationalen (z. B. EG, NATO, Warschauer Pakt) und universalen (z. B. UNO) *Akteure* miteinander in ständigen Interaktionsbeziehungen stehen, sondern daß auch die verschiedensten *Ereignisse*, die innerhalb einer Region stattfinden, in Wechselwirkung zu denen anderer Regionen stehen. Deshalb sehen die Vertreter dieser Forschungsrichtung das i. S. konstituiert durch seine innerhalb je bestimmter *struktureller* und *funktionaler Beziehungen* handelnden Akteure. Unter Berufung auf das Aristotelische Ganzheitskonzept (»Das Ganze ist mehr als die Summe seiner Teile.«) wird postuliert, daß sich das Verhalten des i. S. allein als das – über eine bloße Addition je individueller Verhaltensweisen der Systemakteure hinausgehende – Gesamt jenes Interaktionsverhaltens fassen läßt und daß es eine Qualität, Dichte und Eigenbewegung gewinnt, die in weitaus größerem Ausmaß als die internen Entscheidungsbedingungen der Systemelemente deren Verhalten bestimmt.

Systemanalytisch orientierte Untersuchungen betrachten ihren Gegenstand – etwa einen Nationalstaat oder ein regionales Bündnissystem – unter den Aspekten seiner inneren Struktur, Funktion und Beziehung zur *Umwelt*. Kennzeichnend ist für sie ein sowohl ganzheitliches als auch konstruktivistisches Verfahren: Der zu untersuchende Sachverhalt wird unter einer problembestimmten Fragestellung aus einem umfassenderen Zusammenhang herausgelöst, gleichsam zum System erhoben; der umfassendere Zusammenhang wird bei der Analyse als Systemumwelt berücksichtigt, mit der das System im Regelfalle, d. h. wenn es sich um ein *offenes System* handelt, in Austauschverhältnissen steht. Das dabei zugrunde liegende Erklärungsmuster ist kein mechanistisches, d. h. dem Schema von Ursache und Wirkung verbundenes, sondern ein *teleologisches*, das auf die Klärung des Zweckes oder der Funktion des Systems, seiner Elemente und der zwischen diesen bestehenden strukturellen und funktionalen Beziehungen abhebt. Dies findet seine Begründung darin, daß es sich bei den als System aufgefaßten Zusammenhängen um *Handlungszusammenhänge* handelt, in denen Absichten, Motive, Wünsche und Ziele von Individuen – oder auf abstrakterer Ebene: von Akteuren – eine herausragende Rolle spielen.

Literatur: Händle/Jensen (Hrsg.): Systemtheorie und Systemtechnik, München 1974; Kaplan, M. A.: System and Process in International Politics, New York 1957; Simonis, G.: Kritischer Vergleich einiger systemtheoretischer Ansätze internationaler Beziehungen, in: PVS, Sonderheft 5/1973, S. 61–85.

5.21.23 Internationale Klassengesellschaft

Anknüpfend an die Tradition der bürgerlichen wie marxistischen Imperialismuskritik betont eine dritte Forschungsrichtung statt der horizontalen Segmentierung der internationalen Gesellschaft deren vertikale Schichtung zur i. K. Die Entscheidungsprozesse der Akteure sieht sie nicht vorwiegend abhängig von Einflüssen aus dem internationalen System, sondern von internen, letztlich auf den Prozeß der ökonomisch vermittelten Reproduktion gesellschaftlichen Lebens zurückführbaren Entscheidungsbedingungen. Zum Forschungsgegenstand werden damit die Strukturen und Prozesse einer Weltgesellschaft, die durch die – von Süd- und Westeuropa ausgehende, später auch den atlantischen Raum umfassende, schließlich vermittels kolonialer und imperialer Expansion auf den gesamten Globus ausgedehnte – kapitalistische Handels- und Produktionsweise geprägt wurde. Als Charakteristikum dieser Weltgesellschaft begreift sie deren *hierarchische Struktur* mit der einseitigen Abhängigkeit geringer entwickelter von höher entwickelten Teil- (letztlich: kapitalistischen Industrie-) Gesellschaften.

Diese Struktur sei vor allem bedingt durch eine ungleiche Verteilung wirtschaftlicher, technologischer und militärischer Ressourcen sowie politischer Einflußmöglichkeiten unter den einzelnen Teilgesellschaften. Zudem werde die Weltgesellschaft von einer Klassenstruktur durchwoben, die gleichsam als internationale Verlängerung der nationalen Klassenstrukturen aufgefaßt werden könne. Auf der einen Seite stünden die gemeinsame Interessen vertretenden »Verfügungsgewaltigen des Kapitals« sowie die mit ihnen aus Eigeninteresse oder mangels alternativer Handlungsmöglichkeiten verbundenen »politischen, militärischen, wissenschaftlichen und anderen Eliten« (Gantzel), während die andere Seite »die Lohnabhängigen, Kleinbauern, Kleingewerbetreibenden, einfachen Soldaten, verelendeten Massen usw.« umfasse. Als vornehmliche Aufgabe der Disziplin betrachtet diese Richtung das Bewußtmachen jener ökonomisch vermittelten Abhängigkeiten sowie die Entwicklung von Strategien zu deren Überwindung; über das dabei anzusteuernde konkrete Ziel allerdings besteht unter ihren Vertretern keine hinreichende Einigkeit.

Literatur: Calamaros, A.-D.: Internationale Beziehungen. Theorien, Kritik, Perspektiven, Stuttgart 1974; Gantzel, K. J. (Hrsg): Herrschaft und Befreiung in der Weltgesellschaft, Frankfurt a. M. 1975; Krippendorff, E.: Internationales System als Geschichte. Einführung in die Internationalen Beziehungen 1, Frankfurt a. M. 1975.

5.21.24 Friedensforschung

Als eigenständiger Forschungsbereich hat sich um die Wende zu den sechziger Jahren die F. herausgebildet, die mit ihren verschiedenen Richtungen am Begriff eines *negativen* bzw. *positiven Friedens* orientiert ist. Sie mag als eine korrigierende Reaktion gegen die Entwicklung der Lehre von den Internationalen Beziehungen verstanden werden, die ihre ursprüngliche Fragestellung hinter die Beschäftigung mit Gegenständen wie Machtpolitik, Gleichgewicht, verschiedene Formen des → Internationalen Systems usw. zurücktreten ließ und sich von der normativen, auf unmittelbare Umsetzung wissenschaftlicher Erkenntnis in die politische Praxis abzielenden Orientierung entfernte. Die Herausbildung der → Internationalen Politik als Weltpolitik namentlich mit dem Aufkommen nuklearer Waffen und dem Wandel des *Krieges* von einer Streitgemeinschaft zu einer vom Menschen ausgelösten Naturkatastrophe wurde deshalb zum Ausgangspunkt einer *Friedens*-Forschung mit nicht zuletzt moralischen Impulsen und zumal aufgrund der Einsicht in die unumgängliche Notwendigkeit, ein → Internationales System, das auf *Abschreckung* gegründet, vom Sicherheitsdilemma gekennzeichnet und durch manifeste Auseinandersetzungen wie den → Ost-West-Konflikt oder den → Nord-Süd-Konflikt bestimmt wird, zugunsten eines friedlicheren Zusammenlebens der Menschen zu überwinden und dazu die ursprüngliche Frage nach den *Kriegsursachen* und *Friedensbedingungen* erneut aufzugreifen.

Literatur: Funke, M. (Hrsg.): Friedensforschung. Entscheidungshilfe gegen Gewalt, München 1975; Kaiser, K.: Friedensforschung in der Bundesrepublik, Göttingen 1970; Krippendorff, E. (Hrsg.): Friedensforschung, Köln 1968.

5.22 *Herausbildung des europazentrischen internationalen Systems*

Der erste für die Neuzeit prägende Zusammenhang von Entwicklungs- und Strukturbedingungen der Außen- und internationalen Politik läßt sich mit der Herausbildung des europazentrischen internationalen Systems erfassen, denn in ihm entsteht der moderne → Territorialstaat und damit der moderne → Souveräne Staat, wird das → Völkerrecht ausgebildet und das → Europäische Gleichgewicht entfaltet.

5.22.1 Territorialstaat

Grundlegende historische Voraussetzung für die Herausbildung des europazentrischen internationalen Systems ist die Zentralisierung staatlicher Gewalt im T., wie er sich im Übergang der personenrechtlich bestimmten Herrschaftsverhältnisse des mittelalterlichen → Feudalismus zu den nunmehr *gebiets*rechtlich bestimmten Herrschaftsverhältnissen der Neuzeit entwickelte. Der Zusammenbruch des staufischen Kaiserreiches hatte den Fürsten die Möglichkeit eröffnet, die alte imperiale, auf dem universalistischen Charakter des Kaisertums gründende Weltordnung zu negieren: nach außen – freilich gegen den Widerstand des Papsttums – den Anspruch auf volle einzelstaatliche Selbstherrlichkeit zu vertreten und nach innen die antifeudalistischen Ansprüche absoluter Fürstenherrschaft durchzusetzen, wenn auch zunächst noch beschränkt durch den Widerstand der Stände gegen einseitige Rechtsetzung des Fürsten. Ist der Staat der frühen Neuzeit so noch ein dualistisches, fürstlich-ständisches Gebilde, wird er doch schon in seiner Form des *institutionellen Flächenstaates*, der Hoheitsrechte nicht mehr vom Personenverband, sondern vom Territorium herleitet, staats- und dann auch völkerrechtlich faßbar, auch wenn sich dieser Prozeß über Jahrhunderte erstreckte. Von *inter-nationalen* Beziehungen zwischen solchen Staaten in dem von Jeremy Bentham (1748–1832) geprägten Begriff mag tatsächlich erst gesprochen werden, seit im Westfälischen Frieden 1648 den deutschen Reichsständen die volle Landeshoheit sowie das Recht zu Bündnissen mit auswärtigen Mächten zugestanden wurde, mehr aber noch seit der Festigung der staatlichen Zentralgewalt gegenüber Landschaften und Ständen im → Absolutismus des 17./18. Jahrhunderts. Auch die Reformation hat an dieser Entwicklung Anteil: Sie enthob die Herrscher Europas endgültig der Verpflichtung, persönliche wie Staatsinteressen der externen universalistischen religiösen Autorität des Papsttums unterzuordnen.

Literatur: Hassinger, E.: Das Werden des neuzeitlichen Europa 1300–1600, Braunschweig ²1966; Hubatsch, W.: Das Zeitalter des Absolutismus 1600–1789, Braunschweig ³1970.

5.22.2 Souveräner Staat

Ergebnis der genannten Entwicklung war der s. S., der sowohl nach innen als auch nach außen das Postulat unbeschränkter Herrschaftsausübung vertrat. Der Anspruch auf *Nichteinmischung* anderer in seine inneren Angelegenheiten, auf *Gebietshoheit* über alle Personen und Sachen innerhalb des Staatsgebiets sowie der Ausschluß der Jurisdiktion über auswärtige Staaten, das *Bündnisrecht* sowie das *Recht auf Kriegführung* kennzeichnen seine äußere oder *völkerrechtliche Souveränität*. Dem liegt die auf Bodin zurückgehende, von Hobbes weiterentwickelte Staatsauffassung des → Absolutismus zugrunde, nach der der Fürst als Inhaber der höchsten und letztentscheidenden Gewalt über den Gesetzen steht und ihnen selbst nicht unterworfen ist – was eben auch im Außenverhältnis zwischen Staaten gilt. In idealtypischer Sicht stellt Souveränität die juristische Komponente der *Territorialität* des modernen Staates dar, einer Territorialität, die physisch in jenem Staatsgebiet faßbar war, das sich zur Selbstbehauptung nach außen und zum Schutz seiner Einwohner mit Befestigungen umgab, gleichsam mit einer gegen Durchdringung von außen her sichernden harten Schale als greifbarem militärischen Ausdruck der Staatlichkeit.

Literatur: Herz, J. H.: Aufstieg und Niedergang des Territorialstaates, in: ders.: Staatenwelt und Weltpolitik, Hamburg 1974, S. 63–81.

5.22.3 Völkerrecht

Die Zuständigkeiten der auf der Grundlage ihrer Territorialität und Souveränität miteinander in Wechselbeziehungen stehenden Staaten innerhalb des modernen Staatensystems grenzt dabei das V. mit seinen Grundsätzen und Rechtsregeln ab. Es verleiht jenem Zustand staatlicher Undurchdringbarkeit Ausdruck durch nähere Bestimmung seiner geltenden Bedingungen.

Das V. mag als ein System von Verhaltensregeln betrachtet werden, das auf der *Gleichberechtigung* aller Staaten basiert und nicht im Gegensatz zu deren souveräner Unabhängigkeit steht, sondern deren Verwirklichung im Frieden wie in Kriegszeiten erst ermöglicht, Seine Quellen sind jene *Abkommen,* in denen von den Vertragspartnern ausdrücklich anerkannte Normen aufgestellt sind, ferner die mittels Rechtsvergleichung aus dem innerstaatlichen Recht gewonnenen, von den zivilisierten Staaten anerkannten *allgemeinen Rechtsgrundsätze* sowie das durch tatsächliche Übung von gewisser Dauer innerhalb einer bestimmten Gemeinschaft entstandene *Gewohnheitsrecht*. Allerdings ist seine Geltung von der freiwilligen Unterwerfung der Staaten unter seine Normen abhängig: Es gibt bislang keine mit realer Macht ausgestattete Instanz, die die Einhaltung der V.-Grundsätze erzwingen und Verstöße gegen diese wirksam sanktionieren könnte.

Literatur: Kelsen, H.: Principles of International Law, New York ²1966; Kimminich, O.: Einführung in das Völkerrecht, Pullach 1975; Verdross, A.: Völkerrecht, Wien ⁵1964.

5.22.4 Europäisches Gleichgewicht

Dem klassischen System des e. G. ist es zu verdanken, daß nach der Entstehung der Großmächte im 18. Jahrhundert die Vorherrschaft eines einzelnen Staates über Europa lange Zeit verhindert werden konnte. Auf der Achtung der politischen Selbständigkeit, Gebietshoheit und Gleichheit der Staaten gründend, sicherte das Gleichgewichtssystem den Bestand seiner Hauptakteure (Ausnahme: Teilungen Polens) durch ein Spiel von Bündnissen und Gegenbündnissen, notfalls durch einen Koalitionskrieg gegen Hegemoniebestrebungen verfolgende Mächte. Seine Konzeption basierte auf der *Vermeidung dauer-*

hafter Koalitionen zwischen den Systemakteuren; diese mußten jederzeit imstande sein, zum Ausgleich wechselnder Machtverteilung innerhalb des Systems ihre Unterstützung einem Akteur zu entziehen und auf einen anderen zu übertragen. Während die Idee des Gleichgewichts ursprünglich vom Interaktionsverhältnis der italienischen Renaissancestaaten abgeleitet wurde, erhielt sie im Zeitalter Ludwigs XIV. (1643–1715) ihre theoretische Vollendung; der Friede von Utrecht (1713) gab ihr eine allgemein-europäische, gleichsam völkerrechtliche Bedeutung. Allerdings vermischte sich jene *normative* Konzeption eines Machtausgleichs zwischen unterschiedlich gewichtigen Systemelementen schon im 18. Jahrhundert mit *deskriptiven* Aspekten: ›Gleichgewicht‹ bezeichnete auch den Zustand des europäischen Staatensystems, der aus dem Ausgleich wechselnder Machtverteilung resultierte. Und im 19. Jahrhundert erfuhr der Begriff noch weiterreichende Veränderungen: Er deckte sowohl die nach der Niederringung Napoleons errichtete, auch als *europäisches Konzert* bekannte Hegemonie der Großmächte über die Kleinstaaten Europas wie auch das Bestreben einzelner Systemakteure – vorgeblich zur Verhütung einer künftigen ungleichgewichtigen Machtverteilung –, gegenüber anderen Akteuren einen Machtvorsprung zu erwerben, zu bewahren oder auszubauen.

Literatur: Dehio, L.: Gleichgewicht oder Hegemonie. Betrachtungen über ein Grundproblem der neueren Staatengeschichte, Krefeld 1948; Haas, E. B.: The Balance of Power. Prescription, Concept, or Propaganda, in: World Politics, Bd. 5, 1952/53, S. 442–477.

5.23 *Ausweitung des europäischen Staatensystems*

Der zweite prägende Zusammenhang von Entwicklungs- und Strukturbedingungen der Außen- und internationalen Politik ist in der weltpolitischen Ausweitung des europäischen Staatensystems zu sehen, die wesentlich durch den vom Zeitalter der Entdeckungen bis zum Ende des 19. Jahrhunderts reichenden Prozeß der kolonialen Expansion der europäischen Mächte bedingt war.

5.23.1 Kolonialmächte

Dieser weder kontinuierlich noch regional einheitlich verlaufende Prozeß läßt sich zunächst nach den verschiedenen an ihm beteiligten K. gliedern. Zu unterscheiden ist nämlich zwischen den *iberisch-katholischen* (Spanien, Portugal) und den *westeuropäisch-protestantisch-säkularen* (Großbritannien, Niederlande, Frankreich) *K.*, die dabei von unterschiedlichen Zielen geleitet wurden und unterschiedliche Mittel einsetzten.

Spaniens und Portugals Ausgreifen in die ozeanischen Gebiete erscheint im Zusammenhang mit einer politischen Leitidee, die bereits das europäische Mittelalter z. Z. der Kreuzzüge ausgebildet hatte: der

Verbindung des *Missionsgedankens* mit der Unterwerfung fremden Landes unter die Herrschaft der Kirche. Nach jener Missionstheorie hatten sich die Bestrebungen weltlicher Machtausdehnung in außereuropäischen Gebieten dem vorwaltenden Interesse der Christianisierung unterzuordnen. Die Einteilung der Missionszonen durch die Kurie, die nach der Entdeckung Amerikas und Ostindiens im letzten Jahrzehnt des 15. Jahrhunderts in einer Zweiteilung der Neuen Welt in eine portugiesische und eine spanische Hälfte gipfelte (Vertrag von Tordesillas 1494, Vertrag von Saragossa 1529), sollte zugleich die weltlichen Herrschaftszonen bestimmen und jedem anderen Wettbewerber gegenüber abschließen. Zumal Spanien war aber gleichzeitig in eine europäisch-kontinentale Rolle eingebunden (Spanischer Erbfolgekrieg 1701–1714), in der es gegen die protestantisch-calvinistischen Mächte Westeuropas stand. Aus ihrem Kampf für die eigene Unabhängigkeit und eine freie Staatenordnung für Europa leiteten diese die Notwendigkeit ab, Spanien an der Quelle seiner Macht, in der neuen Welt, anzugreifen. Gegen die kolonialen Ansprüche der katholischen Mächte verkündeten sie deshalb die Idee der *Freiheit des Ozeans,* die das Recht auf Besitzergreifung der herrenlosen überseeischen Länder oder auf deren Erwerb im Einvernehmen mit den als ursprünglichen Besitzern anerkannten Eingeborenen einschloß. Diese Idee war verknüpft mit einer bis ins 17. Jahrhundert gültigen Formel, nach der die ozeanische Zone als Sondergebiet außerhalb der europäischen internationalen Rechtsordnung stand: Jenseits einer durch den Meridian der Azoren im Westen und den Wendekreis des Krebses im Süden bestimmten Linie sollte allein das tatsächliche Machtverhältnis über den Besitz entscheiden, und zwar ohne Rückwirkungen auf das gegenseitige Verhältnis der Staaten im europäischen System. Aus diesen Voraussetzungen erwuchs die kolonialgeschichtliche Epoche des *Freibeutertums* sowie die Entfaltung ozeanischer *Handels-Kompagnien.*

Während sich die iberischen Staaten in ihrer überseeischen Expansion also öffentlicher, der Staatsgewalt direkt unterstehender Institutionen bedienten, überließen die westeuropäischen Staaten die Initiative staatlich privilegierten Zusammenschlüssen von Privatunternehmern, die das Monopol für den Handel mit einer bestimmten Überseeregion erwarben. Sie wuchsen dadurch in ihren außereuropäischen Geltungsbereichen zu quasisouveränen, selbst über Krieg und Frieden entscheidenden Körperschaften heran, bereiteten aber mittels ihrer Gebietsmonopole den Staaten den Weg, jene Kolonien der eigenen Gewalt zu unterstellen und in Kolonialreichen zu verschmelzen.

Literatur: Rein, A.: Über die Bedeutung der überseeischen Ausdehnung für das europäische Staatensystem, Darmstadt 1965; The Economy of Expanding Europe in the 16th and 17th Centuries, Cambridge 1967 (= The Cambridge Economic History of Europe, Bd. IV).

5.23.2 Kolonialismus

Ergebnis der genannten Entwicklung war der frühe K., der in seiner Form des *Handels-K.* für die Zeit des Merkantilismus wie des Freihandels charakteristisch ist. Die Kolonialräume wurden dabei vornehmlich zum Import von Luxusgütern (Gewürze, Seide, Felle), hochwertigen Edelmetallen (Gold, Silber) und Arbeitskräften (Sklaven) in die Metropolen genutzt. Die Kolonialmächte beschränkten sich auf die Errichtung und Sicherung von Handelsstationen sowie deren Ergänzung durch eine Kette strategischer Stützpunkte, die in Afrika und Asien nur die Randzonen der Kontinente ihrem Handel und Einfluß erschlossen, in Süd- und Nordamerika allerdings zum Ausgangspunkt dafür wurden, bereits bestehende Agrarzivilisationen zu unterwerfen *(Conquista)* oder jungfräulichen Boden zu besiedeln und urbar zu machen *(Kolonisation)*. Wesentliche Voraussetzung des Handels-K. war die Herausbildung der Geldwirtschaft im spätmittelalterlichen Europa, deren volumenmäßige Ausweitung ebenso wie die räumliche Ausdehnung auf einen weltwirtschaftlichen Zusammenhang nicht zuletzt von einer Jahrhunderte währenden Edelmetalleinfuhr aus Südamerika abhing.

Mit dem Aufkommen der *Industriellen Revolution* um die Wende vom 18. zum 19. Jahrhundert erfuhr der K. eine qualitative Veränderung. Hatten die Kolonialmächte bislang Arbeitskräfte zur Gewinnung und Verarbeitung von Rohmaterialien in überseeische Territorien geschafft, so kehrte sich dies nun um: Sie transportierten Rohmaterialien zur Weiterverarbeitung in ihre eigenen Bevölkerungszentren. Zugleich trat an die Stelle des Edelmetallexports zur Finanzierung des Imports von Luxusgütern der wesentlich profitablere Export industrieller Fertigwaren zur Finanzierung des Imports von Rohstoffen. Es entwickelte sich eine *internationale Arbeitsteilung,* die die Kolonien als Rohstoffproduzenten einseitig strukturierte, von ihren wenigen Monokulturen finanziell und wirtschaftlich abhängig machte und durch Festsetzung der Handelsbedingungen (›Terms of Trade‹) zugunsten der Metropolen zwang, für die gleiche Menge industrieller Fertigwaren eine stets größere Menge von Rohstoffen aufzubringen. Die Erkenntnis, daß die Herrschaft über fremde Gebiete vermehrte Chancen für den Absatz der eigenen Produkte bot, wie auch die Notwendigkeit, die Rohstoffzufuhr für die eigenen Industriezentren zu sichern, veranlaßte zudem die Kolonialstaaten immer mehr, die überseeischen Territorien durch Ausschaltung der Handelskompagnien ihrer direkten Herrschaft und Verwaltung zu unterstellen.

Literatur: Braudel, F.: Europäische Expansion und Kapitalismus 1450–1650, in: Schulin, E. (Hrsg.), Universalgeschichte, Köln 1974; Lüthy, H.: Die Epoche der Kolonisation und die Erschließung der Erde, in: Schulin (Hrsg.), a. a. O.; Hobsbawm, E. J.: The Age of Capital 1848–1875, London 1975.

5.23.3 Imperialismus

Die militärische Sicherung der Kolonien wie deren wirtschaftliche Integration mit dem Mutterland zum Zwecke einer Stärkung des jeweiligen Kolonialmacht und Überseeterritorium umfassenden Herrschaftsbereiches wurde seit der Mitte des 19. Jahrhunderts zunächst in Großbritannien mit dem Begriff des I. belegt. Die totale Aufteilung der Welt unter die Kolonialmächte in den siebziger und achtziger Jahren des 19. Jahrhunderts, die in deren Verfügung über 85 % der Erdoberfläche vor dem Ersten Weltkrieg gipfelte, ließ den Begriff bald seine klassische Bedeutung gewinnen: als Bezeichnung einer aggressiven, mit militärischen Mitteln durchgesetzten territorialen Ausdehnungspolitik, die auf die an machtpolitischen Prestigekategorien orientierte Aufteilung der überseeischen Welt zielte und die machtpolitische Bedeutung globaler Kolonialreiche in den Vordergrund des Interesses nationaler Entscheidungsträger rücken ließ. Wesentlich war dabei das Streben nach *territorialer Herrschaft* über abhängige Gebiete, die freilich auch mit deren wirtschaftlicher und finanzieller Abhängigkeit einherging. Verbrämt wurde diese Politik durch humanitäres, religiöses oder auch politisches Sendungsbewußtsein ihrer Träger, ideologisch gerechtfertigt durch pseudowissenschaftliche Theorien (z. B. Sozialdarwinismus), die die Überlegenheit des weißen Herrenmenschen über die farbigen Kolonialvölker zu belegen schienen.

Während das Phänomen des I. teilweise als bloße Weiterentwicklung herkömmlicher Machtpolitik, teilweise als Auswuchs eines übersteigerten Nationalismus zu erklären versucht wurde, hat doch jene Sicht die größte Verbreitung gewonnen, die seine *Triebkräfte* aus dem Modernisierungs- und Technisierungsprozeß der *Industriellen Revolution* herleitete. Danach war der I. das Ergebnis der inneren Entwicklung protektionistisch ausgerichteter industriewirtschaftlicher Gesellschaftssysteme, die zueinander in einem oligopolistischen Konkurrenzverhältnis standen. In der Phase der Hochindustrialisierung vollzogen sich mit der Abkehr vom → Liberalismus in der Wirtschafts- und Gesellschaftspolitik dieser Systeme einschneidende Veränderungen: Aufstieg politisch mächtiger Interessenverbände, Konzentration der Produktionseinheiten (Industrie) wie des Kapitals (Banken) bis hin zur Bildung von Monopolen, Ausbeutung des Binnenmarktes hinter wachsenden Schutzzollmauern, Unterdrückung der organisierten Arbeiterbewegung mit Hilfe des Bürgertums usw. Binnenwirtschaftlich nicht ausgelastete Überkapazitäten – bedingt durch die Steigerung der Arbeitsproduktivität sowie den Konzentrationsprozeß –, der Rückgang der Profite – resultierend aus ungleicher Einkommensverteilung, die den Konsum mit der Produktionsausweitung nicht Schritt halten ließ – und periodisch wiederkehrende Depressionen ließen es als Gebot erscheinen, Überproduktion und überschüssiges Kapital auf den Weltmarkt zu exportieren, um damit ein Mittel zu gewinnen, das die Erhaltung der überkommenen gesellschaftlichen Machtstrukturen, Einkommensverhältnisse und Wirtschaftsformen garantieren mochte. Unter dem Zwang des *Waren- und Kapitalexports* entwickelte sich ein forcierter, zunehmend von den staatlichen Gewalten unterstützter Wettbewerb um Einflußsphären und geschützte Kolonialmärkte, der nach der Aufteilung der überseeischen Regionen unter die imperialistischen Staaten die internationalen Spannungen erhöhte und bis zur Gefahr eines Krieges steigerte.

Literatur: Baumgart, W.: Der Imperialismus, Wiesbaden 1975; Lichtheim, G.: Imperialismus, München 1972; Mommsen, W. J.: Das Zeitalter des Imperialismus, Frankfurt a. M. 1969 (= Fischer Weltgeschichte, Bd. 28); Wehler, H. U. (Hrsg.): Imperialismus, Köln ²1972.

5.24 *Niedergang des europäischen Gleichgewichtssystems*

Der dritte prägende Zusammenhang von Entwicklungs- und Strukturbedingungen der Außen- und internationalen Politik läßt sich im N.d. e.G. erkennen, der durch die beiden Weltkriege deutlich markiert wird. Seine wesentlichen Elemente sind → Gewichtsverlagerungen der internationalen Politik, die Herausbildung des Prinzips der → Kollektiven Sicherheit, eine → Innenorientierung der Akteure und das Entstehen einer → Ideologisierten Machtpolitik.

5.24.1 Gewichtsverlagerungen

Die Struktur des europäischen Staatensystems erfuhr in der Endphase des 19. Jahrhunderts und zumal in der Zwischenkriegszeit eine Reihe schwerwiegender G.: zunächst durch das Aufkommen *neuer Akteure* in der europäischen Politik und eine veränderte *Bündnispolitik* der Mächte, dann durch die Ausweitung des Gleichgewichtsrahmens auf die bisherigen Flügelmächte des europäischen Systems, schließlich durch den Übergang zu einer *bipolaren Systemstruktur*.

Zunächst wurde das von den Großmächten Frankreich, Österreich, Rußland und Großbritannien umgebene bisherige schwache Zentrum des europäischen Staatensystems durch ein unter preußischer Führung geeintes und erstarktes Deutsches Reich ersetzt; zudem beanspruchte nunmehr auch Italien nach seiner nationalen Einigung durch Garibaldi eine gewichtige Rolle im Kreis der europäischen Mächte. Wichtiger noch aber war die damit verbundene Etablierung fester *Bündnisse* (Deutsch-österreichische Allianz 1879, Dreibund 1882, Zweibund 1893/94), die beeinflußt wurde durch die stärkere ideologische Prägung des außenpolitischen Entscheidungsprozesses als Folge der sich durchsetzenden Idee der nationalen Selbstbestimmung. Zumal der

Panslawismus und der deutsch-französische Gegensatz wegen der Annexion Elsaß-Lothringens machten fürderhin den freien Wechsel des Allianzpartners unmöglich: Nach 1870 war weder eine Koalition Deutschlands mit Frankreich noch Rußlands mit Deutschland/Österreich-Ungarn denkbar; die ›Entente Cordiale‹ zwischen Großbritannien und Frankreich (1904), Ergebnis einer Verständigung über die kolonialen Einflußbereiche und gegen das imperiale Ausgreifen Deutschlands gerichtet, kennzeichnet die Erstarrung des Gleichgewichtssystems.

Mit dem Aufstieg der USA wurde der *Gleichgewichtsrahmen* in den atlantischen, mit der Herausforderung Europas durch Japan (Sieg über Rußland in der den russisch-japanischen Krieg 1904/1905 entscheidenden Seeschlacht bei Tsushima) in den pazifischen Raum, im Ersten Weltkrieg dann auf den gesamten Globus ausgeweitet. Dadurch erlangte die internationale Politik eine neue Dimension: Die Flügelmächte des ehedem europazentrisch orientierten Systems wurden zu entscheidenden Gestaltungsfaktoren. Zwar erreichte diese Entwicklung erst im Zweiten Weltkrieg ihren Höhepunkt; aber schon die Zwischenkriegszeit war dadurch gekennzeichnet, daß die Aufrechterhaltung des Gleichgewichts in Europa letztlich außereuropäischer Unterstützung bedurfte. Wenn die europäischen Mächte auch noch eine Ausgleichsaktion beginnen konnten, so vermochten sie diese nicht länger aus eigener Kraft zu beenden, wie die entscheidende Rolle des amerikanischen Kriegseintritts 1917 zeigte.

In der Zwischenkriegszeit wurde allerdings jener Prozeß des allmählichen Wandels einer multipolaren, gleichgewichtsorientierten zu einer *bipolaren Systemstruktur,* wie sie sich nach 1945 in der Vorherrschaft der beiden Flügelmächte USA und UdSSR über ihren jeweiligen ›Block‹ zeigte, vorerst noch durch eine verhältnismäßig diffuse Machtverteilung überdeckt. Die Friedensverträge hatten 1919 zumindest zwei der europazentrischen Weltreiche bestehen lassen, und die außereuropäischen nationalen Unabhängigkeitsbewegungen standen erst am Anfang ihrer Entwicklung, während der Isolationismus der USA und die zeitweiligen inneren Schwierigkeiten der UdSSR nach außen hin die wachsende Macht dieser Staaten verdeckten: In der Sicht der Mehrzahl seiner Bewohner nahm Europa innerhalb des internationalen Systems weiterhin die zentrale Stellung ein. Indessen war mit der Einführung des Völkerbundes als internationalem Akteur neuen und zumindest dem Anspruch nach universalen Typs auch bereits die Gleichgewichtsidee als Leitmaxime internationaler Politik abgelöst.

Literatur: Angermann, E.: Die Vereinigten Staaten von Amerika, München [3]1973; Baumgart, W.: Vom Europäischen Konzert zum Völkerbund. Friedensschlüsse und Friedenssicherung von Wien bis Versailles, Darmstadt 1974; Herzfeld, H.: Die moderne Welt 1789–1945. II. Teil: Weltmächte und Weltkriege 1890–1945, Braunschweig 1960; Joll, J.: Europe since 1870. An International History, London 1973; Kindermann, G.-K.: Der Ferne Osten, München 1970; Ruffmann, K. H.: Sowjetrußland, München ⁴1973.

5.24.2 Kollektive Sicherheit

Die alte Gleichgewichtsidee wurde ersetzt durch das Prinzip der k. S.: Nunmehr sollten alle Akteure des Systems im Falle eines Friedensbruches gemeinsam gegen den Friedensstörer vorgehen. Im Unterschied zum mehr pragmatischen Charakter des Gleichgewichtsprinzips war diese neue Regel festumrissener, normativer Natur und in Art. X der Völkerbundsakte schriftlich niedergelegt. Dennoch bedeutete der *Völkerbund* keinen absoluten Bruch mit der Vergangenheit. Er mochte durchaus als Fortsetzung eines – freilich über Europa hinaus erweiterten – Konzertes der Großmächte betrachtet werden, verfügten anfänglich doch allein die ›Großen Vier‹ (England, Frankreich, Italien, Japan) in seinem wichtigsten Beschlußorgan, dem Völkerbundsrat, über ständige Sitze. Sein Anspruch auf Universalität blieb indes von vornherein unerfüllt; die USA, die den Versailler Vertrag nicht ratifizierten, gehörten ihm ebensowenig an wie die UdSSR, die erst 1934 – nach dem Ausscheiden Japans und des 1926 beigetretenen Deutschen Reiches im Jahre 1933 – aufgenommen wurde. Er stellte im Grunde eine Vereinigung souveräner Nationalstaaten dar, die sich zur Wahrung des Weltfriedens miteinander verbunden hatten, ohne jedoch weitreichende Einschränkungen ihrer Souveränität hinnehmen zu wollen. Die Satzung des Völkerbundes erklärte den Krieg nicht für grundsätzlich rechtswidrig, sondern sah nur Vorkehrungen gegen einen plötzlichen Kriegsausbruch (Art. XI–XVII) sowie für eine friedliche Konfliktregelung vor. Gegenüber einem Friedensbrecher waren die Mitglieder allein zu wirtschaftlichen und finanziellen Sanktionen verpflichtet.

Das *Scheitern des Prinzips der k. S.* bereits in den dreißiger Jahren läßt sich wesentlich auf konzeptionelle Schwächen des Völkerbundes zurückführen, sollte er doch nicht nur die Erhaltung des Weltfriedens bewirken, sondern als fortdauernde Allianz der Siegermächte von 1919 die Einhaltung der Bestimmungen des Versailler Vertrages durch Deutschland erzwingen. Zumal Frankreich sträubte sich gegen jeden Versuch, unter Berufung auf die Möglichkeit friedlicher Vertragsrevisionen nach Art. XIX den Status quo in Europa oder Übersee zu verändern, und verhinderte so die Anpassung des k. S-Systems an die wechselnden Machtverhältnisse. Vor allem aber verfügte der Völkerbund über keine supranationalen Machtmittel, mit denen er die Sicherheit eines bedrohten Mitglieds hätte gewährleisten können, denn seine Gründer hatten allein die Verurteilung eines Aggressors vor dem Forum der Weltmeinung – allenfalls ergänzt durch wirtschaftliche Sanktionen – für ein dazu ausreichendes Mittel gehalten.

Da sie aber nicht als letzte Konsequenz die Androhung oder den Einsatz militärischer Gewalt enthielten, mußten die Mittel des Völkerbundes gerade gegenüber friedensstörenden Großmächten (Italien: Korfu 1923, Abessinien 1935/36; Japan: China 1937) versagen. So scheiterte das Konzept der k. S. nicht zuletzt an dem ihm innewohnenden Paradoxon: Ließ sich der Einsatz militärischer Gewalt zur Erhaltung des Friedens rechtfertigen? Oder besaß das Konzept nur so lange Wirksamkeit, wie es keiner Belastungsprobe unterzogen wurde? Immerhin kennzeichnet es den internationalistischen Leitgedanken der internationalen Politik in den zwanziger Jahren, den *Universalismus* und *Multilateralismus*, der sich auch niederschlug im Genfer Protokoll für die friedliche Regelung internationaler Streitigkeiten (1924) und im Kelloggpakt mit seinem Verzicht auf den Krieg als Mittel internationaler Politik (1928).

Literatur: Hudson, G. F.: Collective Security and Military Alliances, in: Butterfield/Wight (Hrsg): Diplomacy Investigations, London ³1969, S. 176 bis 180; Meyers, R.: Britische Sicherheitspolitik 1934–1938. Studien zum außen- und sicherheitspolitischen Entscheidungsprozeß, Düsseldorf 1976; Pick/Critchley: Collective Security, London 1974; Walters, F. P.: A History of the League of Nations, London 1967.

5.24.3 Innenorientierung

In den dreißiger Jahren setzte sich mit dem praktischen Scheitern der Idee der → Kollektiven Sicherheit eine stärkere I. der Akteure durch. Die Besetzung der Mandschurei durch Japan (1931) und die Eroberung Abessiniens durch Italien (1935/36) bewiesen die Ohnmacht des Völkerbundes; das Scheitern der Genfer Abrüstungskonferenz (1933/1934) führte zum erneuten Wettrüsten der Großmächte; die Remilitarisierung des Rheinlandes (1936) signalisierte das Ende der multilateralen Sicherheitssysteme Europas (Kleine Entente, Locarno). Die Weltwirtschaftskrise (1929–1933) beendete die Versuche zur Stabilisierung des Weltwährungssystems und zur Ausweitung des internationalen Handels, das jetzt einsetzende Streben der Akteure nach wirtschaftlicher *Autarkie* wurde zum größten Hindernis internationaler Zusammenarbeit. Durch die erheblichen politischen und sozialen Spannungen waren die Entscheidungsträger nunmehr gezwungen, Arbeitslosigkeit und wirtschaftlichen Niedergang mit unzureichenden Mitteln zu bekämpfen und zumal die Grundlagen ihrer eigenen Herrschaft wie der nationalen Einheit abzusichern.

Die Maßnahmen der einzelnen Staaten zur Bewältigung der Wirtschaftskrise (Abschließung nach außen, teilweise Beseitigung der Arbeitslosigkeit durch forcierte Aufrüstung) erhöhten den Spannungszustand im internationalen System. In Deutschland, Japan und Italien entwickelte sich für die Führungselite aus der Notwendigkeit, ihre Herrschaft zu bewahren und/oder zu konsolidieren, ein Zwang zu einer expansiven, auf außenpolitische Erfolge gerichteten Politik, zumal die mit der Durchsetzung des → Faschismus verbundenen Elemente (Terrorismus und Gewaltverherrlichung, ideologische – insbesondere rassistische – Exklusivitätsansprüche) nicht nur die innere → politische Kultur der Akteure formten, sondern mit einer gewissen zeitlichen Verschiebung auch ihr außenpolitisches Verhalten hinsichtlich Zielsetzung und Wahl der Mittel prägten. Daraus ergab sich die besondere Abhängigkeit der internationalen Politik der dreißiger Jahre von den inneren Konditionen der Akteure, denn diese I. zeigte sich sowohl bei den totalitären Staaten als auch bei den europäischen Demokratien. Freilich muß das Entstehen des Zweiten Weltkrieges vielschichtiger gedeutet werden als allein durch die daraus abgeleitete Aggression der totalitären ›Habenichtse‹ und die verspätete Reaktion des Westens und der UdSSR; neben anderen innenpolitischen Bedingungen ist auch der ideologische Aspekt dieser Entwicklung zu berücksichtigen.

Literatur: Kindleberger, Ch. P.: Die Weltwirtschaftskrise, München 1973.

5.24.4 Ideologisierte Machtpolitik

Der ideologische Aspekt der internationalen Politik zeigt sich namentlich in der für die Zwischenkriegszeit charakteristischen ideologischen Durchdringung der traditionellen Machtpolitik, der i. M. Dabei bezeichnet *Machtpolitik* zunächst die Aufrechterhaltung internationaler Beziehungen durch Androhung oder Einsatz vorzugsweise militärischer Gewalt; sie ist ein Aspekt traditioneller Gleichgewichtspolitik, der indessen weit über das Streben nach einem friedlichen diplomatischen Ausgleich unterschiedlicher Interessen hinausgeht. Sie mag als das letztliche Organisationsprinzip eines Staatensystems angesehen werden, in dem Sicherheit und Überleben der nationalen Einheiten den kleinsten gemeinsamen Grundwert darstellen. Eine solche dem Hobbes'schen Naturzustand vergleichbare internationale Anarchie bewirkt ein gesteigertes Unsicherheitsbewußtsein der einzelnen Akteure und das Bestreben, durch Stärkung der eigenen Macht gegenüber anderen einen Zugewinn an Sicherheit zu erhalten.

Das führt zu einer immer tieferen Verstrickung in das *Sicherheitsdilemma*: Ständiges Ansammeln von Machtmitteln zur Erhaltung und Erweiterung der eigenen Sicherheit bedingt schließlich das Gegenteil des ursprünglichen Zieles, nämlich gesteigerte Unsicherheit, weil diese Politik von anderen Akteuren als Bedrohung empfunden wird und sie ihrerseits zum Aufrüsten veranlaßt, um den vormaligen Machtvorsprung wiederzuerlangen und noch auszubauen. Die Grundstruktur jenes Systems kann gerade unter den Aspekten der *Abschreckung* eines potentiellen Gegners, der Sicherung des eigenen *Überlebens* sowie des damit verbundenen Sicherheitsdilemmas mit Grundzügen des

heutigen internationalen Systems verglichen werden. In der Zwischenkriegszeit wandelte sich aber die traditionelle Machtpolitik durch ihre Ausrichtung auf ideologisch festgelegte Ziele zur i. M.
Zwar kann sie bereits auf den deutsch-französischen Gegensatz nach der Bismarckschen Annexion Elsaß-Lothringens, den Panslawismus oder die Selbstbestimmungs-Forderung der zentral- und südosteuropäischen Völker zurückgeführt werden; aber erst in der Haltung der USA während des Ersten Weltkrieges und bei den folgenden Friedensverhandlungen tritt sie vollends zutage. Der Weltkrieg war nämlich in der idealistischen Sicht Woodrow Wilsons ein Kreuzzug gegen die alten autoritären Regime Europas für die Demokratie und eine neue Weltordnung, ein Kampf für die politische Beteiligung der Beherrschten, für die Freiheitsrechte kleiner Nationen, für die universale Herrschaft des Rechts – gestützt auf die Einigung freier Völker mit dem Ziel, »to make the world safe for democracy«. Den neuartigen Charakter der internationalen Politik der Zwischenkriegszeit prägten dann vor allem aber die Bewegungen des Kommunismus (→ Marxismus-Leninismus) und → Faschismus, die überkommene Trennlinien zwischen Innen- und Außenpolitik beseitigten und teils mit den herkömmlichen Mitteln der Diplomatie agierten, teils neue Methoden der Penetration, der Unterwanderung, der Einwirkung auf das innere Gefüge der Akteure (und damit indirekt auf ihr außenpolitisches Verhalten) entwickelten.
Sowohl der weltrevolutionäre Anspruch des Kommunismus als auch die rassisch-völkisch begründeten Ziele des Nationalsozialismus leiteten eine endgültige Abkehr vom überkommenen System der Machtpolitik ein. In beiden Fällen ging es nicht mehr darum, einen Zuwachs an Macht allein zur Behauptung der Stellung im internationalen System zu erzielen, sondern Macht wurde primär Mittel zur Durchsetzung der ideologisch begründeten außenpolitischen Ziele. Beide Bewegungen erhoben den Anspruch auf ausschließliche Gültigkeit ihrer jeweiligen → Ideologie; ihr letztes Ziel war die Erringung der *Weltherrschaft* und die Umgestaltung der Welt nach den eigenen politischen Prinzipien. Dieser Anspruch unterscheidet ihre Praxis von derjenigen der alten Mächte Europas und trieb ihre Zielsetzung über Europa hinaus; der Konflikt dieser Ansprüche aber führte schließlich auch zum endgültigen Verfall des europazentrischen Systems internationaler Politik.

Literatur: Hildebrand, K.: Deutsche Außenpolitik 1933–1945. Kalkül oder Dogma?, Stuttgart ³1976; Kuhn, A.: Hitlers außenpolitisches Programm, Stuttgart 1970; Spanier, J. W.: Games Nations Play. Analysing International Politics, London 1972; Wight, M.: Machtpolitik, Nürnberg 1948.

5.25 Internationale Politik als Weltpolitik

Der vierte prägende Zusammenhang von Entwicklungs- und Strukturbedingungen der Außen- und internationalen Politik ist die Umgestaltung der internationalen Politik zur Weltpolitik seit dem Zweiten Weltkrieg. Er läßt sich kennzeichnen durch den neuen Begriff der → Weltpolitik, die verschiedenen Faktoren der weltpolitischen → Interdependenz, den Wandel der → Sicherheitspolitik und die Entwicklung der → Blockfreiheit.

5.25.1 Weltpolitik

Der Zweite Weltkrieg stellt nicht nur den Endpunkt einer Entwicklung dar, in deren Verlauf Europa zunehmend seine internationale Führungsrolle an die Flügelmächte abtreten mußte und dann im → Ost-West-Konflikt selbst zum Schauplatz und Objekt ihrer Auseinandersetzungen wurde, sondern er ließ zumal die neue Qualität der internationalen Politik als W. in aller Deutlichkeit hervortreten. Dieser Begriff ist bereits im 19. Jahrhundert geprägt worden, zuerst von dem deutschen Nationalökonomen Friedrich List (1789–1846), dann von dem politischen Publizisten Constantin Frantz (1817–1891). Er bezeichnete ursprünglich die wirtschaftliche, verkehrsmäßige und geopolitische Ausdehnung des Kombinations- und Wirkungsbereichs der europäischen Großmächte über den Umkreis der europäischen Verhältnisse auf das Weltganze hinaus – eben jene »Kontinente übergreifende Form der Außenpolitik« (Gollwitzer), als deren Handlungssubjekte europäische Mächte auftraten, die ihren Willen in allen Teilen der Welt unmittelbar oder mittelbar zur Geltung bringen konnten.

Hingegen ist die W. der heutigen Zeit zumindest in formaler Hinsicht durch die Interdependenz ihrer Akteure und durch die Entwicklung ehemaliger weltpolitischer Handlungsobjekte zu Subjekten der Internationalen Beziehungen gekennzeichnet. Der Wandel der Stellung Europas in der Welt, der Aufstieg der USA und UdSSR zu Supermächten, die qualitative Veränderung strategischer Bedingungen durch waffentechnologische Fortschritte, der Zusammenbruch des alten (englischen, französischen, holländischen, belgischen) → Imperialismus, die nationale Selbstverwirklichung Asiens und Afrikas, die neue Gestalt des Verhältnisses zwischen weißen und farbigen Völkern – all diese Elemente geben der Gegenwart jenes besondere Gepräge, das sie von der Epoche einer zwar kontinent-übergreifenden, aber primär außenpolitisch-nationalstaatlich vermittelten europazentrischen Weltpolitik des 19. und frühen 20. Jahrhunderts unterscheidet. Diese extensivere Verflechtung weltpolitischer Vorgänge – jetzt in einem Aktions-Reaktions-Verhältnis, in dem die Rollen nicht mehr von vornherein vorgegeben sind – ist nunmehr zumal materiell begründet: durch eine

zunehmende Informations- und Kommunikationsdichte, durch die
Verfügung über entscheidende, regional oder mengenmäßig beschränkte Rohstoffe, durch jene nur im Weltmaßstab lösbaren Probleme wie z. B. die Sicherstellung einer zureichenden Ernährung der
wachsenden Weltbevölkerung oder der Umweltschutz.

Literatur: Barraclough, G.: Tendenzen der Geschichte im 20. Jahrhundert,
München 1967; Bergstraesser, A.: Weltpolitik als Wissenschaft, Köln/Opladen
1965; Gollwitzer, H.: Geschichte des weltpolitischen Denkens I. Vom Zeitalter
der Entdeckungen bis zum Beginn des Imperialismus, Göttingen 1972; Sterling, R. W.: Macropolitics. International Relations in a Global Society, New
York 1974.

5.25.2 Interdependenz

Die weltpolitische I. als Zustand universaler gegenseitiger Abhängigkeit der Akteure weist einige maßgebliche Faktoren auf. Zunächst zu
nennen ist eine Konzentration weltpolitischer Macht auf die beiden
Supermächte, eine *Bipolarität* der internationalen Beziehungen bis
weit in die sechziger Jahre hinein als Folge der Ausbreitung des sowjetischen Herrschaftsbereiches nach Zentral- und Südosteuropa und
der Festigung des chinesischen Einflusses im nördlichen Südostasien
nach dem kommunistischen Sieg im chinesischen Bürgerkrieg einerseits,
der Bildung von Verteidigungssystemen unter Führung der USA im
atlantisch-europäischen (NATO, 1949), pazifischen (SEATO, 1954)
und mittelöstlichen (CENTO, 1955) Raum andererseits. Diese Bipolarität wurde verfestigt durch die ausschließliche oder fast ausschließliche Verfügungsgewalt der Supermächte über Nuklearwaffen (amerikanischer Atombombenabwurf über Hiroshima und Nagasaki, 1945;
erste sowjetische Atombombenexplosion, 1949; Detonation der ersten
Wasserstoffbombe der USA, 1952; der UdSSR, 1953), die spätestens
seit 1953 ein »*Gleichgewicht des Schreckens*« (Churchill) begründete.
Diese Bipolarität der weltpolitischen Machtlage spiegelte sich wider
in den *Teilungen* Deutschlands (1949), Koreas (1953) und Indochinas
(1954); denn jene Regionen waren Konfliktherde, in denen die Supermächte gleichsam durch ihre Klienten oder Stellvertreter Auseinandersetzungen in der Form eines nichtmilitärischen ›*kalten*‹ – im Falle
Asiens dann teilweise auch ›heißen‹ – *Krieges* austrugen, ohne bis zur
letzten Konsequenz eines Einsatzes der Nuklearwaffen beteiligt zu
sein. Diese Blockbildungen weisen verschiedene Verhältnisse *direkter
I.* auf, die sowohl als gegenseitige *horizontale Abhängigkeit* zwischen
den beiden Blöcken und/oder ihren Supermächten als auch als gegenseitige *vertikale Abhängigkeit* zwischen einer Supermacht und den
Mitgliedern ihres Blocks verstanden werden kann.
Zur Begründung und Stabilisierung der *vertikalen I.* dient namentlich die Beteiligung von Supermacht und Blockmitgliedern an militärischen *Bündnissen*, die dem Prinzip der *kollektiven Verteidigung*

folgen und – im Unterschied zum kollektiven Sicherheitssystem – den mutmaßlichen Gegner von vornherein klar definieren; Supermacht und Blockmitglieder haben eine gemeinsame Ideologie, die den Anspruch, die Ziele und zum Teil auch die Mittel der Außenpolitik prägt sowie ein gemeinsames Wirtschaftssystem, das jeweils in gesellschaftspolitischer Konkurrenz mit dem des anderen Blocks steht.
Die *horizontale I.* ist namentlich durch Versuche beider Supermächte geprägt, ihren Einflußbereich auf Kosten der anderen oder durch Hereinnahme bislang unbeteiligter Dritter zu erweitern und/oder zu stabilisieren. Innerhalb dieser horizontalen I. lassen sich im historischen Ablauf mehrere Stufen unterscheiden: die → Containment-Politik, die → Roll-back-Politik, die → Respektierungspolitik und die → Entspannungspolitik.

Literatur: Brzezinski, Z. K.: The Soviet Bloc. Unity and Conflict, Cambridge/Mass. ²1967 (dt. Ausg. Köln/Berlin 1960); Calvocoressi, P.: World Politics since 1945, London ³1975; Carstens/Mahncke (Hrsg.): Westeuropäische Verteidigungskooperation, München 1972; Ruge, F.: Bündnisse unter besonderer Berücksichtigung von UNO, NATO, EWG und Warschauer Pakt in Vergangenheit und Gegenwart, Frankfurt a. M. 1971.

5.25.21 Containment-Politik

Ihre Grundsätze wurden 1947 durch G. F. Kennan formuliert; sie beruhte auf der Annahme, daß die UdSSR den Status quo nach 1945 nicht mit militärischen Mitteln zu verändern beabsichtige, wohl aber Umsturzversuche westlicher kommunistischer Parteien für ihre Zwecke nutzen könnte. Diese Gefahr sollte ›eingedämmt‹ werden, und zwar einerseits durch die Errichtung bi- und multilateraler Beistandspaktsysteme (NATO, SEATO, CENTO), andererseits durch wirtschaftliche Hilfe (Marshall-Plan, 1947) zur Unterstützung der betroffenen Völker bei der Verteidigung ihrer inneren Integrität (Berliner Luftbrücke, 1948/49; Korea-Krieg, 1950–53). Indes machte der Ausbruch der Berlin-Krise 1958 die Unzulänglichkeit dieser Politik deutlich.

Literatur: Kennan, G. F.: Memoiren eines Diplomaten, Stuttgart 1968; Spanier, J. W.: American Foreign Policy since World War II, New York ³1966.

5.25.22 Roll-back-Politik

Eine Verschärfung des genannten Konzeptes stellte die von J. F. Dulles 1950 entwickelte und unter Eisenhower 1953–1959 umgesetzte Politik des ›roll-back‹ dar. Nach diesem Konzept sollte der Kommunismus durch einen moralischen und geistigen Kreuzzug, ständigen politischen Druck und eine bis zum Rande des Krieges gehende Drohpolitik (›brinkmanship‹) ›zurückgerollt‹ werden, um so die Völker Osteuropas und Asiens zu befreien. Dieses Konzept weckte zumal nach Stalins Tod Hoffnung auf aktives amerikanisches Eingreifen

(z. B. beim Aufstand am 17. Juni 1953 in der DDR), scheiterte aber auch an der Verfestigung des sowjetischen Einflusses in Osteuropa während der fünfziger Jahre (Niederschlagung des ungarischen Volksaufstandes 1956).

Literatur: Drummond/Coblentz: Duell am Abgrund. John Foster Dulles und die amerikanische Außenpolitik 1953–1959, Köln 1961.

5.25.23 Respektierungspolitik

Eine Politik der stillschweigenden gegenseitigen Respektierung ihrer Einflußzonen durch die Supermächte geht in Ansätzen bereits auf das Jahr 1956 (Ungarn-Aufstand, Suez-Krise) zurück, wird aber zumal durch die Kuba-Krise offensichtlich: Der Versuch der UdSSR, durch Stationierung von Mittel- und Langstreckenraketen auf Kuba 1962 die strategische Konstellation zu verändern, führte zur Aufforderung J. F. Kennedys (22. 8. 62), die als offensiv empfundenen Waffen abzuziehen, zur Verhängung einer amerikanischen Seeblockade über Kuba (24. 10. 62) und zum Einlenken N. Chruschtschows (28. 10. 62). Die Kuba-Krise verdeutlicht die Grenzen eines sowjetischen Engagements in der westlichen Hemisphäre, aber auch, daß die beiden Weltmächte durch eine minderrangige Macht in einen Krieg miteinander verwickelt werden können, wenn sie nicht – u. U. ohne Konsultation dieser Macht und entgegen deren Interessen – Maßnahmen zur Beseitigung einer nuklearen Konfrontation zwischen Ost und West ergreifen. Sie demonstriert ferner, daß die Stabilität des strategischen Status quo Vorbedingung einer friedlichen Koexistenz zwischen den Supermächten ist und die Drohung mit dem Einsatz von Kernwaffen von einseitigen Veränderungen des territorialen Besitzstandes abschreckt.

Literatur: Abel, E.: 13 Tage vor dem Dritten Weltkrieg, Wien 1966; Allison, G. T.: Essence of Decision. Explaining the Cuban Missile Crisis, Boston/Mass. 1971.

5.25.24 Entspannungspolitik

Die Kuba-Krise veranlaßte nicht nur die USA, die von Kennedy eingeleitete Politik der Entspannung verstärkt fortzusetzen, sondern bewog auch die UdSSR zur Beteiligung an einer aktiven E. nach dem Scheitern ihrer Versuche, das nuklear gesicherte Gleichgewicht zwischen den Blöcken zu ihren Gunsten zu verändern. Entspannung ist dabei als Zwischen-, nicht als Endzustand der Suche nach einer Friedensordnung aufzufassen, die den → Ost-West-Konflikt überwindet; sie ist die Summe jener auf die Beilegung von Konflikten gerichteten Bemühungen, die auf eine *aktive Koexistenz* zwischen Ost und West zielen, um eine bloß passive Koexistenz mit ihrer Gefahr eines Kalten Krieges und dessen möglicher militärischen Ausweitung zu überwinden. E. setzt deshalb die Bereitschaft aller Beteiligten voraus, auf gemeinsamen Interessengebieten zusammenzuarbeiten und einseitige Veränderungen des bestehenden weltpolitischen Gleichgewichts zu unterlassen. Wesentliche Stationen der E. waren bisher das Moskauer Atom-Teststopp-Abkommen (1963), die Einrichtung eines ›heißen Drahtes‹ zwischen Moskau und Washington (1963), der Atomsperrvertrag (1968), der Moskauer und der Warschauer Vertrag (1970), das Berlin-Abkommen (1971), der Grundvertrag BRD/DDR (1972), die amerikanisch-sowjetischen Gespräche über die Begrenzung strategischer Waffensysteme (SALT) und die Konferenz über Sicherheit und Zusammenarbeit in Europa (KSZE).

Literatur: Jacobsen/Mallmann/Meier: Sicherheit und Zusammenarbeit in Europa (KSZE), Köln 1973; Wettig, G.: Frieden und Sicherheit in Europa. Probleme der KSZE und der MBFR, Stuttgart 1975; Willms, B.: Entspannung und friedliche Koexistenz, München 1974.

5.25.3 Sicherheitspolitik

Der Wandel der S. von einer Politik der militärischen Verteidigung überkommener materieller und ideeller Grundwerte zu einer Strategie der *Abschreckung* und des *Krisenmanagements* ist ein weiteres bestimmendes Element der horizontalen → Interdependenz der Weltpolitik. Angesichts der potenzierten Zerstörungskraft nuklearer Waffen, der ›second-strike‹-Befähigung der Supermächte seit Mitte der fünfziger Jahre – also der Fähigkeit zu einem vernichtenden Gegenschlag nach einem Atomangriff – und der erheblichen Verbesserung von Reichweite wie Zielgenauigkeit ballistischer Trägersysteme mußte es als vordringlich erscheinen, die Gegenseite von einer Eskalation bis zum Einsatz nuklearer Waffen abzuschrecken. Beide Seiten strebten dabei danach, in einem *Rüstungswettlauf* ihre Politik durch ständige Anpassung des Wehrpotentials an den technologischen Fortschritt wie an die gegnerische Stärke glaubhaft zu machen und diese Glaubwürdigkeit durch die Festigung des Selbstbehauptungswillens ihrer Bevölkerungen vermittels bestimmter Integrationsideologien (z. B. forcierter Antikommunismus) weiter abzustützen.

Abschreckung und Rüstungswettlauf führten zu wachsenden Rüstungslasten und zur Herausbildung eines *militärisch-industriellen Komplexes*: einer unter der Prämisse nationaler Sicherheitsanstrengungen stehenden Verbindung von Politik, Militär, Industrie und Wissenschaft, die eine von ihrem politischen Zweck losgelöste Eigengesetzlichkeit zu gewinnen droht. Wiederholt wurde den negativen Auswirkungen des Rüstungswettlaufs durch Abrüstungs- und Rüstungskontrollmaßnahmen entgegenzuwirken versucht. Während die Politik der *Abrüstung* – d. h. der Verminderung von (personeller und materieller) Rüstung – weitgehend erfolglos geblieben ist, hat die Politik der *Rüstungskontrolle* – d. h. der gegenseitigen Vereinbarung von Beschränkungen bezüglich Art und Zahl, Anwendung und Stationierung von Waffensystemen und/oder Streitkräften – bereits teilweise zu Ergebnissen geführt: zur Reduzierung struktureller Instabilitäten des Wettrüstens, zur Selbstbeschränkung in Krisensituationen und zur Begrenzung namentlich der nuklearen Risiken. Freilich hat die Rüstungskontrolle andererseits auch eine Verfeinerung und qualitative Perfektionierung des »Gleichgewichts des Schreckens« bewirkt.

Literatur: Forndran, E.: Probleme der internationalen Abrüstung, Frankfurt a. M. 1970; ders.: Rüstungskontrolle, Düsseldorf 1970; Frei, D.: Kriegsverhütung und Friedenssicherung, Frauenfeld/Stuttgart 1970; Rühl, L.: Machtpolitik und Friedensstrategie, Hamburg 1974; Senghaas, D.: Abschreckung und Frieden. Studien zur Kritik organisierter Friedlosigkeit, Frankfurt a. M. 1969.

5.25.4 Blockfreiheit

Die Entwicklung der Staaten der Dritten Welt infolge der Auflösung der Kolonialreiche von ehemals weltpolitischen Handlungsobjekten zu formal eigenständigen Subjekten der Weltpolitik vermittels einer Politik der B. verdeutlicht ein Verhältnis der *indirekten* → *Interdependenz* in der internationalen Politik (neben dem der direkten Interdependenz): das Verhältnis zwischen den beiden Blöcken und jenen blockfreien Staaten (darüber hinaus auch jenes, in das die Supermächte durch Auseinandersetzungen zwischen ihren Klienten einbezogen werden, ohne direkt in einen Konflikt verwickelt zu sein; vgl. z. B. Indochina-Krieg, Nahost-Konflikt). Die blockfreien Länder konstituierten sich auf der Bandung-Konferenz 1955 als ›dritte Kraft‹ der internationalen Politik, indem sie sich durch ihre B. gegenüber dem Ost-West-Gegensatz abgrenzten. Die Politik dieser Staaten geht nicht nur vom klassischen Prinzip der *Neutralität* aus, d. h. vom Prinzip der Nichtbeteiligung eines Staates an militärischen Konflikten, die ihn gegenüber den Konfliktparteien in einen besonderen Status der Unparteilichkeit und Unverletzlichkeit setzt. Vielmehr verfolgt sie ausdrücklich die Ziele des Antiimperialismus, des Antikolonialismus, der Koexistenz, der Unterstützung weltweiter Bemühungen um Abrüstung und Entspannung, der Anerkennung territorialer Integrität und Souveränität sowie der Hilfe für Befreiungsbewegungen.

Freilich ist es diesen Staaten angesichts der Vielfalt der eigenen Bedürfnisse und Interessen, ihrer unterschiedlichen regional- und bündnispolitischen Lage, des politischen und militärischen Einwirkens der Supermächte wie auch infolge eines wirtschaftlich wirksamen Neoimperialismus nicht gelungen, die Blöcke durch eine lediglich moralische Initiative zu überwinden. Sie ordnen die Industrieländer unabhängig von ihrer Blockzugehörigkeit in eine Front der reichen Nationen ein, an die sie ihre Forderungen nach völliger politischer Unabhängigkeit, nach Hilfe zur Verbesserung ihrer wirtschaftlichen Lage als Voraussetzung für diese Unabhängigkeit sowie nach sozialer

Gleichberechtigung als farbige Völker in einer noch von Weißen dominierten Welt richten. Das Konfliktmuster dieses → *Nord-Süd-Konflikts* scheint bereits zunehmend die Ost-West-Auseinandersetzung zu überlagern; es vermag womöglich auch noch die sich herausbildende *Multipolarität* des internationalen Systems zu überdecken, die sich in einem kooperativen Dreiecksverhältnis zwischen den USA, Westeuropa und Japan einerseits und in einem Konkurrenzsystem zwischen den USA, China und der UdSSR andererseits zu bilden scheint.

Literatur: Ansprenger, F.: Die Auflösung der Kolonialreiche, München ²1973; Griffith, W. E. (Hrsg.): The World and the Great-Power Triangles, Cambridge/Mass. 1975.

5.3 Vertiefung

Die übergreifenden Grundfragen im Bereich der Außenpolitik und der Internationalen Beziehungen lassen sich in drei Problemkomplexen fassen, die gleichermaßen existentielle Bedeutung für die innere Gestaltung der politischen Ordnung in den einzelnen Staaten haben wie auch in die entscheidenden politischen Bewegungen und Ideologien hineinwirken: → Krieg und Frieden, der → Ost-West-Konflikt und der → Nord-Süd-Konflikt. Die Problematik von Krieg und Frieden hat die zerstörerische wie schöpferische Energie der Menschheit seit dem Beginn gesellschaftlichen Zusammenlebens beschäftigt und stellt sich in der gegenwärtigen weltpolitischen Situation eher noch drängender als je zuvor; die Problematik des Ost-West-Konflikts kann als deren prägende Konkretisierung in der zweiten Hälfte unseres Jahrhunderts angesehen werden, die entgegengesetzte Modelle staatlicher Ordnung international zur Entscheidung oder zum Ausgleich stellt; die Problematik des Nord-Süd-Konflikts verdeutlicht die für die weitere Zukunft entscheidende globale Verlagerung der Grundfragen des menschlichen Zusammenlebens.

5.31 *Krieg und Frieden*

Altertum, Mittelalter und Neuzeit erschien gleichermaßen der *Krieg* als Grundtatbestand menschlichen Konfliktverhaltens, als »Akt der Gewalt, um dem Gegner den eigenen Willen aufzuzwingen« (Clausewitz) und dadurch womöglich *Frieden* zu schaffen. Freilich läßt sich im Verlauf der geschichtlichen Entwicklung eine Einengung dieses vorzugsweise auf die *gewaltsame Auseinandersetzung* (bis hin zum Duell zwischen Individuen) abhebenden Begriffes konstatieren: Mit dem Entstehen des modernen Nationalstaates und in seiner Folge der internationalen Gemeinschaft souveräner Nationen seit dem 17. Jahrhundert galt eine gewaltsame Auseinandersetzung nur dann als Krieg, wenn daran geschlossene Gruppen beteiligt waren, diese insgesamt tangiert und dadurch zu bestimmten Verhaltensweisen genötigt wurden. Der neuzeitliche Kriegsbegriff stellt darauf ab, daß die beteiligten Gruppen als souveräne Körperschaften untereinander gleichen Ranges sind und ihre Individualität vermittels ihrer Feindschaft gegenüber anderen derartigen Gruppen ausweisen.

Indem Krieg einen *Rechtszustand* bezeichnet, der zwei oder mehreren Gruppen einen Konflikt mit Waffengewalt auszutragen erlaubt, schließt er Aufstände, Überfälle oder andere Formen gewaltsamer Auseinandersetzung zwischen rechtlich Ungleichen aus, vermag damit aber solche Tatbestände wie Bürgerkriege, Befreiungskriege und Akte des Terrorismus nicht oder nur ungenügend abzudecken. Da die Abgrenzung des Krieges gegen andere gewaltsame Aktionen (bewaffnete Intervention, militärische Repressalie, Blockade) in der Praxis der Staaten oft verhüllt wurde, war der Kriegsbegriff im Völkerrecht lange umstritten. Erst die Genfer Fünf-Mächte-Vereinbarung vom 12. 12. 1932 ersetzte den unpräzisen Ausdruck ›Krieg‹ durch den eindeutigeren der »Anwendung bewaffneter Gewalt« (Art. III); und die Charta der Vereinten Nationen folgte dieser Tendenz, indem sie alle Anwendung von Gewalt in internationalen Beziehungen grundsätzlich verbot (Art. 2, Ziff. 4) und nur als vom Sicherheitsrat beschlossene Sanktionsmaßnahme (Art. 42) oder als Akt individueller bzw. kollektiver Selbstverteidigung (Art. 51) erlaubte.

Ähnlich problematisch ist eine begriffliche Bestimmung des Friedens, der gemeinhin – analog dem Begriff der Gesundheit in der Medizin – durch die *Abwesenheit bestimmter Störfaktoren*, nämlich der organisierten militärischen Gewaltanwendung zwischen Staaten und/oder Gruppen, gekennzeichnet wird. Dieser von der modernen → Friedensforschung auch als *negativer Friede* bezeichnete Zustand bezieht sich aber allein auf Gewalthandlungen, denen ein klares Subjekt-Objekt-Verhältnis zugrunde liegt; er erfaßt deshalb nicht den Aspekt der *strukturellen Gewalt*, die sich zumal in der südlichen Hemisphäre in sozialer Ungerechtigkeit, Chancenungleichheit, wirtschaftlicher Ausbeutung und Unterdrückung, Analphabetismus, Hunger und Krankheit manifestiert.

Von daher erscheint es notwendig, im Begriff des *positiven Friedens* ein politisches Ergänzungs- und Alternativkonzept bereitzustellen, das den Zustand des negativen Friedens durch Streben nach sozialer Gerechtigkeit und Abbau struktureller Gewalt überwindet. Positiver Friede – verstanden als Muster der Integration und Kooperation zwischen größeren menschlichen Gruppen – impliziert das Fehlen von

Ausbeutung ebenso wie Gerechtigkeit, Freiheit, → Pluralismus, wirtschaftlich-soziale Entwicklung usw. Freilich ist der genaue empirische Gehalt dieses Begriffes jeweils abhängig vom politischen Standort, dem Wert- und Kategoriensystem desjenigen, der ihn verwendet. Mithin läßt sich über den Begriff kein wissenschaftlicher, sondern allenfalls ein politischer Konsens herbeiführen. Dieser wird jedoch solange ausbleiben, wie unterschiedliche politische Standpunkte miteinander konkurrieren.

Ebensowenig Einigkeit besteht über die möglichen *Kriegsursachen* und die notwendigen *Friedenssicherungen*. Die unterschiedlichen Positionen lassen sich durch folgende Hauptthesen charakterisieren: (a) Kriege werden durch ein Machtungleichgewicht hervorgerufen; die Erhaltung des Gleichgewichts kann den Krieg verhindern. (b) Kriege werden durch das Gleichgewicht der Macht hervorgerufen; die Erhaltung eines Machtungleichgewichts kann den Krieg verhindern. (c) Krieg bricht nur dann aus, wenn die Vielfalt und Ausgewogenheit der Transaktionen zwischen Staaten (Aus- und Einwanderung, Tourismus, Handel, politischer Austausch, Kommunikation) eine bestimmte Schwelle unterschreiten; eine höhere Transaktionsintensität zwischen Staaten kann den Krieg verhüten. (d) Krieg ist das Ergebnis der Existenz souveräner Nationalstaaten; deren Überwindung durch eine Weltregierung kann den Krieg verhindern. (e) Krieg ist die Folge interner gesellschaftlicher Konflikte; die Reduzierung des gesellschaftlichen Konfliktpotentials kann den Krieg verhindern. (f) Krieg ist die Folge der polaren Struktur des internationalen Systems, wobei einerseits die Bipolarität, andererseits die Multipolarität als kriegsfördernd angesehen wird. (g) Krieg ist eine Funktion des Bestehens von Militärbündnissen; je weniger Bündnisse, desto geringer die Kriegswahrscheinlichkeit. (h) Krieg ist das Resultat eines Versagens der Abschreckungspolitik; sofern diese funktionsfähig erhalten werden kann, mag es keinen Krieg geben. (i) Krieg ist bedingt durch bestimmte Formen und Muster innerstaatlicher Entscheidungsprozesse; können diese geändert werden, wird auch der Krieg verhütet. (k) Krieg ist eine Funktion der Position des Akteurs im Spiel der internationalen Politik; könnten die Spielregeln geändert werden, wäre eine intensivere Kooperation die Folge. (l) Krieg ist der Auswuchs einer spezifischen Form der inneren staatlichen Struktur; könnte diese Form geändert werden, würde Frieden herrschen. (m) Krieg ist das Ergebnis von Rüstungswettläufen oder bestimmten Ablaufmustern dieser Rüstungswettläufe; könnten diese Ablaufmuster geändert oder die Rüstungen reduziert werden, wäre Krieg vermeidbar. (n) Krieg ist ein Produkt der antagonistischen Struktur der kapitalistischen Klassengesellschaft, insbesondere aber ihres imperialistischen Stadiums; erst die Aufhebung der Klassengegensätze in der klassenlosen Gesellschaft wird auch den Krieg überwinden.

In der Praxis wurde zumeist eine internationale Organisation der Staaten als das beste Mittel zur Sicherung des Friedens und zur Verhinderung von Krieg angesehen. Diese Vorstellung lag der Gründung des Völkerbundes wie der Vereinten Nationen zugrunde, wobei entsprechend den realen weltpolitischen Machtverhältnissen die Hauptverantwortung für die Friedenssicherung jeweils den Großmächten zugewiesen wurde, die in den Entscheidungsorganen dieser Organisationen (Völkerbundsrat, Sicherheitsrat) eine beherrschende Rolle (durch das Prinzip der Einstimmigkeit bei Beschlüssen oder das Vetorecht) spielten, während den übrigen Staaten in den Vollversammlungen eine beratende und empfehlende Funktion zukam.

Literatur: Clausewitz, C. v.: Vom Kriege, Bonn [18]1973; Dickmann, F.: Friedensrecht und Friedenssicherung. Studien zum Friedensproblem in der neueren Geschichte, Göttingen 1971; Hagemann, M.: Der provisorische Frieden, Erlenbach/Zürich 1964; Hiscocks, R.: Der Sicherheitsrat der Vereinten Nationen, Stuttgart 1975; Hüfner/Naumann: Das System der Vereinten Nationen, Düsseldorf 1974; Krippendorff, E. (Hrsg.): Friedensforschung, Köln 1968; Midlarsky, M. L.: On War. Political Violence in the International System, New York 1975; Rosecrance, R.: International Relations. Peace or War?, New York 1974; Scheuner/Lindemann (Hrsg.): Die Vereinten Nationen und die Mitarbeit der Bundesrepublik Deutschland, München 1973; Schlüter, H. W.: Diplomatie der Versöhnung. Die Vereinten Nationen und die Wahrung des Weltfriedens, Stuttgart 1966; Senghaas, D.: Friedensforschung. Theoretische Fragestellungen und praktische Probleme, in: Jb. f. Friedens- und Konfliktforschung, Bd. II, 1972, S. 10–22; Wright, Q.: A Study of War, 2 Bde., Chicago [2]1965.

5.32 Ost-West-Konflikt

Die politische Weltlage der Nachkriegszeit (→ Containment-Politik, → Roll-back-Politik, Kuba-Krise) ist durch den O.-W.-K. gekennzeichnet. Jene auch als *Kalter Krieg* bezeichnete Konfliktbeziehung zwischen den beiden Blöcken – mit ihren wesentlichen Stationen der Einbeziehung Ost- und Ostmitteleuropas in den sowjetischen Herrschaftsbereich nach 1945, dem Marshall-Plan 1947, der Berliner Blockade 1948/49, dem Korea-Krieg 1950–53, der Berlin-Krise von 1958, dem U 2-Zwischenfall im Mai 1960 und der Kuba-Krise 1962 – resultierte aus einer die Weltpolitik der Nachkriegszeit bestimmenden gegenseitigen Fehleinschätzung der potentiellen Verwirklichungsmöglichkeiten sowie der tatsächlichen Ausgestaltung der Politik beider Weltmächte. Während die westliche Seite lange Zeit Hoffnungen auf eine Demokratisierung des sowjetischen Herrschaftsbereiches hegte, gingen die Entscheidungsträger der Sowjetunion davon aus, daß die USA den Übergang von einer Kriegs- zu einer Friedenswirtschaft nicht meistern könnten; die dadurch bedingte Überproduktionskrise würde eine allgemeine Krise des Kapitalismus – analog der Weltwirtschaftskrise 1929-1933 – unvermeidlich machen und in einer kommunistischen Umprägung des westlichen Herrschaftsbereiches enden. So war denn die Austragung von Konflikten in der Periode des Kalten Krieges wesentlich motiviert und bestimmt durch die Elemente der Enttäuschung ideologischer Erwartungen einerseits und den Umschlag der daraus resultierenden Frustration in feindselige Verhaltensweisen andererseits. Dabei beanspruchten die Führungsmächte beider Blöcke jeweils die Allgemeingültigkeit der eigenen wertmäßigen, sozialen und wirtschaftlichen Ordnungsprinzipien; sie versuchten, diesen Anspruch nicht nur ideologisch zu vertreten, sondern ihn auch bei allen sich bietenden Gelegenheiten machtmäßig durchzusetzen, dem Gegner aber eine derartige Durchsetzung seiner eigenen Ordnungsprinzipien zu verwehren.

Während der O.-W.-K. heute nüchterner, realpolitischer eingeschätzt wird, was nicht zuletzt auf die Entwicklung des Gleichgewichts des Schreckens, die Wandlung der → Sicherheitspolitik zu einer Politik der Abschreckung, des Krisenmanagements und der Rüstungskontrolle und auf eine an der Verhinderung eines weltweiten Atomkrieges orientierte partielle Interessenkongruenz zwischen den Supermächten zurückgeführt werden mag, wurde er in den vierziger und fünfziger Jahren doch weitgehend als machtpolitische und vor allem ideologische Auseinandersetzung zwischen der kommunistisch geprägten und der sich als freiheitlich-demokratisch verstehenden Welt betrachtet. Insofern galt – und gilt auch heute noch –, daß sich die weltanschaulichen Positionen beider Seiten gegenseitig ausschließen.

Zwar beinhaltet das Prinzip der *friedlichen Koexistenz* nach marxistisch-leninistischer Auffassung in der Epoche des Übergangs vom Kapitalismus zum Sozialismus und Kommunismus die Regelung der zwischenstaatlichen Beziehungen von Staaten unterschiedlicher Gesellschaftsordnung auf der Basis ihrer Gleichberechtigung, ihrer Souveränität und territorialen Integrität wie der Nichteinmischung in ihre inneren Angelegenheiten; zugleich aber wird die diesem Prinzip folgende Politik begriffen als spezifische Form des internationalen Klassenkampfes, die günstigere Bedingungen für einen erfolgreichen Kampf der Werktätigen gegen das Kapital und um ihre soziale Befreiung ebenso schaffen soll wie für den nationalen Befreiungskampf der bislang noch vom Imperialismus unterdrückten Völker. Zwar soll die Auseinandersetzung zwischen Sozialismus und Kapitalismus unter Verzicht auf die Anwendung militärischer Mittel, durch eine Politik der friedlichen Verständigung, der Verhandlungen und vertraglichen Vereinbarungen geführt werden. Zugleich aber werden Kompromisse auf ideologischem Gebiet ausgeschlossen: Friedliche Koexistenz schließt eine Fortführung der *ideologischen Auseinandersetzung* ein. Mithin bedeutet sie allenfalls den Verzicht auf eine im Zeichen des atomaren Gleichgewichts nicht länger profitabel nutzbare Kampfform – den offenen Krieg –, nicht aber den Verzicht auf die kämpferische Auseinandersetzung – den Klassenkampf – überhaupt. Insofern steht sie im Widerspruch zur westlichen Forderung nach einer auch *ideologischen Koexistenz* beider Gesellschaftssysteme, mehr aber noch im Gegensatz zu der von der *Konvergenztheorie* zu Beginn der sechziger Jahre behaupteten Annäherung von Kapitalismus und Sozialismus: Jene Sicht, die aufgrund bestimmter struktureller und funktionaler technischer wie wirtschaftlicher Gemeinsamkeiten beider Gesellschaftssysteme deren Bewegung auf ein gemeinsames Ziel hin – nämlich die moderne Industriegesellschaft – postulierte, wird von den Vertretern der Idee der friedlichen Koexistenz schlichtweg als bürgerliche antikommunistische Gesellschaftstheorie und als Bestandteil der ideologischen Diversion des Imperialismus im Rahmen seiner Globalstrategie gegen den Sozialismus abgelehnt.

Literatur: Bredow, W. v.: Vom Antagonismus zur Konvergenz? Studien zum Ost-West-Problem, Frankfurt a. M. 1972; Fontaine, A.: History of the Cold War, 2 Bde., London 1968 ff.; Halle, L. J.: Der Kalte Krieg. Ursachen, Verlauf, Abschluß, Frankfurt a. M. 1969; Samkowoj, W. I.: Krieg und Koexistenz in sowjetischer Sicht, Pfullingen 1969; Vigor, P. H.: The Soviet View of War, Peace and Neutrality, London 1975.

5.33 *Nord-Süd-Konflikt*

Zur Ost-West-Auseinandersetzung zwischen den vor allem (mit Ausnahme Australiens, Neuseelands und Südafrikas) auf der nördlichen Erdhalbkugel liegenden Industrieländern tritt der N.-S.-K. zwischen den Industrieländern und den vornehmlich zur südlichen Hemisphäre gehörenden Entwicklungsländern als ein in Zukunft immer bedeutsameres Strukturmoment der Weltpolitik hinzu. Bereits das Ergebnis der Konferenzen von Bandung (1955) und Kairo (1965), mehr aber noch die Zusammenarbeit der afro-asiatischen Staaten in den Gremien der UNO und bei der Formulierung gemeinsamer Initiativen im Rahmen der United Nations Conference on Trade and Development (UNCTAD) zeigten das Bestreben der blockfreien Staaten, einen die eigene Entwicklung fördernden dritten Weg unabhängig von den widerstreitenden kapitalistischen und kommunistischen Ordnungssystemen wie deren Einflußnahme durch wirtschaftliche, finanzielle und militärische Unterstützung zu beschreiten.

Für die Entwicklungsländer ergab sich daher zunehmend eine Frontstellung gegen alle Industrieländer – ungeachtet deren Zugehörigkeit zum kapitalistischen oder sozialistischen Lager – als den reichen, industrialisierten Nationen, gegen die sie Forderungen nach einer stärkeren Beteiligung am Welthandel, nach einer Umverteilung des Welteinkommens und somit nach der Verwirklichung ihrer auch und gerade wirtschaftlichen nationalen Unabhängigkeit erhoben. Die These vom N.-S.-K. beruht dabei auf der Annahme, daß die aus den ökonomischen Entwicklungsunterschieden zu erwartenden politischen Spannungen in absehbarer Zeit den → Ost-West-Konflikt in den Hintergrund drängen werden und immer stärker den Charakter eines neuartigen, weltweit angelegten ›Klassenkampfes‹ annehmen, in dem die Entwicklungsländer unabhängig von ihrem jeweiligen Ordnungssystem und ihren internen Differenzen um ihre völlige politische Unabhängigkeit von den Industriestaaten in West und Ost, um die Verbesserung ihrer wirtschaftlichen Lage als Voraussetzung jener Unabhängigkeit und um ihre soziale Gleichberechtigung in einer noch weitgehend von den gesellschaftlichen Normen der weißen Nationen geprägten Welt kämpfen.

Im Hinblick auf die Beschreibung der Unterschiede zwischen Nord und Süd besteht weitgehend Konsens: Faktoren wie das starke Bevölkerungswachstum der Entwicklungsländer, Mängel in Industrie, Landwirtschaft (Monokulturproblem), Infrastruktur, Dienstleistungs- und Bildungssektor, die Benachteiligung durch die gegenwärtige Struktur der Welthandelsbeziehungen mit einer für die Länder der Dritten Welt kennzeichnenden starken (Rohstoff-) Exportabhängigkeit (ca. $^3/_4$ der Gesamtausfuhren) sowie fortwährender Verschlechterung des Verhältnisses der Export- zu den Importgüterpreisen (›terms of trade‹) und schließlich die Konservierung der weltwirtschaftlichen Arbeitsteilung zwischen Rohstoffproduzenten und Herstellern industrieller hochwertiger Fertigwaren durch die protektionistische Außenhandelspolitik der Industriestaaten werden als Ursachen dafür angesehen, daß heute $^2/_3$ der Weltbevölkerung über nur 16 % der Weltindustrieproduktion und nur 17 % des Welteinkommens verfügen, daß weit über 400 Mio. Menschen an akuter Unterernährung leiden und jährlich zwischen 30 und 40 Mio. an Hunger sterben.

Aber dieser Konsens kann doch in Bezug auf die Erklärung der Genese dieser Unterschiede und der Entwicklung von Strategien zur Durchbrechung der Unterentwicklung nicht konstatiert werden. Die Frage nach den Ursachen der Armut der Entwicklungsländer – oder besser: des relativen Reichtums der Industriestaaten – hat eine Fülle miteinander konkurrierender Deutungsversuche hervorgebracht. Nach einem sehr groben Raster können diese entweder der Gruppe der *Modernisierungstheorien* zugeordnet werden, die auf Faktoren hinweisen, die den Reichtum der Industriestaaten bewirkten, das Fehlen dieser Faktoren in den Entwicklungsländern aber als Ursache ihrer Armut interpretieren und zur Überwindung der Armut eine Kombination weltweiter Entwicklungs-, Sozial- und Strukturpolitik postulieren, die maßgeblich durch wirtschaftliche, finanzielle, technische und Ausbildungshilfe der Industriestaaten getragen werden soll. Oder sie erscheinen als *Revolutionstheorien*, die die Armut der Entwicklungsländer auf deren wirtschaftliche Abhängigkeit von und Ausbeutung durch die Industriestaaten (*Neoimperialismus*) zurückführen und als Mittel zur Überwindung des Nord-Süd-Gegensatzes den internationalen Klassenkampf propagieren, wobei in Anlehnung an das chinesische Modell der Weltrevolution oft auch vom Kampf der ›Dörfer‹ (= arme Länder) gegen die ›Metropolen‹ (= Industriestaaten) die Rede ist.

Literatur: Bohnet, M. (Hrsg.): Das Nord-Süd-Problem. Konflikte zwischen Industrie- und Entwicklungsländern, München ³1974; Helleiner, G. K. (Hrsg.): A World Divided. The Less Developed Countries in the International Economy, Cambridge 1976; Kebschull, D., u. a.: Entwicklungspolitik. Eine Einführung, Opladen ²1975; Riegel, K.-G.: Politische Soziologie unterindustrialisierter Gesellschaften. Entwicklungsländer, Wiesbaden 1976.

Mitarbeiter

Blanke, Burckhard, Dr. phil., geb. 1943, seit 1973 Dozent an der Theodor-Heuss-Akademie der Friedrich-Naumann-Stiftung. Zusammen mit E. Köhler Autor von Kap. 4.

Köhler, Eberhard, M. A., geb. 1944, seit 1972 Dozent an der Theodor-Heuss-Akademie der Friedrich-Naumann-Stiftung. Zusammen mit B. Blanke Autor von Kap. 4.

Meyers, Reinhard, M. A., M. Phil., Dr. phil., geb. 1947, wiss. Assistent und Lehrbeauftragter am Seminar für Politische Wissenschaft der Universität Bonn. Veröffentlichungen u. a.: Britische Sicherheitspolitik 1934–1938. Studien zum außen- und sicherheitspolitischen Entscheidungsprozeß, Düsseldorf 1976; Die Lehre von den Internationalen Beziehungen. Ein entwicklungsgeschichtlicher Überblick, Düsseldorf 1977; Weltpolitik in Grundbegriffen, Bd. 1, Düsseldorf 1979. Autor von Kap. 5.

Rostock, Michael, M. A., Dr. phil., geb. 1947, Oberregierungsrat in der Verwaltung des Deutschen Bundestages u. Lehrbeauftragter an der Universität Bonn und der FHS Köln. Veröffentlichungen: Die Lehre von der Gewaltenteilung in der politischen Theorie von John Locke, Meisenheim 1974; Die antike Theorie der Organisation staatlicher Macht, Meisenheim 1975. Autor von Kap. 3.

Schlangen, Walter, Dr. phil., geb. 1942, Akademischer Oberrat am Seminar für Politische Wissenschaft der Universität Bonn. Veröffentlichungen u. a.: Demokratie und bürgerliche Gesellschaft. Einführung in die Grundlagen der bürgerlichen Demokratie, Stuttgart 1973; Theorie und Politik. Einführung in Geschichte und Grundprobleme der Politikwissenschaft, Stuttgart 1974; Die Totalitarismus-Theorie. Entwicklung und Probleme, Stuttgart 1976; Die deutschen Parteien im Überblick, Düsseldorf 1979. Autor von Kap. 1 (außer Abschnitt 1.23).

Schmitz, Kurt Thomas, Dr. phil., geb. 1940, bis 1978 wiss. Assistent für Politikwissenschaft an der PH Rheinland, Abt. Bonn, seitdem wiss. Mitarbeiter beim Vorstand der IG Metall in Frankfurt. Veröffentlichungen u. a.: Opposition im Landtag. Merkmale oppositionellen Verhaltens in Länderparlamenten am Beispiel der SPD in Rheinland-Pfalz 1951–1963, Hannover 1971. Autor von Kap. 2.

Staehr, Gerda v., M. A., geb. 1936, Professorin für Erziehungswissenschaften unter besonderer Berücksichtigung der Didaktik der Geschichte an der Universität Hamburg. Veröffentlichungen u. a.: Kritische Theorie und politische Didaktik, Bonn 1973. Autorin von Abschnitt 1.23.

Register

Abgeordneter 118
Abrüstung 177
Absolutismus 46, 57, 82 ff.
Adel 81, 83 ff.
Akteur 150 f.
allgemeine Theorie 35
analytisch-rationalistische Wissenschaft 24
Anarchismus 62 f.
Ancien Régime 83
Antagonismus 20, 54 f.
Arbeiterbewegung 48, 50, 58, 63, 74, 86
Arbeitsparlament 119
Ausbeutung 44, 54
Außenpolitik 22, 150 ff., 154 ff.
Außenwirtschaftspolitik 156
auswärtige Kulturpolitik 156
autoritäre Diktatur 95 ff.
Autoritarismus 95 ff.

Bacon, F. 36
Bagehot, W. 90
Bakunin, M. 62
Bauern(tum) 58 f., 81
Beharrungsdiktatur 96
Bentham, J. 161
Bernstein, E. 61
Beteiligung, s. Partizipation
Bewegungsgesetze 26, 56, 60 f., 71
Bewußtsein 37, 53 f.
Bildung(swesen) 26 f.
Bipolarität 167 f.
Blockfreiheit 178 f.
Bodin, J. 82, 104
Bolschewiki 58 ff.
Bolschewismus 98
Bundesrat 121, 141
Bundesstaat 109, 139 ff.
Bundestag 118 f., 141
Bundesverfassungsgericht 72, 121 f., 138
Bürger(tum) 44, 46 ff., 57, 74, 81, 84 ff., 123
Bürgerinitiativen 129 f.
bürgerliche Gesellschaft 45 f., 53, 70, 83, 86, 152
bürgerlicher Parlamentarismus 85 ff.
Bürgermeisterverfassung 142
Bürgerrechte 44, 84
Bürokratie 91, 114, 116 f.

Chancen(gleichheit) 45, 51, 86
Containment-Politik 175
Curriculumtheorie 30, 32

Demokratie 47, 65, 75 f., 86, 100, 102, 131
–, autoritäre 95 ff.
–, direkte 29 ff., 92 ff.
–, partizipatorische 134
–, repräsentative 88 ff.
–, totalitäre 98 ff.
demokratischer Zentralismus 94
Demokratisierung 52, 65 f., 84, 89, 105, 119, 134
Destutt de Tracy, A. 36
Dialektik 37, 52 ff., 57, 64, 66 f.
dialektische Grundorientierung 25, 35
dialektischer Materialismus 52 ff.
Didaktik 30 ff.
Diktatur 60, 95 ff.
– des Proletariats 56 f., 59 f., 62, 94
Diplomatie 156

Eigentum 44 f., 47, 62, 65
Einparteienregime 66, 94, 97 f., 100 f., 123 f.
Emanzipation 31, 58, 76, 78, 104
Entfremdung 56
Entspannungspolitik 176 f.
Entwicklungsdiktatur 96, 123
Entwicklungsländer 96, 178 f., 184
Entwicklungsstufen der politischen Bildung 30 ff.
Erkenntnis 23 f., 31, 34 ff., 38 ff.
Erklärungsmuster 28
Erziehung 26
Erziehungsdiktatur 96, 101
essentialistische Grundorientierung 25, 35
europäisches Gleichgewicht 162 f.

Faschismus 66 ff., 101
Feudalismus 79 ff.
Föderalismus 139 f.
Fraktion 86, 119
Frantz, C. 173
Freiheit 44 f., 47, 62 ff., 86
Frieden 150, 160, 179 ff.
Friedensforschung 160

friedliche Koexistenz 183
Führerstaat 66

Geisteswissenschaften 23 f.
Gemeinden 141 ff.
Gemeinwohl 17, 45, 49 ff., 69 f., 119, 125
Gesellschaft 15 f., 50, 67, 104, 152 f.
Gesellschaftsauffassung der politischen Bildung 28 f.
Gesetz 34
Gesetzgebung 121 f.
Gewalt(monopol) 19, 67, 73, 151
Gewaltenteilung 45, 84, 89, 107 ff., 122, 139 f.
Gewerkschaften 61, 127 ff.
Gewichtsverlagerungen 167 ff.
Gleichgewicht 162 f., 167 ff., 174
Gleichheit 45, 47, 52, 60, 62, 73, 86 f.
Gottesgnadentum 83
Grundgesetz 146 ff.
Grundherrschaft 79
Grundorientierungen der Politikwissenschaft 24 ff.
–, dialektische 25, 35
–, essentialistische 25, 35
–, rationalistische 25, 35
Grundrechte 29, 72, 85 f., 103, 147

Handelskolonialismus 165
Handlungsanweisungen 23 f., 39
Handlungsnormen 16, 23, 36
Helvetius, C. A. 36
hermeneutisch-dialektische Wissenschaft 24
Herrschaft 18 ff., 56 f., 62, 71, 87
Herrschaftsaufhebung 20
Herrschaftskontrolle 21, 85, 134
historischer Materialismus 53 ff., 57
Hobbes, Th. 45, 157
Holbach P. H. v. 36
Honoratiorenpartei 86
Hypothese 25, 34

Ideologie 35 ff., 41 ff., 48, 98, 127, 136, 171, 183
Ideologiekritik 14, 37 f.
ideologische Koexistenz 184
ideologisierte Machtpolitik 171 f.
Imperialismus 151 f., 166 f.
Individuum 29, 31, 44, 50, 81, 86, 125
Inkompatibilität 89
Innenorientierung 170 f.
Institution 15, 19, 21, 27, 87, 97, 112

Institutionenkunde 26, 30
Integration 17 f., 26, 50 f., 74, 81, 88, 90, 94, 108, 152
Interdependenz 174 f., 178
Interessen 17, 19 f., 29, 31, 36 f., 48 ff., 70, 86, 122, 125 f.
internationale Arbeitsteilung 165
Internationale Beziehungen 150 ff., 157 ff., 161
internationale Gesellschaft 157 f.
internationale Klassengesellschaft 159
internationale Organisationen 152
internationale Politik 156
internationales System 158 f.
Internationalismus 151
Interpretationsmuster 28, 31

Justiz 135 f.

Kabinettsregierung 115
Kader(partei) 57 ff., 62, 123
Kalter Krieg 182
Kant, I. 106, 157
Kapitalismus 20, 44, 46, 50, 52, 55, 101, 128, 165
Klassen(lehre) 17, 37, 40, 47, 50, 53 ff., 70, 86, 100, 151 f.
Klassenjustiz 137
Klassenkampf 17, 20, 53 f., 60, 70, 73, 152
Koalition 91, 119, 163
Koalitionsfreiheit 125
Koalitionsregierung 115
kollektive Sicherheit 169 f.
Kollektivismus 99
Kolonialismus 165 f.
Kolonialmächte 163 f.
Kommunalverfassung 142
Kommune(n) 61, 141 ff.
Kommunikation 144 f.
Konflikt 16 ff., 29 f., 49 f., 121, 125
Konföderation 139
Konsensus 16 ff., 20, 51, 106, 125
Konservatismus 64 ff.
Konstitutionalismus 84 f., 110
Konvergenz 184
Korporativismus 82
Krieg 150, 160, 179 ff.
Krise 55 f.
Kritik 26, 28, 37, 41 f., 58, 88
Kulturpolitik, s. auswärtige Kulturpolitik

Länder 140 f.
Legalität 71 f.

189

Legalstatus 126
Legitimation 26, 28, 31, 41 f., 44, 83
Legitimität 20, 71 f.
Lehnswesen 79 f.
Leistungsverwaltung 116
Lenin, W. I. 57 ff.
lernendes Subjekt 28, 32
Lernziele 27, 32
Liberalismus 43 ff., 69
Linksextremismus 98
List, F. 173
Locke, J. 45, 108
Lohnarbeit 55

Machiavelli, N. 24, 157
Macht 16, 18 ff., 51, 54, 66, 76, 82, 102 f., 151, 171 f.
Machtpolitik 166, 171 f.
Machtverteilung 18, 29, 51 f., 84 f., 109
Magistratsverfassung 142
Mannheim, K. 37
Marx, K. 24, 37, 52 ff.
Marxismus-Leninismus 57 ff.
Massenpartei 58, 67, 86, 98 f.
Materialismus 52 f.
Medien 144 ff.
Mehrheit(sprinzip) 87
Mehrheitswahlsystem 133
Mehrwert 55 f.
Menschenbild der politischen Bildung 28 f.
Menschenrechte 44, 85, 103
Metatheorie 34
Militärdiktatur 66, 96
Mißtrauensvotum 89
Mitbestimmung 72, 134
Mitgliederpartei 124
Modernisierungsdiktatur 96
Monarch(ie) 80, 82 ff.
Montesquieu, Ch. de 108
Multinationale Politik 150, 152
Multipolarität 179

Nation 47
Nationalismus 47 f.
Nationalsozialismus 67 f., 98
Nationalstaat 47, 152
Naturwissenschaften 23 f.
Neutralität 178
Nord-Süd-Konflikt 184 ff.
Normen 17, 27 f., 44, 71
Notstand(sdiktatur) 95

Objektivität 25 f., 30 f., 53
öffentliche Meinung 145 f.

Öffentlichkeit 15 f., 45, 48 f., 85 f., 88, 144 f.
Opposition 88, 120 ff., 130, 141
Ordnung 15, 17, 19, 21, 25, 41, 65, 69, 112, 121
Ordnungsmodelle 75 ff.
Ordnungsverwaltung 116
Orientierungswissen 26
Ost-West-Konflikt 182 ff.

Parität 50 f.
Parlament(arismus) 48, 84 ff., 88, 105, 109, 118 ff.
Parlamentsausschüsse 91, 119
Partei 86, 88, 90 f., 100, 122 ff.
–, revolutionäre 54, 57 ff., 62
Parteienstaat 89 ff., 106, 109
Parteiensystem 121, 124
Parteinahme 26, 28, 40
partielle Theorie 35
Partizipation 28, 87, 92, 133 ff., 142
partizipatorische Demokratie 134
Penetration 152, 172
Personenkult 100
Planung 91, 117 f.
Planwirtschaft 60, 94, 116 f.
Pluralismus 21, 28, 49 ff., 70, 88, 94, 110, 125, 127, 140
Politik(begriff) 13 ff., 19 f., 22, 51
Politikwissenschaft 13 f., 21 ff.
politische Bewegung 41 ff.
politische Bildung 10, 13 f., 18, 26 ff.
–, Entwicklungsstufen der 30 ff.
–, Gesellschaftsauffassung der 28 ff.
–, Menschenbild der 28 ff.
politische Didaktik 32
politische Ideengeschichte 41 f.
politische Kultur 143 f.
politische Ökonomie 53
politische Pädagogik 29 f.
politische Theorie 22, 35, 41 f.
politische Voraussetzungen 35
politisches Handeln 16, 27
praktische Wissenschaft 22 f.
Präsidialsystem 89 f., 115, 123
Privateigentum 44 f., 52, 55
Produktionsmittel 44 f., 54 f., 70
Produktionsverhältnisse 53 ff.
Produktivkräfte 54, 56
Profit(rate) 55
Programmpartei 123 f.
Proletariat 40, 46, 54 ff., 58 f., 61 f., 70, 74
Proporzdemokratie 90
Prozesse 15, 21, 51, 112 ff.
Putsch 73, 96

Rassismus 48
Räte(system) 59, 63, 92 f.
rationalistische Grundorientierung 25, 35
Rationalität 25, 39 f.
Recht(swesen) 71, 84, 109, 136 f.
Rechtsextremismus 68, 98
Rechtsstaat 29, 45, 84, 86, 98, 121
Redeparlament 119
Reform 72 ff.
Reformismus 57, 60 ff.
Regierung 89, 91, 114 f.
Regierungschef 89, 115
Regierungslehre 76
Repräsentation 45, 50, 85 f., 105 ff., 113, 131, 134
repräsentative Demokratie 88 ff.
Respektierungspolitik 176
Restauration 67, 73
Revisionismus 61
Revolution 56 f., 62 f., 73 ff.
–, Französische 47, 73 f.
–, proletarische 56 f., 73
–, russische 57 f., 73
revolutionäre Partei 54, 57 ff., 62
Roll-back-Politik 175
Rolle 27, 51
Rousseau, J. J. 104, 109, 140
Rüstungskontrolle 177 f.
Rüstungswettlauf 177

Schattenkabinett 120
Schule 27
Sein 37, 53 f.
Selbstbestimmung 47, 86, 88, 103 f.
Selbstverwaltung 61, 85, 87, 142 f.
Sicherheitsdilemma 171
Sicherheitspolitik 155, 177 f.
Smith, A. 69
solidarisches Handeln 31
Solidarität 86
souveräner Staat 161 f.
Souveränität 50, 82 f., 85, 89, 104 f., 108, 161
Sozialdemokratie 58, 61
soziales Handeln 16, 18, 31
soziales Lernen 17, 27
Sozialisation 16, 27, 30
Sozialismus 52 ff.
Sozialstaat 29, 72, 147
Sozialwissenschaften 21, 23, 30, 36, 38
soziokulturelle Wirklichkeit 21 f., 24
Staat 15 f., 19, 45, 47, 50, 63, 69 f., 80, 103, 151 f., 161 f.

– und Gesellschaft 15 f., 27, 48, 110, 134
Staatenbund 139
Staatengesellschaft 157
Staatsformen(lehre) 76
Staatsstreich 96
Stalinismus 60, 98, 101
Ständestaat 81 f.
Standortgebundenheit 37, 49
Struktur 112 ff.
System 70 f., 112, 148
Systemtheorie 30, 154

Teilungen 174
Territorialstaat 160 f.
Terror 63, 68, 97 f., 101
Theorie 25, 33 ff.
– und Praxis 38 ff., 57
Totalität 26
totalitäre Diktatur 98 ff.
Totalitarismus 95, 98 ff.
Traditionsbezüge der Politikwissenschaft 22 ff.
transnationale Gesellschaft 157
Transnationale Politik 150, 153

Unterricht 27, 32
Utopie 62, 64

Verbände 50 f., 81, 91, 125 ff.
Verbändestaat 106
Verelendung 56
Verfassung 71, 84, 146 ff.
Verfassungsbeschwerde 138
Verfassungsgerichte 77, 109, 139 f.
Verfassungsstaat 45
Verfassungswirklichkeit 77, 149
Vergesellschaftung 20, 61
Verhaltensregeln 16 ff., 27, 102
Verhältniswahlsystem 133
Vermittlungsausschuß 141
Vertrag(stheorien) 103 f.
Verwaltung 19, 83, 114, 116 f.
Volk 47, 64 f., 75, 87 f., 92, 123
Völkerbund 169 f.
Völkerrecht 162
Volksbegehren 92
Volksdemokratie 94
Volksentscheid 92, 131
Volksherrschaft 87 f., 109
Volkssouveränität 87, 90, 102 ff.
Volksversammlung 92

Wahlen 87, 123, 131 ff.
Wählerpartei 124
Wahlrecht 86, 88, 123 f., 133
Wahlsystem 133

Wandel 18, 21, 56, 60 f., 65 ff., 73 f.
Weber, M. 18, 20, 24, 151
Weltanschauungspartei 124
Weltpolitik 30, 160, 173 f.
Weltwirtschaftskrise 170
Werte 25, 28, 36, 55
Werturteil 25, 30 f., 39
Wesen 23, 25, 53
Widerspruch 20, 37, 45, 53 f., 69 f.
Widerstandsrecht 85

Willensbildung 48 f., 85, 87 ff., 124, 127, 129 ff., 134
Wissenschaft 33
–, analytisch-rationalistische 24
–, hermeneutisch-dialektische 24
–, praktische 22 f.
Wissenschaftstheorie 34
Wissenschaftsverständnis 22 ff.

Zweiparteiensystem 124